MANUEL

DE

BIBLIOGRAPHIE HISTORIQUE

PAR

CH.-V. LANGLOIS

Chargé de cours à la Faculté des lettres de Paris

I

INSTRUMENTS BIBLIOGRAPHIQUES

PARIS

LIBRAIRIE HACHETTE ET Cie

79, BOULEVARD SAINT-GERMAIN, 79

1896

MANUEL

DE

BIBLIOGRAPHIE HISTORIQUE

I

INSTRUMENTS BIBLIOGRAPHIQUES

A LA MÊME LIBRAIRIE :

Manuel des Institutions grecques, par M. Haussoullier. 1 vol. (en préparation). . . . . » »

Manuel des Institutions romaines, par M. Bouché-Leclercq. 1 vol. gr. in-8, broché. . . . . 15 fr. »

Manuel des Institutions françaises. — Période mérovingienne et carolingienne, par M. Bayet. 1 vol. (en préparation). . . . . » »

Manuel des Institutions françaises. — Période des Capétiens directs, par M. Luchaire. 1 vol. gr. in-8, broché. . 15 fr. »

Manuel de Diplomatique, par M. Giry. 1 vol. gr. in-8, broché. . . . . 20 fr. »

32 513. — Imprimerie Lahure, rue de Fleurus, 9, à Paris.

MANUEL

DE

BIBLIOGRAPHIE HISTORIQUE

PAR

CH.-V. LANGLOIS

Chargé de cours à la Faculté des lettres de Paris

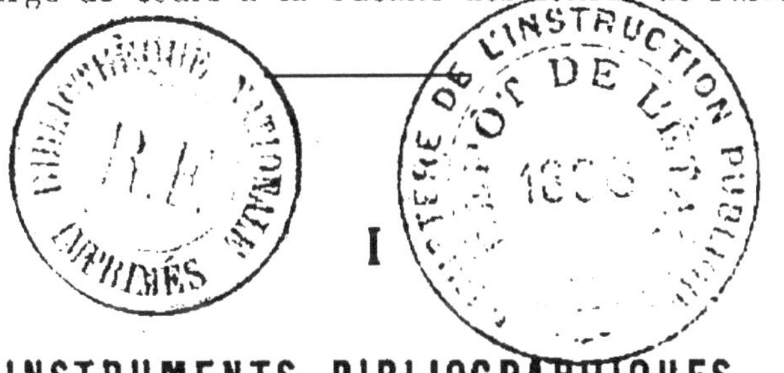

I

INSTRUMENTS BIBLIOGRAPHIQUES

PARIS

LIBRAIRIE HACHETTE ET Cie

79, BOULEVARD SAINT-GERMAIN, 79

1896

AVERTISSEMENT

Chargé de l'enseignement des sciences auxiliaires de l'histoire, j'ai exposé aux étudiants de la Faculté des lettres de Paris, depuis quelques années, les éléments de Bibliographie historique dont je publie aujourd'hui la première partie. — De toutes les sciences auxiliaires des études historiques, la Bibliographie est, sans contredit, la plus généralement utile et la plus négligée. Tandis qu'il existe, dans les diverses langues qui sont, ou qui devraient être, familières aux étudiants, des Manuels d'Épigraphie, de Paléographie, de Diplomatique, de Chronologie, dont quelques-uns sont fort bons, c'est à peine si quelques auteurs ont récemment dessiné, à grands traits, en passant, dans des ouvrages généraux, certaines parties du cadre que je me suis proposé de garnir[1]. La « Bibliographie historique » n'est régulièrement enseignée nulle part. Lorsque, en novembre 1894, elle fut mise, chez nous, au nombre des matières sur lesquelles les candidats au Diplôme d'études supérieures (première partie de

1. Voir notamment E. Bernheim, *Lehrbuch der historischen Methode*, Leipzig, 1894, in-8, p. 182 et suiv. [Quellen-Kunde (Heuristik)], et la partie générale du très médiocre opuscule de E. Bratke, *Wegweiser zur Quellen- und Litteratur-Kunde der Kirchengeschichte*, Gotha, 1890, in-8.

l'Agrégation d'histoire) auraient le droit d'être interrogés, tout le monde ne comprit pas d'abord de quoi il s'agissait : bien des gens crurent qu'enseigner la Bibliographie historique, c'est faire connaître les meilleurs livres qui ont été écrits sur les principales périodes et sur les principales questions de l'histoire universelle. — Pour établir que cette matière si négligée est utile, il suffit, si je ne me trompe, de la définir exactement.

I. La « Bibliographie » est la science des livres. Par opposition à la *Bibliothéconomie*, qui traite de la classification, de la description extrinsèque des livres, de l'organisation et de l'histoire des bibliothèques ; par opposition à la *Bibliologie*, qui traite de l'histoire du Livre, au point de vue de sa fabrication matérielle (imprimerie, reliure, librairie), la *Bibliographie*, au sens étroit de l'expression, est cette partie spéciale de la science des livres qui traite des répertoires, et qui fournit les moyens de se procurer aussi promptement et aussi complètement que possible des renseignements sur les sources. — Le nombre des livres, des brochures, des articles de revue et de journal qui ont été publiés et qui se publient tous les jours est immense, accablant. Sans répertoires, comment s'y reconnaître ? Les répertoires sont eux-mêmes très nombreux, d'espèce et de valeur très différentes. Qui en ignore l'existence ou qui n'a pas appris à s'en servir est exposé à de graves dangers : il gaspille son temps et sa peine en recherches aussi rebutantes qu'inutiles, il « patauge », et il n'est jamais bien informé. Les savants, les érudits, les spécialistes ne peuvent pas travailler sans manier quotidiennement les répertoires bibliographiques ; mais que dire des commençants ? S'ils ne sont pas avertis de bonne heure des services que rend l'usage judicieux de ces instruments, ils se laissent aller (c'est le cas de la majorité des hommes) à consulter, non les meilleurs livres, mais, au hasard, les livres qui leur tombent sous la main, les premiers livres venus. C'est faute de savoir les éléments de la Bibliographie que tant de gens se mêlent d'écrire sur des sujets déjà traités, et mieux traités déjà par d'autres que par eux; c'est faute de connaissances bibliographiques que tant de professeurs, qui ne sont pas, comme on dit, au courant, ressassent de vieilles erreurs; enfin, c'est faute de ces connaissances que les étudiants, même à la fin de leur scolarité, commettent quelquefois des méprises et font quelquefois des questions qui scandalisent jusqu'aux garçons de nos bibliothèques universitaires.

Enseigner la Bibliographie, c'est donc enseigner la manière de se servir des instruments bibliographiques qui existent. Cet enseignement a été longtemps réservé aux futurs bibliothécaires [1], mais à tort. Il convient aussi au public studieux, et particulièrement aux étudiants [2]. L'expérience prouve, en effet, que rien ne supplée, en cette matière comme en beaucoup d'autres, à un cours régulier d'études. Sans doute, on arrive peu à peu, de soi-même, à s'initier au maniement des principaux répertoires, surtout quand on a le bénéfice, comme les élèves

1. Voy. V. Mortet, *Des examens professionnels de bibliothécaire en France et à l'étranger*, dans la *Revue des Bibliothèques*, 1895. — Cf. G. Fumagalli, *Utilità, storia ed oggetto dell' insegnamento bibliografico*, Bologna, 1891, in-8.

2. Voy. W. Fr. Poole, *The University Library and the University Curriculum. Phi Beta Kappa Address, Northwestern University, June* 13, 1893, Chicago, 1894, in-8. « The study of Bibliography, dit l'illustre bibliothécaire américain, should have an assured place in the University curriculum.... All that who go forth into the world as graduates should have such an intelligent and practical knowledge of books as will aid them in their studies through life.... »

de l'École normale supérieure et de l'École des chartes, à Paris, de fréquenter librement des bibliothèques fort riches, mais ce n'est jamais sans tâtonnements ni sans déboires, et il est fort rare que la science, acquise ainsi de pièces et de morceaux, soit intégrale. En composant cet ouvrage, j'ai eu l'occasion de constater que beaucoup de spécialistes, qui n'ont pas étudié la Bibliographie et qui ne se tiennent pas au courant des progrès de la littérature bibliographique, ignorent, à leur grand dommage, l'existence d'instruments de premier ordre; j'ai appris moi-même à connaître quantité de recueils précieux; et je ne doute pas que j'eusse dû en citer plus d'un qui nous a encore échappé, à moi et aux bibliographes qui ont bien voulu relire mes épreuves. — L'énumération méthodique des répertoires qui existent a, d'ailleurs, l'avantage de mettre en évidence l'état d'avancement actuel des travaux bibliographiques, et les lacunes à combler; c'est un service que l'enseignement de la Bibliographie rend à la Bibliographie elle-même.

La « Bibliographie historique » est proprement cette section de la « Bibliographie » générale qui comprend les répertoires intéressants pour les sciences historiques. — Elle traite par conséquent : 1° des répertoires bibliographiques généraux où les livres d'histoire sont indiqués en même temps que les livres relatifs à toutes les autres disciplines; 2° des répertoires spéciaux exclusivement consacrés aux ouvrages historiques.

II. Dans la Première Parti du *Manuel*, que voici, sont indiqués les « Instruments bibliographiques », généraux et spéciaux, qui intéressent les historiens. Non pas tous assurément, car il y en a des milliers. J'ai décrit individuellement les principaux; j'ai classé les autres par catégories, et, pour chaque catégorie, j'ai donné des exemples, en renvoyant aux listes complètes de répertoires de cette catégorie, quand il en a été dressé[1]. — Ainsi, non seulement il ne faut pas s'attendre à trouver dans cet ouvrage l'énumération des meilleurs livres qui ont été écrits sur les questions les plus importantes de l'histoire universelle (cf. p. VI), mais encore il ne faut pas s'attendre à y trouver l'énumération de tous les répertoires de Bibliographie historique. En fait de liste complète, on n'y trouvera que celle des « répertoires de répertoires » de Bibliographie historique.

Rien n'aurait été plus facile que de faire de cette Première Partie du *Manuel* un très gros livre : il aurait suffi de multiplier les exemples et de signaler des répertoires anciens, dont la valeur est aujourd'hui périmée. Mais, loin de viser à donner à cet ouvrage des dimensions considérables, je me suis imposé au contraire la règle d'être aussi concis que possible et de m'en tenir au strict nécessaire. Je crois en effet que, quand on enseigne la Bibliographie, c'est un devoir de choisir, parce que ce serait une faute de noyer des renseignements utiles dans un flot d'indications superflues. Le lecteur instruit remarquera, au premier coup d'œil, que des noms illustres, des répertoires qui ont été classiques, sont ici passés sous silence : je le prie de ne pas oublier que ce *Manuel* a été composé avec des intentions pédagogiques, qui justifient un grand nombre

1. Il va de soi qu'il était impossible dans un ouvrage comme celui-ci, et même absolument (§ 195), d'entreprendre l'énumération complète de tous les répertoires, de tous les pays, appartenant à certaines catégories, dont il n'existe pas encore de liste générale, par exemple celle des répertoires rétrospectifs (§ 141) et périodiques (§ 176) d'histoire locale, ou celle des répertoires d'histoire littéraire locale (§ 97), qui sont au nombre de plusieurs centaines.

d'omissions volontaires. — Quant à multiplier les exemples, je ne l'ai pas jugé utile : il est trop clair, en effet, que, les eussé-je multipliés au point de tripler les proportions de cet ouvrage, les répertoires de J. Petzholdt, de L. Vallée, de G. Ottino et G. Fumagalli, en seraient toujours restés, comme ils le sont, l'indispensable complément, au même titre qu'un vocabulaire est, pour l'étude d'une langue, le complément d'une grammaire.

Je me suis attaché surtout à introduire de l'ordre dans la liste des principaux répertoires et des répertoires de répertoires, afin d'en rendre l'énumération plus claire, plus intelligible, sinon moins fastidieuse. J'ai essayé d'établir des classifications, de créer des cadres propres à contenir, non seulement ce que j'y ai mis, mais ce que les conseils des personnes compétentes et les progrès de la Bibliographie permettront d'y mettre, s'il y a lieu, dans une seconde édition. Il va de soi que cette seconde édition serait purgée des inexactitudes de détail que je ne me flatte pas d'avoir évitées et qui étaient, je crois, inévitables dans celle-ci.

Encore un mot : j'ai dû citer dans cet ouvrage un grand nombre de répertoires dont je n'ai jamais eu occasion de me servir pour mes études particulières, et, par conséquent, d'apprécier personnellement la valeur. Il aurait été peu convenable de les recommander ou d'en déconseiller l'usage (comme les bibliographes se laissent assez souvent entraîner à le faire, en pareil cas), sans prévenir que j'en parle sur la foi d'autrui ; c'est pourquoi j'ai multiplié, au sujet de ces publications, les réserves et les références [1].

1. Je dois des renseignements à MM. de Chantepie, conservateur de la Bibliothèque de la Sorbonne, B. Lundstedt et M. Prou. Mes amis, MM. Ch. et V. Mortet, L. Herr, Ch. Seignobos et H. Lemonnier ont bien voulu reviser mon travail.

III. Je conçois la Seconde Partie, qui n'est pas encore au point, de ce *Manuel de Bibliographie historique*, sous la forme d'une histoire et d'un tableau de l'organisation comparée du travail historique dans les divers pays (cf. § 85), qui fourniraient l'occasion de faire commodément connaître, avec les avertissements convenables, les principaux instruments (autres que les instruments bibliographiques) dont les historiens se servent, les principales entreprises et les principaux monuments de l'érudition et de l'historiographie modernes. Les recherches et les consultations qu'exige la préparation de cette Seconde Partie, beaucoup plus étendue que la Première, sont si longues, et les renseignements qui sont contenus dans celle-ci auraient vieilli si vite, qu'il a paru avantageux de scinder l'ouvrage en deux fascicules tout à fait indépendants.

Avril 1896.

MANUEL
DE
BIBLIOGRAPHIE HISTORIQUE

PREMIÈRE PARTIE
INSTRUMENTS BIBLIOGRAPHIQUES

LIVRE I

ELÉMENTS DE BIBLIOGRAPHIE GÉNÉRALE

1. — Il est nécessaire que les Manuels de Bibliographie spéciale (un Manuel de Bibliographie historique, un Manuel de Bibliographie juridique, un Manuel de Bibliographie médicale, par exemple) soient précédés d' « Éléments de Bibliographie générale ». Il existe en effet un grand nombre de répertoires bibliographiques où se trouvent mentionnés ensemble des ouvrages sur tous les sujets possibles, ou sur presque toutes les catégories de sujets : ces répertoires intéressent évidemment la Bibliographie historique, la Bibliographie juridique, la Bibliographie médicale, etc., puisqu'ils fournissent, entre autres renseignements de tout genre, des renseignements sur certains livres d'Histoire, de Droit, de Médecine, etc.

L'article que M. E.-D. Grand a publié au t. VI de *La Grande Encyclopédie* (p. 598-641) contient des Éléments de Bibliographie générale. — M. H. Stein prépare un « Manuel de Bibliographie » où la Bibliographie générale sera sans doute traitée en soi, au point de vue de la Bibliographie pure, avec tous les développements convenables. — Ici, comme en tête de tous les traités de bibliographie spéciale, des notions de Bibliographie générale sont indispensables, mais il suffit qu'elles soient sommaires.

Nous étudierons successivement les « Bibliographies des bibliographies », les « Répertoires de Bibliographie universelle », et les « Répertoires de Bibliographie nationale ».

CHAPITRE I

BIBLIOGRAPHIES DES BIBLIOGRAPHIES

2. — Au premier rang des répertoires de Bibliographie générale se placent les « Bibliographies des bibliographies ».

Depuis longtemps le besoin s'est fait sentir de dresser la liste de tous les livres, brochures, articles, etc., qui ont été publiés sur tel ou tel sujet, sur Dante, sur Jeanne d'Arc, par exemple, ou bien dans tel ou tel pays, ou bien de telle date à telle date, etc. Dresser la liste de tous les écrits qui ont été publiés sur Jeanne d'Arc, c'est « faire », comme on dit, « la bibliographie » de Jeanne d'Arc. Mais, depuis trois siècles, beaucoup de « bibliographies » ou monographies bibliographiques de cette espèce ont été faites et imprimées. De sorte que, aujourd'hui, la première question que l'on doit se poser, en commençant des recherches, n'est plus : « Quels sont les livres à consulter sur tel sujet, par exemple sur Jeanne d'Arc? », mais : « Existe-t-il un répertoire, une *bibliographie* particulière des livres relatifs à tel sujet, par exemple à Jeanne d'Arc? » Or, les « Bibliographies des bibliographies » donnent, par définition, la nomenclature des « bibliographies » particulières qui existent; elles fournissent, par conséquent, si elles sont bien faites, la réponse à la question qu'il faut résoudre avant toute autre et que l'on serait bien embarrassé de résoudre sans leur secours.

3. — C'est une observation générale, en Bibliographie, que les répertoires les plus récemment publiés sont presque toujours les plus utiles; quels qu'en soient d'ailleurs les mérites ou les défauts, ils ont, en effet, le précieux avantage de contenir des renseignements neufs, les derniers renseignements, qui ne se trouvent pas, naturellement, dans les recueils plus anciens. C'est pour ce motif, à cause de sa date, et à cause de sa date seulement, que la « Bibliographie des bibliographies » de M. L. Vallée sera préférée à toutes les autres, et notamment à celle de J. Petzholdt.

La *Bibliographie des bibliographies* de M. L. Vallée[1] se compose de deux parties. La première est un « Catalogue des bibliographies générales et particulières, par ordre alphabétique d'auteurs, avec indication complète du titre, des lieu et date de publication, du format, etc. ». La seconde est un « Répertoire des mêmes bibliographies par ordre alphabétique de matières ». — Ce recueil a été très sévèrement censuré[2]. On reproche à l'auteur d'avoir mentionné un grand nombre d'articles inutiles (livres qui contiennent des listes d'ouvrages cités, bio-bibliographies, tables, index, périodiques, etc.), et d'avoir omis, au contraire, beaucoup de publications importantes qui ont tout à fait le caractère de répertoires bibliographiques; enfin, d'avoir négligé d'éclairer ses lecteurs par des notes explicatives et critiques. Bref, tout le nécessaire n'y est pas, tandis que le superflu y abonde. Sur 10 000 articles environ, il y aurait lieu d'en changer près du tiers.

4. — La *Bibliotheca bibliographica* de J. Petzholdt[3], antérieure de vingt années à la *Bibliographie des bibliographies* de L. Vallée, est composée avec beaucoup plus de soin et d'habileté. Elle est rédigée sur un plan méthodique, dont voici les principales divisions : 1° Introduction (*Einleitender Theil*) comprenant les ouvrages relatifs à la Bibliographie même et aux systèmes bibliographiques (p. 1-65); 2° Partie générale (*Allge-*

1. *Bibliographie des bibliographies*, par Léon Vallée, de la Bibliothèque nationale. Paris, 1883, gr. in-8; VIII-744 p. Un Supplément a été publié en 1887, 356 p.

2. *Centralblatt für Bibliothekswesen*, 1884, p. 35; H. Stein, dans le *Bulletin critique*, 1883, p. 265; 1888, p. 89-95.

3. *Bibliotheca bibliographica. Kritisches Verzeichniss der das Gesammtgebiet der Bibliographie betreffenden Litteratur des In- und Auslandes, in systematischer Ordnung bearbeitet*, von Dr Julius Petzholdt. *Mit alphabetischem Namen- und Sachregister.* Leipzig, 1866, gr. in-8; XII-940 p.

meiner Theil) : répertoires généraux, livres rares, incunables, biographie personnelle, iconographie, etc. (p. 66-279); 3° Partie spéciale (*Besonderer Theil*), comprenant les bibliographies nationales, par ordre alphabétique de pays (p. 280-441), et les bibliographies scientifiques, subdivisées en huit groupes : histoire littéraire et polygraphie; philosophie et théologie; sciences mathématiques et naturelles, avec la médecine; pédagogie et ouvrages de vulgarisation; économie politique, droit et art militaire; philologie et littérature; technologie et beaux-arts; sciences historiques et cartographie (p. 442-875). — La mention de chaque ouvrage ou de chaque groupe d'ouvrages est accompagnée de renseignements sommaires, mais précis. — Il y a (p. 876-959) une table alphabétique par noms d'auteurs.

5. — Petzholdt et Vallée ont indiqué dans leurs recueils les « Bibliographies des bibliographies » qui ont été publiées avant les leurs. Il y en a beaucoup, depuis le *Catalogus* d'Antoine Teissier (1686) et la *Biblioteca bibliografica* de Fr. Tonelli (1782-1785), jusqu'à l'ouvrage de J. Sabin (*A Bibliography of Bibliography, or a Handy-book about books which relate to books*, New York, 1877, in-8); mais il est inutile de les énumérer ici, parce que, dans la pratique courante, on ne s'en sert plus[1].

6. — Mais on se sert encore, avec fruit, de quelques répertoires de moindre dimension que ceux de Petzholdt et de Vallée. Ils sont peu coûteux, et, quoique sans prétentions scientifiques, commodes. Ils sont l'œuvre, non de bibliographes, mais

1. Dans plusieurs traités de Bibliothéconomie, un chapitre est consacré aux répertoires de Bibliographie générale et à une bibliographie sommaire, mais choisie, des bibliographies les plus importantes. C'est le cas des traités de J. A. Fr. Schmidt (*Handbuch der Bibliothekswissenschaft, der Litteratur- und Bücherkunde*, Weimar, 1840, in-8), de R. A. Guild (*The Librarian's Manual; a treatise on Bibliography, comprising a list of bibliographical works*, New York, 1858, in-4), de F. Grassauer (*Handbuch für œsterreichische Universitäts- und Studien-Bibliotheken* (Wien, 1883, in-8), etc.

On ne s'attendrait pas à trouver dans le *Répertoire des sources historiques du moyen âge. Topo-bibliographie*, de M. U. Chevalier (ci-dessous, § 121) une Bibliographie des bibliographies. On y en trouve une cependant : c. 397 et suivantes.

de bibliothécaires. — Plusieurs grandes bibliothèques de l'ancien et du nouveau monde, qui possèdent une belle collection de « bibliographies » générales et spéciales, en ont fait imprimer le catalogue. Ces catalogues officinaux sont de véritables « Bibliographies des bibliographies ». Citons ceux[1] du Musée Britannique de Londres (*List of bibliographical works in the reading-room of the British Museum*, second ed., revised. Printed by order of the trustees, [Londres], 1889, in-8) et de la Bibliothèque publique de Boston (*A Catalogue of the bibliographies of special subjects in the Boston public library*, p. p. J. Lyman Whitney, Boston, 1890, gr. in-8). Le catalogue du Musée Britannique, dressé par les soins de G. W. Porter, est disposé suivant un ordre méthodique, comme il suit : « 1° Bibliographies of bibliographies; 2° Universal bibliographies; 3° Bibliographies of countries; 4° Bibliographies of special subjects; 5° Index to periodicals ».

7. — Les progrès de la division du travail en Bibliographie ont été tels, de nos jours, que le moment semble déjà venu de renoncer aux « Bibliographies des bibliographies » universelles. Le champ est désormais trop vaste, et l'avenir paraît être aux « Bibliographies des bibliographies » spéciales, — spéciales à un pays, comme la *Bibliotheca bibliographica italica* de G. Ottino et G. Fumagalli[2] ou le fascicule 1er de la *Bibliographie der schweizerischen Landeskunde*[3], ou spéciales à une branche particulière de la science, comme la *Bibliographie de la biblio-*

1. Il y en a beaucoup d'autres. La section « Bibliographie » de la Bibliothèque municipale de Birmingham, par exemple, ne compte pas moins de 14 000 ouvrages. Le catalogue des « Bibliographica » de la Bibliothèque de Wigan est aussi très intéressant. A la Bibliothèque nationale de Paris, la lettre Q, qui est réservée aux ouvrages de Bibliographie, renfermait, en 1891, 75 135 volumes ou pièces : sur ce nombre, on comptait environ 60 000 catalogues de ventes, de libraires ou de bibliothèques.

2. G. Ottino et G. Fumagalli. *Bibliotheca bibliographica italica. Catalogo degli scritti di bibliologia, bibliografia e biblioteconomia pubblicati in Italia e di quelli risguardanti l'Italia pubblicati all' estero*, Roma-Torino, 1889-1895, 2 vol. in-8. Le t. II est un Supplément.

3. *Bibliographie der schweizerischen Landeskunde. Bibliographische Vorarbeiten der landeskundlichen Litteratur...* p. p. J. H. Graf, Bern, 1894, in-8.

graphie générale du droit français et étranger de E. Dramard[1] ou la Bibliographie des bibliographies géographiques de J. Jackson[2].

Toutefois, l' « Institut international de Bibliographie », dont le siège est à Bruxelles (cf. ci-dessous, § 23), annonce l'intention de dresser, sur fiches, une Bibliographie des bibliographies absolument complète (cf. § 195).

8. — Comme les répertoires bibliographiques de toute espèce, les « Bibliographies des bibliographies » vieillissent très promptement. A peine sont-elles imprimées depuis quelques semaines qu'elles ne sont plus au courant. L'expédient qui consiste à publier des suppléments (comme l'ont fait MM. Vallée, Ottino et Fumagalli) est insuffisant. — Il faudrait qu'à côté des répertoires *rétrospectifs*, tels que sont ceux qui précèdent, il y eût des répertoires *périodiques* où seraient enregistrées, au fur et à mesure de leur apparition, les « bibliographies » nouvelles. — Existe-t-il donc, à côté des « Bibliographies des bibliographies » rétrospectives, des « Bibliographies des bibliographies » périodiques?

Les « bibliographies » nouvelles sont, en principe, enregistrées, au fur et à mesure qu'elles paraissent, par les revues bibliographiques : le *Centralblatt für Bibliothekswesen* (Leipzig, depuis 1884), *The Library Journal* (New York, depuis 1876), la *Revue internationale des Archives, des Bibliothèques et des Musées* (Paris, depuis 1895), etc. — En outre, il en est dressé une liste décennale dans les Congrès bibliographiques internationaux qui se tiennent à Paris, depuis 1878, tous les dix ans, sous les auspices de la Société Bibliographique[3]. —

1. E. Dramard, *Bibliographie de la bibliographie générale du droit français et étranger*, Paris, 1893, in-8. (Extr. du *Répertoire général et alphabétique du droit français*.)

2. J. Jackson, *Liste provisoire de bibliographies géographiques spéciales*, Paris, 1881, in-8.

3. *Congrès bibliographique international tenu à Paris sous les auspices de la Société Bibliographique, du 1er au 4 juillet* 1878, Paris, 1879, in-8. Bibliographie proprement dite, p. 448-550 (G. Pawlowski). — *Congrès bibliographique international tenu à Paris du 3 au 7 avril* 1888. Paris, 1889, in-8. Bibliographie proprement dite, p. 695-832 (H. Stein).

Enfin, pendant quelques années, W. Coolidge Lane a publié dans le *Harvard University Bulletin*, à des intervalles irréguliers (nos 52, 56, 59, etc.), un utile « Index of reference lists and special Bibliographies included in periodical and other publications of recent date ».

Ajoutons que le Bureau de l' « Institut international de Bibliographie » de Bruxelles a décidé de publier, « en annexe à son *Bulletin*, une *Bibliographia bibliographica*, inventoriant, à mesure qu'elles paraissent, les bibliographies spéciales » (1896)[1].

1. Il y a des « Bibliographies des bibliographies » périodiques, qui, comme certaines « Bibliographies des bibliographies » rétrospectives (ci-dessus, § 7), ne sont pas universelles, mais spéciales à un pays ou à une science. Voir, par exemple, P. Bergmans, *Répertoire méthodique décennal des travaux bibliographiques parus en Belgique*, 1881-1890, Liège, 1892, in-8. Extr. du t. Ier du *Bulletin de la Société liégeoise de Bibliographie*.

CHAPITRE II

RÉPERTOIRES DE BIBLIOGRAPHIE UNIVERSELLE

9. — Dans les répertoires de Bibliographie universelle sont mentionnés des livres de tous les pays, sur toutes sortes de sujets. Ces livres de tous les pays, sur toutes sortes de sujets, y sont indiqués ensemble, parce qu'ils ont un caractère commun : ou bien celui d'avoir été publiés tous de telle date à telle date, ou bien celui d'être précieux, c'est-à-dire rares, chers ou intéressants, ou bien enfin celui d'être conservés dans la même bibliothèque[1].

I

RÉPERTOIRES DE LIVRES IMPRIMÉS DE TELLE DATE A TELLE DATE

10. — Les plus importants des répertoires de cette espèce sont les répertoires d'incunables.

On est convenu d'appeler *incunables* tous les livres imprimés depuis l'origine de l'imprimerie jusqu'à l'année 1500. Au commencement du XIXe siècle, L. Hain s'est proposé de dresser le catalogue général de tous les incunables; mais son *Reper-*

1. Ou bien encore parce qu'ils ont le caractère d'être imprimés sur vélin, ou ornés de vignettes, d'avoir été condamnés, supprimés ou censurés, d'avoir été composés par des femmes, etc., etc. Mais nous ne nous occuperons ici que des trois catégories indiquées au texte, qui sont les principales.

torium bibliographicum[1], dont l'index vient d'être publié[2], si riche qu'il soit, — il est, d'ailleurs, inachevé[3] — est aujourd'hui à refondre. Depuis le temps de L. Hain, des bibliographes se sont attachés à cataloguer les livres imprimés au xve siècle dans un pays (par exemple en Suède, en Danemark, en Hollande), dans une province, dans une ville, par tel ou tel typographe. Toutes ces monographies ont singulièrement augmenté le nombre des incunables connus[4]. Mais ils ne seront *tous* connus que le jour où seront achevés les catalogues descriptifs, déjà entrepris en divers lieux, des incunables conservés dans les bibliothèques publiques et privées du monde entier. L'ensemble de ces catalogues descriptifs permettra un jour de dresser, si on le juge utile alors, un répertoire général des incunables qui sera définitif.

Le *Repertorium bibliographicum* de L. Hain est le principal des répertoires de cette espèce dont on se sert couramment. — Il suffit de nommer, parmi les autres, celui de M. Maittaire (*Annales typographici ab artis inventæ origine ad annum* 1664, Hagæ Comitum, 1719-41, 5 vol. in-4), qui a eu un Supplément (par M. Denis, Viennæ, 1789, in-4), et celui de G. W. Panzer (*Annales typographici ab artis inventæ origine ad annum* 1536, Norimbergæ, 1793-1803, 11 vol. in-4); ces deux ouvrages sont encore très utiles à consulter pour les impressions de la première moitié du xvie siècle, que l'on a quelquefois, mais à tort, qualifiées d'incunables.

1. L. Hain, *Repertorium bibliographicum, in quo libri omnes ab arte typographica inventa usque ad annum MD typis expressi ordine alphabetico vel simpliciter enumerantur vel accuratius recensentur*. Vol. I, 1, 2, vol. II, 1, 2. Stuttgart, 1826-1838, in-8.

2. K. Burger, *Ludwig Hain's Repertorium bibliographicum. Register. Die Drucker des XV. Jahrhunderts mit chronologischer Aufführung ihrer Werke zusammengestellt*. Leipzig, 1891, in-8 (VIIIes Beiheft zum « Centralblatt für Bibliothekswesen »).

3. On sait que Hain est mort avant d'avoir achevé la 4e partie de son ouvrage. Il n'y faudrait pas chercher la liste des éditions incunables de Virgile ou de Vincent de Beauvais, par exemple.

4. Voy. W. A. Copinger, *A Supplement to Hain's Repertorium bibliographicum or Collections towards a new edition of that work*, London, 1895, in-8. Vol. I. — Cf. *Transactions of the Bibliographical Society*, London, 1893, p. 44-59.

II

RÉPERTOIRES DE LIVRES « SINGULIERS » ET DE LIVRES « UTILES »

11. — Les livres de luxe, rares, « singuliers », ont eu de bonne heure le privilège d'attirer l'attention des bibliographes. Mais les répertoires, jadis célèbres, de G.-Fr. de Bure (1763-69), de J.-B.-L. Osmont (1768), de Duclos et Cailleau (1790), etc., etc.[1], ont été remplacés par un ouvrage fondamental, le *Manuel du libraire et de l'amateur de livres* de J.-C. Brunet, dont la première édition remonte à 1810. On se sert actuellement de la 5e édition (Paris, 1860-65, 6 vol. in-8). — Le *Manuel du libraire* se compose de deux parties. La première (vol. I-V) est une liste alphabétique par noms d'auteurs, ou « dictionnaire bibliographique, dans lequel sont décrits les livres rares, précieux, singuliers, qui ont paru tant dans les langues anciennes que dans les principales langues modernes, depuis l'origine de l'imprimerie jusqu'à nos jours, avec l'histoire des différentes éditions, les renseignements nécessaires pour reconnaître les contrefaçons et collationner les anciens livres, etc. » A cette liste de livres précieux pour des raisons extrinsèques, Brunet a cru devoir en joindre une autre : celle des « ouvrages les plus estimés en tout genre » ; mais ceux-là, il les a indiqués à part, en note, brièvement, sans en accompagner la mention d'une notice ni d'une description. Le t. VI est occupé par une « table en forme de catalogue raisonné, où sont classés, selon l'ordre des matières, tous les ouvrages portés dans le Manuel et un grand nombre d'autres ouvrages utiles, mais d'un prix ordinaire, qui n'ont pas dû être placés au rang des livres rares et précieux ». — Un *Supplément* au *Manuel du libraire* a été publié par G. Brunet et P. Deschamps (Paris, 1878-80, 2 vol. in-8).

L'auteur du *Manuel du libraire* était surtout versé dans la

1. Voy. la liste de ces répertoires dans J. Petzholdt, *Bibliotheca bibliographica*, p. 68 et suivantes.

connaissance des livres relatifs à l'histoire littéraire et des livres français. Pour les ouvrages étrangers, principalement pour les livres allemands, on consulte, de préférence au *Manuel*, le répertoire de J. G. Th. Græsse : *Trésor de livres rares et précieux ou nouveau dictionnaire bibliographique contenant plus de* 100 000 *articles de livres rares, curieux et recherchés, d'ouvrages de luxe*, etc. (Dresde, 1859-69, 7 vol. in-4)[1].

12. — C'est pour mémoire seulement que seront mentionnés ici des répertoires très vastes, où l'on a entrepris de grouper méthodiquement, comme Brunet dans le tome VI de son *Manuel*, les titres des ouvrages les plus utiles, les plus importants, les plus considérables, dans tous les genres, de la littérature de tous les pays[2]. Quelques services qu'aient rendus autrefois des ouvrages aussi méritoires, aussi consciencieux, que ceux de G. Draudius (dont les célèbres « Bibliothèques » furent compilées, au commencement du XVIIe siècle, à l'aide des *Messkataloge* de Francfort), de Th. Georgi (*Allgemeines Europäisches Bücher-Lexicon*, Leipzig, 1742-58, 5 part. et 6 suppl., in-fol.), de Fr.-A. Ebert (*Allgemeines bibliographisches Lexicon*, Leipzig, 1821-30, 2 vol. in-4), et de R. Watt (*Bibliotheca britannica. A general Index to British and foreign Literature. In two parts : Authors and subjects*, Edinburgh, 1824, 4 vol. in-4), etc., etc., ils ne sont plus utilisés aujourd'hui que par les érudits[3] ; ils sont à peu près tombés en désuétude, ainsi que le *Nouveau Manuel de Biblio-*

1. Le 7e volume contient un Supplément dont la fin est écourtée de la manière la plus bizarre. — On a annoncé une nouvelle édition, refondue, du *Trésor* de Græsse, mais l'entreprise n'a pas eu de suites. Cf. *Centralblatt für Bibliothekswesen*, 1889, p. 218.

2. Sur quelques répertoires généraux d'histoire littéraire, sous forme de dictionnaires d'auteurs, qui ne sont pas sans analogie avec ceux dont il est question dans ce paragraphe, voy. ci-dessous, § 91.

3. Les répertoires de G. Draudius (sur lesquels voy. J. Petzholdt, *o. c.*, p. 70) fournissent encore aux érudits des renseignements qui ne se trouvent nulle part ailleurs. — Celui de Georgi est vraiment unique pour l'ensemble de la littérature européenne, depuis le commencement du XVIe siècle jusqu'en 1739 ; la 5e partie, consacrée aux livres français, est très bonne, et c'est la plus rare. — Quant au répertoire de Ebert, il a la réputation d'être très exact. Les titres des livres que possédait, au temps d'Ebert, la bibliothèque de Dresde, y sont marqués d'un astérisque.

graphie universelle de F. Denis, P. Pinçon et de Martonne. (Paris, 1857, 3 vol. in-12, dans la collection des Manuels Roret)[1].

13. — On conçoit aisément qu'une bibliographie choisie des livres les plus importants, sur tous les sujets, de toutes les littératures, soit très difficile à faire, et plus encore maintenant qu'autrefois, d'autant plus que la production littéraire, toujours croissante, s'accumule, d'autant plus que les spécialités scientifiques se ramifient à l'infini. Supposons-la faite, toutefois, et bien faite; comment la tenir à jour?

Si de pareilles considérations induisent à croire que les bibliographies universelles de ce type disparaîtront prochainement, il y a cependant des raisons pour qu'il n'en soit pas ainsi. Il est naturel que l'on soit toujours tenté d'offrir au « grand public » proprement dit, à cet innombrable public des *general readers* qui n'a ni le temps, ni la volonté d'user des répertoires bibliographiques spéciaux, un guide élémentaire à travers les livres. En fait, on n'a jamais vu paraître, autant qu'aujourd'hui, de guides de cette espèce, particulièrement dans les pays anglais.

La plupart des répertoires modernes de ce genre sont dépourvus de toute valeur, et ce serait perdre son temps que d'énumérer avec précision les recueils qui ont pour titre : *The best reading*, *The student's Library*, *The reader's Handbook*, *The reader's Guide. A Guide-book to books*, *Die besten Bücher aller Zeiten und Litteraturen*, etc. — Mais il en est un qui mérite d'être mentionné à part. Sous ce titre : *The best books, a reader's Guide to the choice of the best available books in every department of science, art and literature. A contribution towards systematic Bibliography*, un éditeur anglais, M. W. Swan Sonnenschein, a publié, à Londres, en 1891, un répertoire méthodique de 50 000 *best books* environ, et, en 1895, un répertoire analogue, d'égale dimension, des « meilleurs

1. Il ne faut pas se laisser tromper par le titre de la *Cyclopaedia bibliographica* de J. Darling (London, 1854, in-4), qui est, comme l'indique le sous-titre, un « Library Manual of theological and general literature », à classer plutôt parmi les répertoires théologiques que parmi les bibliographies universelles.

livres » parus, dans tous les genres, au cours des dernières années. Cette publication, faite avec la plus grande diligence, est encore déparée par trop d'erreurs matérielles[1], mais elle n'est pas mal conçue, et si elle devient périodique (quinquennale), ce sera en effet un instrument commode, qui dispensera bien des gens d'en consulter d'autres[2].

14. — Aux répertoires de Bibliographie universelle *rétrospective* qui précèdent, quelques répertoires *périodiques* servent de complément naturel

Tels sont, pour les livres rares, chers et « singuliers », les répertoires où sont périodiquement enregistrés les résultats des ventes publiques de livres de cette espèce[3].

Tels sont, pour les livres « utiles », l'*Allgemeine Bibliographie* et le *Polybiblion*. — L'*Allgemeine Bibliographie*, créée en 1856, à Leipzig, est une publication mensuelle, rédigée suivant un ordre systématique (avec une table alphabétique annuelle); elle fournit l'indication des principaux livres parus, chaque mois, dans tous les pays. — Le *Polybiblion*, « revue bibliographique universelle », organe de la Société Bibliographique de Paris, paraît depuis 1868 par livraisons mensuelles. La « Partie technique » contient « une bibliographie méthodique des [principaux] ouvrages récents parus en France et à l'étranger, les sommaires des principales revues françaises et étrangères, des publications des Sociétés savantes et des grands journaux[4] ».

1. Cf. *The Nation*, 7 nov. 1895, p. 331 et suiv. — Il est inévitable que l'auteur des *Best books* soit mieux renseigné sur les livres anglais et américains que sur les autres; mais il ne l'est vraiment pas assez sur ceux-ci. — Il sera question plus loin (chapitre III) des publications analogues qui ne prétendent fournir la liste que des « meilleurs livres » de telle ou telle littérature nationale.

2. En 1893, le « Bureau of Education » des États-Unis a publié (Washington, in-8) le catalogue de 5000 *best books* exposés à Chicago par l'American Library Association, « for a popular library ».

3. Par exemple : *Book-prices current, a record of the prices at which books have been sold at auction*. Le 8e vol. de ce répertoire, qui s'applique aux ventes faites de décembre 1893 à novembre 1894, a été publié à Londres en 1895. — Cf. le *Répertoire des ventes publiques cataloguées de livres*, par P. Dauze, qui paraît à Paris depuis février 1894.

4. « Il va sans dire que sans le concours des bibliographies périodiques

Il a existé un grand nombre d'autres journaux de Bibliographie universelle périodique, créés, comme l'*Allgemeine Bibliographie* et le *Polybiblion*, pour tenir au courant des principales nouveautés de la librairie de tous les pays; ils n'ont pas vécu. Mais on en crée de nouveaux presque chaque année. La plupart de ces publications éphémères ne sont, du reste, que des moniteurs commerciaux, décorés de titres pompeux, qui ne méritent pas grande confiance[1].

14 *bis*. — Pour mémoire, il convient de rappeler ici qu'il existe, à côté des revues de Bibliographie universelle qui ne donnent sur les livres nouveaux que des renseignements matériels, des revues encyclopédiques de Bibliographie *critique* où sont non seulement mentionnés, mais analysés, critiqués, des livres de tous les pays, sur tous les sujets ou sur un grand nombre de sujets divers. — Tout le monde connaît l'*Athenæum*, l'*Academy*, le *Literarisches Centralblatt für Deutschland*, la *Deutsche Litteraturzeitung*, le *Polybiblion* (Partie littéraire), etc.[2]. Ces recueils sont de valeur inégale, mais on peut dire qu'aucun d'eux ne réussit à rendre compte de *tous* les ouvrages vraiment utiles, en tout genre, au fur et à mesure qu'ils paraissent. Aussi bien, l'entreprendre serait chimérique. De pareilles revues n'en sont pas moins très commodes, et bien

nationales, le rédacteur de la partie technique se trouverait fort embarrassé de se procurer les titres et les prix des nouvelles publications, tant de l'ancien que du nouveau continent. C'est même la centralisation de toutes ces données très diverses qui retarde nos informations, et ne permet d'inscrire tel livre ou telle brochure que souvent plusieurs mois après l'apparition de ce livre ou de cette brochure en librairie. » (H. Stein, dans *Congrès bibliographique international tenu à Paris sous les auspices de la Société bibliographique*, 1888, p. 697.)

1. Les derniers en date sont intitulés : *Der Büchermarkt, monatliches Verzeichnis ausgewählter Neuigkeiten der in- und ausländischen Litteratur* (Leipzig, depuis 1895), et *Bulletin bibliographique international* (Paris, depuis 1896).

2. Voy. H. Dejace, *Revues critiques de bibliographie*, dans *Congrès bibliographique international*, 1878, p. 458; 1888, p. 802. — Il ne faut pas se laisser tromper par les rubriques, trop ambitieuses, de quelques-unes de ces revues. C'est ainsi que la *Critique encyclopédique internationale* (*Mouvement bibliographique universel*), fondée à Bruxelles en 1890, n'a jamais tenu les promesses de son titre.

des personnes cultivées croient se tenir suffisamment au courant des nouveautés de la librairie du monde entier, en feuilletant, chaque semaine ou chaque mois, l'un ou l'autre de ces recueils[1].

III

CATALOGUES DE BIBLIOTHÈQUES

15. — Les catalogues des bibliothèques générales, non spéciales, forment, comme les répertoires dont il a été question ci-dessus (§ 11-14), des bibliographies universelles qui sont, par définition, incomplètes et arbitrairement composées. Ce sont des listes de livres de tous les pays, sur toutes sortes de sujets, qui ont le caractère commun d'être conservés dans le même dépôt[2].

Il n'y avait point naguère de bibliothèque importante qui ne fît imprimer son catalogue. On renonce aujourd'hui à cette pratique, qui coûtait fort cher, sans grand profit. Deux bibliothèques modèles, la *Public Library* et celle de l'*Athenæum* de Boston, ont suspendu depuis vingt ans l'impression de leurs catalogues, et probablement pour toujours. De bons catalogues sur fiches, soigneusement tenus à jour et mis avec libéralité à la disposition du public, sont aujourd'hui considérés par les hommes spéciaux comme préférables, sous tous les rapports, aux catalogues imprimés qui furent longtemps à la mode.

Parmi les innombrables catalogues imprimés de bibliothèques

1. Quelques-unes des revues critiques de Bibliographie donnent, comme la « Partie technique » du *Polybiblion*, le sommaire des principales revues et des listes de livres nouveaux. Les listes de livres nouveaux que publiait chaque semaine, jusqu'à ces derniers temps, l'*Academy* étaient très bien faites et très utiles; il en paraît encore dans l'*Athenæum*.

2. On peut rapprocher, si l'on veut, des catalogues imprimés de bibliothèques universelles, riches en livres de tous les pays sur tous les sujets, les catalogues publiés par des libraires qui possèdent en magasin un très grand nombre de livres de tous les pays sur tous les sujets; mais il est inutile de faire remarquer que la valeur de ces catalogues commerciaux, en tant que répertoires bibliographiques, est, dans l'immense majorité des cas, très médiocre pour le public, sinon pour les bibliographes de profession. On cite, comme l'un des plus considérables à tous égards, celui de B. Quaritch, de Londres : *A general Catalogue of books*, London, 1887, 6 vol. in-8.

générales qui existent[1], quelques-uns seulement ont de la valeur en tant que répertoires bibliographiques[2] : ce sont les catalogues des bibliothèques les plus riches, notamment ceux du Musée Britannique de Londres et de la Bibliothèque nationale de Paris.

I. Tous les livres que possède le Musée Britannique de Londres (qui possède la plus grande partie des livres importants publiés dans tous les pays sur tous les sujets) sont représentés dans le catalogue unique (alphabétique) de l'établissement par un bulletin descriptif. Ces bulletins étaient primitivement écrits à la main et collés, à leur place, dans un immense répertoire, mis à la disposition du public, dont les volumes (à reliure mobile) et les pages étaient continuellement refondus à mesure que des acquisitions nouvelles rendaient nécessaires, entre les

1. Existe-t-il un catalogue de tous les catalogues de Bibliothèques, générales ou spéciales, qui ont été imprimés? Il n'en existe pas ailleurs que dans l'annuaire du monde savant publié à Strasbourg par R. Kukula et K. Trübner sous ce titre : *Minerva* (5e année, 1896), dont les indications sont sommaires, mais commodes, et s'améliorent chaque année. — On peut d'ailleurs se procurer la liste des catalogues imprimés des Bibliothèques publiques de l'Allemagne (P. Schwenke, *Adressbuch der deutschen Bibliotheken*, Leipzig, 1893, in-8), de la France (*Annuaire des Bibliothèques et des Archives*, Paris, depuis 1886), de l'Italie (G. Ottino et G. Fumagalli, *Bibliotheca bibliographica italica*, n. 2575 et s., 5781 et s.), de la Russie (V. S. Ikonnikov, *Opyt rousskoï Istoriografii*, Kiev, 1891-92, in-8, p. 687 et s.), de la Suisse (*Bibliographie der schweizerischen Landeskunde. Bibliographische Vorarbeiten der landeskundlichen Litteratur und Kataloge der Bibliotheken der Schweiz*, p. p. J. H. Graf, Bern, 1894, in-8, p. 13-53), etc.

2. Il y en a des centaines qui n'ont aucune valeur en tant que répertoires bibliographiques, parce que les bibliothèques dont ils font connaître les collections sont trop peu riches ou mal composées. — S'il existait une bibliothèque, même relativement peu nombreuse, dont l'ancien fonds fût composé exclusivement d'œuvres de premier ordre et dont toutes les acquisitions fussent faites de la manière la plus judicieuse, le catalogue de cette bibliothèque ne serait pas sans intérêt : ce serait, en réalité, un répertoire de *best books* (cf. § 12). — La Bibliothèque de l'Université de Gœttingue, formée et entretenue avec le plus grand soin, passe en Allemagne pour la première bibliothèque de travail du monde; malheureusement le catalogue n'en a pas été imprimé. — Il ne faut pas se laisser tromper par le titre de l'ouvrage de E. Poirée et G. Lamouroux : *Les éléments d'une grande Bibliothèque. Catalogue abrégé de la Bibliothèque Sainte-Geneviève*. Paris, s. d., 12 fasc. in-8.

bulletins, des intercalations. Or, depuis 1881, on a commencé à imprimer cet immense répertoire, « le plus riche recueil bibliographique du monde », à raison d'un certain nombre de fascicules par année[1], sous le titre de *General Catalogue of the British Museum Library*. En 1896, plusieurs centaines de fascicules, représentant les quatre cinquièmes environ de l'ouvrage total, avaient été publiés[2].

Il importe de remarquer ici que, pour le catalogue de la bibliothèque du Musée Britannique, le système dit *Dictionary system* a été adopté, c'est-à-dire que dans la série alphabétique générale (par noms d'auteurs), ont été insérées un nombre indéfini de rubriques (all. *Stichwörter*, angl. *subject-entries*, it. *parole d'ordine*, fr. *mots-souches*, *mots typiques*), sous lesquelles sont classés tous les ouvrages de telle ou telle espèce, ou sur tel ou tel sujet, que l'établissement possède. Cela revient à l'insertion d'un nombre indéfini de catalogues spéciaux, de monographies bibliographiques, à l'intérieur du catalogue général et alphabétique par noms d'auteurs[3]. — Or, quelques-uns des « mots-souches » du *General Catalogue of the British Museum Library* ont été tirés à part, et se vendent séparément (*Excerpts from General Catalogue of the British Museum*). Les plus importants, au point de vue bibliographique, sont les mots-souches *Academies* (inventaire des publications académiques du monde entier qui sont au Musée, 5 fasc. et un index) et *Periodical publications* (inventaire des publications périodiques, non académiques, du monde entier qui sont au Musée, 6 fasc. et un index)[4].

1. L'abonnement aux fascicules (quel qu'en soit le nombre) du *General Catalogue*, qui paraissent pendant un an, est de 5 l. st. 10 sh.

2. On n'a pas procédé à l'impression du *General Catalogue* en commençant par A et en suivant l'ordre alphabétique. Il serait trop long d'indiquer ici quels sont les fragments qui ont été publiés, quels sont ceux qui restent à paraître.

3. Sur le *Dictionary system*, et sur les arguments présentés tant par ses adversaires que par ses partisans, voir les traités de Bibliothéconomie, et en particulier A. Graesel, *Grundzüge der Bibliothekslehre*, (Leipzig, 1890, p. 584), ainsi que les traductions italienne et française de cet ouvrage. Cf. *Mémorial de la Librairie française*, 30 janv. 1896, p. 71.

4. Ont été en outre tirés à part et se vendent séparément les mots-souch[es] *Æschylus*, *Æsop*, *Aristotle*, *Bible*, *Charles I*, *Cicero*, *Coleridge*, *Colombo*

11. Vers le milieu de ce siècle, l'administration de la Bibliothèque nationale de Paris décida la confection et l'impression d'un vaste catalogue *méthodique* des imprimés de l'établissement. Quelques fragments de ce vaste répertoire, mal conçu, ont été publiés en effet ; il sera fait mention plus loin de ceux qui sont intéressants pour la Bibliographie des sciences historiques. — Mais ce catalogue méthodique ne sera jamais achevé. On a récemment entrepris, à la place, sur l'avis d'une Commission nommée pour étudier la question, d'imprimer un catalogue général *alphabétique*, qui, à l'estime de M. G. Picot, rapporteur de la Commission, se composera, quand il sera terminé, de 80 volumes (à raison de 800 p. et de 52 000 notices par volume). « Quelle ne sera pas, dit M. Picot[1], pour tous les travailleurs, l'utilité d'un répertoire universel qui présentera, sous une forme facile à consulter, les principaux livres étrangers et la majeure partie des livres publiés en France? » — M. Picot ajoute : « Le découpage des volumes du catalogue fournira le moyen de créer des répertoires méthodiques, de manière que le public n'ait rien à envier aux catalogues méthodiques les plus perfectionnés ».

Le commencement du futur répertoire (partie de la lettre A) a été imprimé en 1895. Quelques fragments en ont été publiés, à titre de spécimen, dans le *Bulletin mensuel des récentes publications françaises* de la Bibliothèque nationale, en 1895[2].

15 *bis*. — Les grandes bibliothèques s'enrichissent sans cesse. Pour bien des raisons[3], elles ont intérêt à imprimer et à publier périodiquement des catalogues de leurs acquisitions.

(*Chr.*), *Dante*, *De Foë*, *Dryden*, *Gœthe*, *Homer*, *Horatius Flaccus*, *Jesuits*, *Jesus Christ*, *Luther*, *Milton*, *Napoleon*, *Ptolemæus*, *Virgil*. Le premier de ces mots-souches (*Virgil*) qui ait été publié l'a été en 1882, le dernier (*Ptolemæus*) en 1895.

En dehors de ces *subject-catalogues* insérés dans le catalogue général alphabétique, l'administration du Musée Britannique prépare de grands catalogues méthodiques (*Class-lists*). Cf. *The Bookworm*, t. VI, p. 151.

1. G. Picot, *Rapport présenté à M. le Ministre de l'Instruction publique au nom de la Commission*, Paris, 1894, in-4.

2. Voy. le mot « Aristote » dans le fascicule de mai-juin.

3. L. Delisle, dans la *Bibliothèque de l'École des chartes*, 1891, p. 387 et suivantes.

On conçoit aisément que ces catalogues de nouvelles acquisitions seront, si lesdites acquisitions sont bien faites, de véritables concurrences aux bibliographies universelles périodiques (ci-dessus, § 14).

Le Musée Britannique publie, depuis 1880, un *Catalogue of the accessions to the British Museum Library*[1]. A la Bibliothèque nationale de Paris ont été créés : en 1874 un *Bulletin mensuel des publications étrangères* acquises par l'établissement, et, en 1882, un *Bulletin mensuel des récentes publications françaises*.

La Bibliothèque royale de Berlin publie, depuis 1895, chaque année, le catalogue de ses récentes acquisitions, qui sont très importantes et très judicieusement faites, sous ce titre : *Verzeichniss der aus der neu erschienenen Litteratur von der k. Bibliothek zu Berlin erworbenen Druckschriften* (Berlin, gr. in-8).

Beaucoup d'autres bibliothèques importantes, la Bibliothèque de l'Université impériale de Saint-Pétersbourg, la Bibliothèque Sainte-Geneviève de Paris, etc., ont récemment inauguré des « Bulletins » analogues. Celui de la Bibliothèque universitaire d'Upsal remonte à 1850.

16. — La Bibliothèque du Musée Britannique et la Bibliothèque nationale de Paris sont les plus riches du monde ; mais aussi riche et plus riche encore est la Bibliothèque idéale que forme l'ensemble de toutes les bibliothèques d'un grand pays, ou même de certains pays de second rang. — De bonne heure, — en France, dès les premières années de la Révolution, — on a eu l'idée de réunir en un seul corps les catalogues particuliers de toutes les bibliothèques d'un pays pour en former un répertoire général. Si l'on avait réussi à dresser de pareils « répertoires communs à plusieurs ou à toutes les bibliothèques » d'une vaste région, ce seraient des recueils bibliogra-

1. Par les soins de G. K. Fortescue est publiée, en outre, tous les cinq ans, une très utile table méthodique des nouvelles acquisitions de la Bibliothèque du Musée Britannique : *A subject-index of the modern works added to the Library of the British Museum*. Le tome Ier de cet Index, le meilleur répertoire méthodique quinquennal de Bibliographie universelle qui existe, a été publié en 1886, le tome II en 1891.

phiques comparables, ou supérieurs, aux catalogues des grands dépôts de Londres et de Paris[1].

Des projets de « catalogues collectifs » ou « fédératifs » ont vu le jour depuis cent ans en France, aux États-Unis, en Autriche, en Belgique[2]. La plupart de ceux qui ont été suivis, jusqu'ici, d'un commencement d'exécution étaient partiels, limités aux livres relatifs à des sujets spéciaux. — Signalons seulement l'innovation introduite, la même année (1886), en Italie et en Suède. Au lieu que les diverses bibliothèques de ces pays publient séparément des « Bulletins » de leurs acquisitions (livres, périodiques, etc.), les acquisitions de livres étrangers faites par toutes les bibliothèques royales d'Italie sont enregistrées ensemble dans un *Bullettino delle opere moderne straniere acquistate dalle Biblioteche pubbliche governative del regno d'Italia* (Roma, depuis 1886, in-8); et les acquisitions de livres étrangers faites par les principales bibliothèques de Suède sont enregistrées ensemble dans un Bulletin (annuel) intitulé : *Sveriges offentliga Bibliothek. Accessions-Katalog utgifven af kongl. Bibliotheket* (Stockholm, depuis 1886, in-8)[3].

16 *bis*. — C'est ici le lieu de mentionner un projet assurément grandiose, mais qui, comme presque tous les projets grandioses qu'ont formés jusqu'ici les bibliographes, ne sera peut-être pas réalisé de sitôt. Il s'agirait de créer, en utilisant comme premier fonds le catalogue imprimé de la Bibliothèque du Musée Britannique, et en appliquant ensuite sur une très grande échelle la méthode coopérative des catalogues communs à plu-

1. Le gouvernement prussien a récemment décidé de faire imprimer le catalogue collectif des livres que possèdent la Bibliothèque royale de Berlin et les bibliothèques des Universités du royaume de Prusse. Ce sera un monument bibliographique de premier ordre, et le plus vaste « catalogue collectif » qui ait jamais été réalisé.

2. M. V. Mortet prépare depuis longtemps une étude d'ensemble sur ce sujet ; il compte la publier prochainement.

3. Dès 1891, M. A. Fécamp publia dans la *Revue des Bibliothèques* (I, p. 417) un *Projet d'un catalogue annuel des acquisitions des bibliothèques universitaires* [de France]. Ce projet a reçu l'année dernière un commencement d'exécution : *Université de France. Bibliothèques universitaires de Bordeaux, Caen, Dijon, Montauban, Montpellier et Toulouse. Liste alphabétique des nouvelles acquisitions.* Montpellier, 1895, in-8.

sieurs bibliothèques, il s'agirait de créer, dis-je, ce catalogue universel COMPLET de tous les livres imprimés, qui est le *desideratum* suprême, probablement chimérique, de la Bibliographie[1]. Toutes les bibliothèques feraient savoir quels sont les livres qu'elles possèdent et que le Musée Britannique ne possède pas. A l'aide de ces communications, le Musée Britannique serait en mesure de publier, comme supplément au catalogue de ses collections, le catalogue général de tout ce qui lui manque. Ces deux catalogues réunis équivaudraient, à peu près, à l'inventaire complet de tous les imprimés qui existent[2].

17. — Dans les grandes bibliothèques publiques, on met à la disposition des lecteurs, dans la salle de travail, un certain nombre de « livres de référence ». Quelques-unes des bibliothèques de référence ainsi formées ont été composées avec beaucoup de soin : les grandes collections, les livres usuels en tout genre, les répertoires classiques y figurent. Les catalogues imprimés de ces bibliothèques de référence peuvent servir, en vérité, de bibliographies des livres de référence. Citons, parmi les meilleurs[3], ceux du Musée Britannique (*List of the books of reference in the reading-room of the British Museum*, 3e éd., s. l., 1889, in-8) et de la Bibliothèque universitaire de Berlin (*Universitäts-Bibliothek zu Berlin. Verzeichnis der Lesesaal- und Handbibliothek*, 2e éd., s. l., 1894, in-8).

1. La chimère du Catalogue universel *complet* de tous les imprimés hante les bibliographes depuis longtemps. L'*Athenæum* de 1850 contient déjà des réflexions à ce sujet. Cf. ci-dessous, § 24.

2. Voy. *The Library*, 1893, p. 95-96; cf. ci-dessous, § 40. — Un projet similaire (« D'un Catalogue général des Bibliothèques ») a été soumis en 1894 à l'Académie royale de Belgique par F. Vander Haeghen (*Centralblatt für Bibliothekswesen*, 1894, p. 289; cf. *Revue bleue*, 1894, II, p. 155).

3. L'administration de la Reynold's Library de Rochester (New York, États-Unis) a centralisé tous les catalogues de livres de référence qui existent, en vue d'en composer un propre à servir de modèle. Voy. *The Library Journal*, 1893, p. 308. — Cf. *Books for a reference library. Being lectures on the books in the reference department in the Free public Library, Birmingham*, London, 1885, in-8.

RÉPERTOIRES GÉNÉRAUX DE PUBLICATIONS PÉRIODIQUES

18. — Les répertoires qui ont été indiqués jusqu'ici sont des répertoires de livres et de brochures. Les articles de journal et de revue n'y figurent que s'ils ont été tirés à part et s'ils forment, par conséquent, des unités bibliographiques. Cependant, il serait superflu d'insister sur l'extrême importance de la littérature périodique, et sur l'utilité qu'il y aurait à la répertorier intégralement.

Il sera parlé plus loin des nombreux répertoires de publications périodiques qui n'embrassent que les publications périodiques relatives à certains sujets ou publiées dans certains pays, c'est-à-dire qui n'ont pas le caractère de répertoires généraux. Nous n'avons à nous occuper ici que des répertoires analytiques qui s'appliqueraient à des publications périodiques de tous les pays, relatives à tous les sujets. Mais est-ce qu'il en existe? Est-il possible que l'on ait jamais conçu la pensée d'un répertoire international et universel des publications périodiques? Le nombre de ces publications, qui existent ou qui ont existé, est énorme; le nombre de celles que les grandes bibliothèques se croient obligées de recevoir confond déjà l'imagination[1].

19. — Assurément on n'a jamais fait, on ne fera probablement jamais, de répertoire complet de toutes les publications périodiques du monde entier; mais on a fait, et on fera peut-être encore, des répertoires en forme de tables analytiques collectives d'un certain nombre de revues de divers pays, qui traitent de sujets divers. — C'est ainsi que, à la Bibliothèque de la Chambre des

1. Voy. le mot-souche *Periodical publications* du *General Catalogue* du Musée Britannique (§ 14, I). Cf. le catalogue des publications périodiques reçues par la Bibliothèque Bodléienne, d'Oxford, une des bibliothèques du monde qui en reçoivent le plus : *Catalogue of Periodicals contained in the Bodleian Library, Part I, English Periodicals*, Oxford, 1878, in-8. *Part* III. *Foreign Periodicals*, Oxford, 1880, in-8; et *Bibliothèque nationale. Département des imprimés. Liste des périodiques étrangers*, Paris, 1896, in-8.

députés d'Italie, qui possède les collections (9290 volumes) de plus de 300 « revues » périodiques, — les principales revues générales (non-techniques) du monde, — on en a dressé une table analytique commune. Cette table (disposée suivant un ordre méthodique dont le principe est contestable) a été imprimée, sous ce titre : *Biblioteca della Camera dei Deputati. Catalogo metodico degli scritti contenuti nelle pubblicazioni periodiche italiane e straniere* (Roma, 1885-1895, 4 vol. gr. in-8.) Ce répertoire assez commode n'est malheureusement pas dans le commerce.

20. — Pour une catégorie particulière de publications périodiques, les publications périodiques éditées par des Sociétés savantes, J. D. Reuss entreprit jadis un répertoire général, disposé suivant l'ordre méthodique. Il a publié un *Repertorium commentationum a societatibus litterariis editarum secundum disciplinarum ordinem....* (Gottingæ, 1801-21, 16 vol. in-4.) De nos jours, les publications des Sociétés savantes sont devenues si abondantes, dans tous les pays, que l'on n'oserait plus en entreprendre un répertoire général : on en fait, nous le verrons, dans quelques pays, des répertoires nationaux.

21. — Les collections de certaines publications périodiques, comme les *Mémoires de Trévoux*, la *Revue des Deux Mondes*, la *Revue critique d'histoire et de littérature*, le *Times* de Londres, par exemple, sont pourvues de tables qui permettent d'utiliser ce qui s'y trouve. D'autres en sont dépourvues. — La première chose qu'auraient à faire les bibliographes trop hardis qui rêvent de constituer un répertoire complet de Bibliographie universelle (§ 16 *bis*) — où figureraient, non seulement tous les livres, mais tous les articles qui ont été publiés dans les périodiques depuis l'invention de l'imprimerie, — serait évidemment de réunir toutes les tables afférentes à des collections de périodiques qui existent, et de les fondre en une seule. Mais ce serait une opération colossale. Présentement, il n'est même pas possible de se procurer la liste des périodiques qui ont des tables et celle des périodiques qui n'en ont pas[1].

1. Nous ne connaissons qu'une liste de ce genre. C'est une bibliographie des tables des publications périodiques (académiques et autres) publiées en

ENCYCLOPÉDIES

22. — On a quelquefois avantage, nous aurons plus d'une fois l'occasion de le remarquer, à consulter, de préférence aux répertoires bibliographiques proprement dits, des ouvrages qui contiennent, en même temps qu'une doctrine et des renseignements sur le fond des choses, des « notices bibliographiques » plus ou moins détaillées. Dans ces ouvrages, la « Bibliographie » n'est que l'accessoire, mais, quand elle est soignée, elle est souvent traitée avec plus d'intelligence et de discernement qu'ailleurs.

Il sera question plus loin des Manuels et des Dictionnaires spéciaux dont les notices bibliographiques ont de la valeur et qui intéressent l'histoire. — Nous n'avons à signaler ici, dans ce chapitre réservé aux répertoires de Bibliographie universelle, que les Encyclopédies, recueils d'articles sur tous les sujets, y compris les sujets historiques, dont les notices bibliographiques seraient dignes d'attention.

Qu'il suffise de rappeler que quelques articles (non pas tous) de l'*Encyclopædia Britannica* sont accompagnés de listes sommaires de livres à consulter, et que ceux de *La Grande Encyclopédie* sont tous, en principe, suivis d'une « Bibliographie ». Mais il va de soi que, dans ces grands recueils généraux, rédigés par plusieurs centaines d'écrivains, les notices bibliographiques qui suivent les articles sont de valeur très inégale, comme les articles eux-mêmes [1].

Angleterre ; elle se trouve dans l'ouvrage de Henry B. Wheatley, *What is an Index?* (London, 1879, in-8), p. 83-96.

1. Voy. la liste des autres Encyclopédies universelles, de moindre importance, dans *La Grande Encyclopédie*, au mot « Encyclopédie », et dans E. Bratke, *Wegweiser zur Quellen- und Litteraturkunde der Kirchengeschichte*, Gotha, 1890, in-8, p. 59-79.

« OFFICES » DE BIBLIOGRAPHIE UNIVERSELLE

23. — Tant de personnes ont besoin de se procurer promptement, et sans se donner le souci de les chercher, des renseignements bibliographiques, que des agences se sont fondées pour fournir, moyennant finances, des « bibliographies » et des « extraits » sur n'importe quel sujet. Des établissements comme le *Courrier de la Presse* représentent, à Paris, le type le moins élevé de ces Agences commerciales. Il y a quelques années fut créé à Berlin un *Bibliographisches Bureau*, dont M. v. Kalkstein dirigeait la section historique, et qui paraissait fort bien organisé : il n'existe plus. Nous ne savons ce qu'est devenu *The London bibliographical Institute*, fondé à Londres en 1889[1].

24. — Mais, dit-on, il est bien difficile (l'expérience le prouve) que l'industrie privée soit convenablement outillée pour les recherches bibliographiques un peu délicates; d'autre part, il est d'intérêt public (pour économiser du temps, de la peine et des erreurs) que les renseignements bibliographiques soient fournis à qui les cherche le plus vite et le plus exactement possible. « La Bibliographie doit devenir, comme les Bibliothèques, un service public et gratuit. » — Comme, par ailleurs, « la Bibliographie, ainsi que la science, est par essence internationale », on a récemment fait valoir l'idée que les États civilisés, qui se sont déjà groupés souvent en Unions internationales pour assurer des services généraux, devraient s'unir pour subventionner un *Office international de Bibliographie*. Il existe un « Bureau international des poids et mesures » dont le siège est à Paris, une « Association géodésique internationale » dont le siège est à Berlin, un « Bureau international pour la publication des tarifs douaniers » dont le siège est à Bruxelles; le « Bureau international de l'Union postale universelle » est à Berne. Les fondateurs de l'« Institut international de Bibliographie » qui s'est constitué

1. *Centralblatt für Bibliothekswesen*, 1889, p. 517. Cf. *Deutsche Zeitschrift für Geschichtswissenschaft*, III, p. 260.

à Bruxelles en septembre 1895 ne voient pas pourquoi les Puissances, sur l'invitation du gouvernement belge, se refuseraient à créer un *Bureau* ou un *Office* du même genre, « dont la mission spéciale serait l'établissement et la publication d'un répertoire bibliographique universel, toujours tenu au courant des nouvelles publications ». Ce répertoire, « à la fois onomastique et idéologique », qui « devrait comprendre à la fois la bibliographie des temps passés et celle des temps présents », qui « devrait aussi pouvoir être tenu au courant de la production future », dont « l'objet serait l'ensemble des connaissances humaines », serait établi par l'Office, sur fiches, « en multiples exemplaires », afin qu'« aucun des centres intellectuels n'en fût privé[1] ».

25. — En attendant que l' « Institut international de Bibliographie » de Bruxelles ait achevé, s'il l'achève jamais, l'instrument bibliographique universel qui remplacerait tous les autres[2], il n'est pas inutile de constater que cet instrument ne sera bon que s'il est fait avec de bons matériaux. Or il sera nécessairement formé et tenu à jour à l'aide de ces *Bibliographies nationales*, rétrospectives et périodiques, dont nous allons parler maintenant. L' « Institut international » l'a reconnu en déclarant que tout répertoire systématique « suppose l'existence de bibliographies nationales complètes, exactes. » Reste à savoir en quoi consistent et ce que valent en effet ces répertoires généraux de Bibliographie nationale qui sont les sources où s'alimentent, dès maintenant, la plupart des bibliographies, tant universelles que spéciales.

1. Voy. *Institut international de Bibliographie. Bulletin*, Bruxelles, I (1895-96). — Le seul instrument de Bibliographie générale qui ait été créé jusqu'ici, non pas en vertu, mais à l'occasion d'une convention internationale, est le *Catalogue des dissertations et écrits académiques provenant des échanges avec les Universités étrangères, et reçus par la Bibliothèque nationale*. Ce catalogue (annuel) est publié à Paris (in-8), depuis 1884.

2. L'Institut ne publie pour le moment que quelques bibliographies périodiques ou « Sommaires méthodiques des ouvrages et des revues » qui intéressent des sciences spéciales (Sociologie, Philosophie, Astronomie). — Sur ses projets, en très grande partie chimériques, voy. *Revue internationale des Archives, des Bibliothèques et des Musées*, I, Bibliothèques, p. 97 et s., et *Journal des Savants*, mars 1896.

CHAPITRE III

RÉPERTOIRES DE BIBLIOGRAPHIE NATIONALE

26. — L'expression « Bibliographies nationales » est reçue pour désigner, par opposition aux « Bibliographies universelles », des *répertoires* où sont mentionnés des livres sur toutes sortes de sujets, qui ont le caractère commun d'avoir été imprimés sur le territoire de telle ou telle nation actuelle : Allemagne, Belgique, France, Italie, etc.

Il importe d'autant plus de poser cette définition que l'expression « bibliographies nationales » n'est pas, en elle-même, très claire. Des répertoires où seraient enregistrés tous les livres relatifs à l'Allemagne, à la Belgique, à la France, à l'Italie, etc., auraient également droit au nom de « bibliographies nationales ». Enfin, on appelle quelquefois, par extension, « bibliographies nationales » les répertoires d'histoire littéraire nationale où sont bibliographiés les écrits qui ont le caractère commun d'avoir été composés, soit dans la même langue, soit par des écrivains originaires du même pays, en quelque endroit qu'ils aient été imprimés[1].

27. — Un répertoire de Bibliographie nationale est dit « répertoire de Bibliographie nationale *rétrospective* » s'il est consacré aux ouvrages qui ont été anciennement imprimés dans

1. J. Petzholdt, dans la section « Nationale Bibliographien » de sa *Bibliotheca bibliographica*, énumère ensemble les « bibliographies nationales » de toute espèce : bibliographies nationales proprement dites et bibliographies nationales d'histoire littéraire, les répertoires de livres sortis des presses d'un même pays et les répertoires de livres écrits dans la même langue. — Il y a intérêt, je crois, à distinguer ce qu'il ne distingue pas.

un pays. Il est dit « répertoire de Bibliographie nationale *périodique* » si c'est une publication périodique où sont enregistrés les ouvrages nouveaux au fur et à mesure qu'ils paraissent.

28. — Ajoutons que ces définitions ne sont pas absolument rigoureuses. — D'une part, on a l'habitude de ranger parmi les répertoires de Bibliographie nationale, tant rétrospective que périodique, des recueils où sont enregistrés ensemble des ouvrages imprimés dans plusieurs pays voisins: c'est ainsi que la plupart des répertoires de Bibliographie nationale qui existent pour l'Allemagne comprennent des ouvrages publiés dans l'Autriche, dans la Suisse allemande, etc. — D'autre part, à défaut de « bibliographies nationales rétrospectives » proprement dites, dans les pays et pour les périodes où il n'en n'existe pas, on se sert généralement des « bibliographies nationales d'histoire littéraire » : c'est ainsi que conformément à l'usage, *La France littéraire* de J.-M. Quérard, qui est une bibliographie nationale d'histoire littéraire, sera mentionnée dans ce chapitre à côté du *Catalogue de la Librairie française* de O. Lorenz[1]. — Enfin la distinction n'est pas toujours facile à faire entre les répertoires rétrospectifs et les répertoires périodiques. Constatons que l'on est convenu de classer parmi les « bibliographies rétrospectives » ceux qui, comme les répertoires de Kayser, de Heinsius, de Lorenz, paraissent périodiquement à d'assez longs intervalles, et de réserver le nom de « bibliographies périodiques » aux publications quotidiennes, hebdomadaires, bimensuelles, mensuelles ou annuelles de bibliographie courante.

29. — Il est clair que les « bibliographies nationales » proprement dites sont les sources de la plupart des autres répertoires bibliographiques. Les bibliographies universelles, dont il a été traité dans le chapitre précédent, se font et sont tenues à jour, pour la plupart, par le procédé qui consiste à découper, et à classer ensemble, les titres d'ouvrages enregistrés dans les bibliographies nationales (Cf. p. 15, n. 4). La même méthode est employée pour former les bibliographies spéciales à telle ou

1. Rapprocher en outre de chacun des paragraphes du présent chapitre les parties correspondantes du § 96, ci-dessous.

telle science, Chimie, Histoire, Médecine, etc. — Supposez un « Office » qui recevrait tous les Journaux de la Librairie, toutes les bibliographies nationales périodiques du monde entier. Les employés de cet Office n'auraient qu'à relever sur fiches tous les articles de tous ces recueils pour constituer la plus vaste des « bibliographies universelles périodiques »; ils n'auraient qu'à classer convenablement leurs fiches pour être en mesure de publier autant de bibliographies spéciales qu'il y a de spécialités (cf. § 25).

30. — Dans la plupart des pays civilisés, il existe, de nos jours, un ou plusieurs répertoires de Bibliographie nationale. — Malheureusement, l'observation faite, en 1878, par G. Pawlowski, au sujet des bibliographies périodiques nationales, n'a pas cessé d'être vraie, d'une vérité générale : « Les moyens d'information sur les productions... des presses du monde entier sont aujourd'hui très abondants, sans être satisfaisants sous tous les rapports[1] ».

Cela tient à ce que nulle part, ou presque nulle part, le soin d'enregistrer les productions des presses qui existent dans chaque pays n'a été confié par la loi à des administrations régulières. Il est abandonné, presque partout, à l'initiative privée, à des libraires ou à des associations de libraires. La plupart des « bibliographies nationales » proprement dites, tant rétrospectives que périodiques, sont exécutées et publiées par des commerçants, pour les besoins du commerce des livres. Elles n'ont pas, par conséquent, de caractère scientifique. Ainsi s'expliquent dans le fonctionnement d'un service public si important les plus fâcheuses incohérences : des lacunes, des doubles emplois[2].

31. — Faites pour la plupart par des libraires, pour les libraires, et, subsidiairement, pour les bibliographes et les bibliothécaires de profession, les bibliographies nationales propre-

1. *Congrès bibliographique*, 1878, p. 488.

2. Bien des mesures propres à faire cesser cet état de choses ont été suggérées par des bibliographes, par des associations et par des congrès bibliographiques. Aucune ne paraît pratique. — Voy. le *Compte rendu de la première session de la Conférence du Livre, tenue à Anvers au mois d'août* 1890, Anvers, 1891, in-4, p. 265.

ment dites, qui sont très nombreuses et de valeur très inégale, ne s'adressent pas directement au public studieux. Les érudits, les étudiants, ont assez rarement à les consulter, et ils ne les consultent jamais que faute de mieux.

Si le présent ouvrage était un traité de Bibliographie générale il serait cependant indispensable de les énumérer toutes. Au point de vue où devrait se placer l'auteur d'un traité de Bibliographie générale, les bibliographies nationales des pays tels que la Bulgarie, la Roumanie, la République Argentine, la Nouvelle-Zélande, etc., — pays dont la langue est peu connue, ou pays nouveaux dont l'activité littéraire et scientifique n'est pas encore très développée — ont, en effet, les mêmes droits à l'attention que les bibliographies nationales de l'Allemagne, de l'Angleterre et de la France. Celles dont le public a quelquefois l'occasion de se servir ne sont pas, à ce point de vue, plus intéressantes que celles dont le public ne se sert jamais. — Mais notre point de vue n'est pas, ici, celui de la Bibliographie pure. Il serait, je crois, puéril d'énumérer, dans un *Manuel* élémentaire *de Bibliographie historique*, des répertoires généraux de livres bulgares, serbes, roumains, etc., où quelques titres d'ouvrages historiques sont égarés au milieu de renseignements étrangers à notre matière, alors que ces répertoires ne se trouvent même pas dans la plupart de nos grandes bibliothèques. Que l'on ne s'attende donc pas à trouver ci-dessous une liste vraiment complète des bibliographies nationales proprement dites, rétrospectives et périodiques, mortes et vivantes[1]; nous ne nous proposons de faire connaître, dans cette brève introduction à la Bibliographie historique, que les répertoires généraux qui sont d'usage courant ou auxquels des lecteurs instruits peuvent avoir, de temps en temps, l'occasion de recourir[2].

1. Les répertoires de Bibliographie nationale périodique qui sont morts sont fort nombreux. Leurs collections n'ont d'intérêt que pour les bibliographes de profession; elles n'en ont point pour le public. C'est pourquoi nous ne les nommerons même pas.

2. Cf. E. Dramard, *Bibliographie de la bibliographie générale du droit*..., § 3 et suivants. — Il est vrai que notre criterium est arbitraire: on jugera peut-être que nous avons indiqué des répertoires qui ne sont pas beaucoup plus « d'usage courant » que d'autres dont nous avons passé les

32. — On peut procéder de bien des manières à l'énumération des bibliographies nationales : énumérer, par exemple, à part, dans deux sections distinctes, les répertoires de Bibliographie rétrospective et les répertoires de Bibliographie périodique. Mais il vaut mieux, je crois, réunir, pour les embrasser d'un coup d'œil, les répertoires de ces deux espèces qui ont le caractère commun de concerner le même pays. Autant de pays, autant de notices.

Chaque notice, consacrée à un pays, contiendra l'indication sommaire des principales bibliographies, 1° *rétrospectives*, 2° *courantes*, des livres et des publications périodiques imprimés dans ce pays. A quoi l'on joindra quelques renseignements sur les principaux répertoires nationaux de pseudonymes et d'anonymes[1], sur les répertoires de livres choisis (cf. § 15), sur les répertoires d'écrits académiques et d'écrits universitaires qui sont particuliers au pays en question[2].

titres sous silence ; mais cet inconvénient paraît inévitable, et puisque, aussi bien, une énumération complète serait ici de mauvais goût, l'essentiel est qu'aucun répertoire vraiment utile ne soit omis. Il existe d'ailleurs des listes de Bibliographies nationales qui visent à être complètes. Consulter, outre les Bibliographies des bibliographies précitées : G. Pawlowski, *Les bibliographies nationales contemporaines. Petit guide de Bibliographie périodique*, Paris, 1870, in-8 (Extr. du *Polybiblion*) ; — *Congrès bibliographique international*, 1878, 1888, *loc. cit.*; — E.-D. Grand, dans *la Grande Encyclopédie*, VI, p. 634 ; — O. Mühlbrecht, *Die Bibliographie im Dienste des Buchhandels*, Berlin, 1894, in-8. (Extr. du *Börsenblatt für den deutschen Buchhandel*.)

1. Pour les pseudonymes et les anonymes anciens des diverses littératures, consulter le *Theatrum Anonymorum et Pseudonymorum* de V. Placcius (Hamburgi, 1708, in-fol.) et la *Bibliotheca Anonymorum et Pseudonymorum detectorum*... de J. Chr. Mylius (Hamburgi, 1740, 2 vol. in-fol.)

2. Nous indiquerons, sous la même rubrique : « Bibliographie académique », en profitant du double sens qu'a, en français, le mot « académique », les bibliographies d'écrits académiques proprement dits (publications des Sociétés savantes) et les bibliographies d'écrits universitaires et scolaires (*Schulschriften*). Ces publications, qui se distinguent de toutes les autres parce qu'elles proviennent d'une certaine espèce d'établissements similaires, Académies ou Écoles, forment les deux seules catégories de publications relatives à toutes sortes de sujets dont il existe, dans un certain nombre de pays, des bibliographies spéciales. — Pour une bibliographie internationale des écrits universitaires, cf. ci-dessus, p. 28, n. 1.

Allemagne.

33. — Bibliographie rétrospective. — L'ancienne littérature de l'Allemagne, depuis les origines de l'imprimerie jusqu'au commencement du XVIIIe siècle, n'a pas encore été répertoriée dans un ouvrage unique, complet. Les *Annalen der ältern deutschen Litteratur* de G. W. Panzer (Nürnberg, 1788-1805, 2 vol. in-4) ne conduisent les annales de la littérature allemande que jusqu'en l'année 1526. Pour le XVIe et pour le XVIIe siècle, on se sert des répertoires provisoires de E. Weller (*Repertorium typographicum. Die deutsche Litteratur im ersten Viertel des sechzehnten Jahrhunderts*, Nordlingen, 1864, in-8; Supplément en 1874), de W. v. Maltzahn (*Deutscher Bücherschatz des sechzehnten, siebenzehnten und achtzehnten bis um die Mitte des neunzehnten Jahrhunderts*, Iena, 1875, etc., in-8), et de C. W. Heyse (*Bücherschatz der deutschen National-Litteratur des* XVI *und* XVII *Jahrhunderts. Systematisch geordnetes Verzeichniss einer reichhaltigen Sammlung deutscher Bücher*, Berlin, 1854, in-8). — Mais c'est à partir de l'année 1700 seulement que l'ensemble de la littérature allemande est régulièrement embrassé dans de grands recueils bibliographiques.

W. Heinsius donna en 1793 la première édition d'un répertoire des livres publiés en Allemagne depuis l'année 1700. La 2e édition, refondue et continuée, dont on se sert, est intitulée : *Allgemeines Bücher-Lexicon, oder vollständiges alphabetisches Verzeichniss der von* 1700 *bis zu Ende* 1810 *erschienenen Bücher, welche in Deutschland und in den durch Sprache und Litteratur damit verwandten Ländern gedruckt worden sind* (Leipzig, 1812-1817, 4 vol. in-4). Ce grand recueil a été continué, d'abord par Heinsius lui-même, puis par divers bibliographes, jusqu'à nos jours. Les Suppléments paraissaient, naguère, tous les cinq ans; ils sont, aujourd'hui, triennaux. L'*Allgemeines Bücher-Lexicon* de Heinsius se compose présentement de 19 volumes in-4 (Leipzig, 1812-1894), qui contiennent l'énumération par ordre alphabétique des noms d'auteurs, des ouvrages parus en Allemagne et dans les pays environnants de 1700 à 1892.

Un des continuateurs du répertoire de Heinsius, Chr.-G. Kayser, a entrepris d'en composer un autre, qui offre tout à fait le même caractère : *Index locupletissimus librorum... Vollständiges Bücher-Lexicon, enthaltend alle von 1750 bis zu Ende des Jahres 1832, in Deutschland und in den angrenzenden Ländern gedruckten Bücher* (Leipzig, 1833-1838, 6 vol. in-4). Ces six volumes, où sont répertoriés, dans une même série alphabétique, les livres parus en Allemagne et aux environs, de 1750 à 1832, sont accompagnés d'une table méthodique. — Le *Vollständiges Bücher-Lexicon* de Kayser, comme l'*Allgemeines Bücher-Lexicon* de Heinsius, a été continué, jusqu'à nos jours, par des Suppléments qui embrassent chacun une période de huit, six ou quatre années. Ce répertoire excellent se compose présentement de 28 volumes in-4 (Leipzig, 1833-1896) qui enregistrent les publications des années 1750 à 1894, mais il n'y a de table méthodique que pour la période comprise entre 1750 et 1832.

Comme les répertoires de Heinsius et de Kayser se ressemblent singulièrement et sont rédigés tous deux avec le plus grand soin, ils se font une concurrence qui ne semble pas avoir de raison d'être. Ce n'est pas tout, cependant. — La librairie Hinrichs, de Leipzig, a continué le *Bücher-Katalog. Verzeichniss der in der zweiten Hälfte des neunzehnten Jahrhunderts im deutschen Buchhandel erschienenen Bücher...*, dont le premier volume (pour la période 1851-55) fut publié à Leipzig en 1856 par A. Kirchhoff. Cet inventaire quinquennal des livres publiés en Allemagne embrasse aujourd'hui, en 8 volumes, la période 1851-1890. Certains bibliothécaires le préfèrent aux recueils de Heinsius et de Kayser.

Un Supplément-erratum commun aux répertoires de Heinsius, de Kayser et de Hinrichs a été publié par G. Thelert[1].

1. G. Thelert, *Supplement zu Heinsius, Hinrichs u. Kayser's Bücher-Lexicon. Verzeichniss einer Anzahl Schriften, welche seit der Mitte des XIXten Jahrhunderts in Deutschland erschienen, in den genannten Katalogen oder gar nicht oder fehlerhaft aufgeführt sind. Mit bibliogra-*

33 *bis*. — Citons encore deux répertoires commerciaux, de dimensions considérables, qui achèveront de donner une haute idée des ressources dont la librairie allemande a doté la Bibliographie nationale de l'Allemagne.

Le libraire Adolph Russell, de Münster, publie, sous ce titre : *Gesammt-Verlags Katalog des deutschen Buchhandels, ein Bild deutscher Geistesarbeit und Kultur* (Münster i. W., 1881-1895, 16 vol. in-8), la collection de tous les catalogues officinaux de toutes les maisons d'édition de l'Allemagne, de l'Autriche et de la Suisse allemande[1]. L'ordre adopté est l'ordre alphabétique des villes où résident des éditeurs, et, sous le nom de chaque ville, l'ordre alphabétique des noms d'éditeurs. Le nom de chaque raison sociale est suivi de la liste des ouvrages qu'elle a publiés, que les ouvrages soient, ou non, épuisés. Ce répertoire, à l'usage des libraires, sera très utile aussi au public quand les tables alphabétique et méthodique générales, qui sont en préparation, et dont les dimensions seront colossales, en auront été imprimées.

C. Georg et L. Ost ont publié à Hanovre, en 1889, le t. Ier d'un catalogue à l'usage des libraires, par ordre alphabétique de matières (noms propres, sujets, etc.) des ouvrages imprimés en Allemagne : *Schlagwort-Katalog. Verzeichnis der Bücher und Landkarten in sachlicher Anordnung*, qui embrasse la période 1883-87. C. Georg a continué seul la publication de ce répertoire quinquennal, très commode, dont le vol. II (1888-92) a été publié de 1893 à 1895 (Hannover, in-8).

34. — Il existe un certain nombre de répertoires dont les auteurs se sont proposé de fournir la liste des « meilleurs

phischen Bemerkungen. Leipzig, 1893, in-8. Cf. *Centralblatt für Bibliothekswesen*, 1894, p. 237.

1. L'Allemagne, l'Autriche et la Suisse allemande ne sont pas les seuls pays dont A. Russell avait l'intention de réimprimer dans son *corpus* les catalogues officinaux, mais il n'a pas obtenu l'adhésion de tous les éditeurs des autres pays. La Belgique, la Grande-Bretagne, les Pays-Bas, la Russie, les pays scandinaves, l'Espagne, la France sont représentés dans ce recueil, mais par quelques catalogues seulement. C'est pourquoi le *Gesammt-Verlags Katalog* de Münster est réellement un instrument de Bibliographie nationale, et non pas un instrument de Bibliographie universelle.

livres » de la littérature allemande (cf. § 13). Ils ne sont pas fort utiles. — Le plus connu est peut-être celui de G. Schwab et K. Klüpfel : *Wegweiser durch die Litteratur der Deutschen*, Leipzig, 1874-1879, in-8, 4e éd. — A cette catégorie appartient aussi le gros, mais médiocre ouvrage, à la fois alphabétique et méthodique, de H. Hoppe : *Katalog der wichtigeren, hervorragenden und besseren Schriften deutscher Litteratur, welche in den Jahren* 1801 *bis Ende* 1868 *erschienen sind* (Saint-Pétersbourg, 1871, in-8).

35. — Pour les pseudonymes de la littérature allemande, on consultera surtout le *Lexicon pseudonymorum* de E. Weller (Regensburg, 1886, in-8, 2e éd.), qui, en dépit de son sous-titre : *Wörterbuch der Pseudonymen aller Zeiten und Völker*, n'est vraiment bien renseigné que pour l'Allemagne[1].

36. — Les revues, les journaux de toute espèce sont très nombreux en Allemagne et il en existe des listes : *Allgemeines Zeitschriften-Katalog, Deutscher Zeitschriften-Katalog, Deutscher Journal-Katalog, Adressbuch der deutschen Zeitschriften*, etc. — Signalons seulement une liste très bien faite des revues publiées en Allemagne qui ont ou qui avaient, — car les revues mortes y figurent aussi bien que les revues vivantes, — un caractère scientifique ; elle a été publiée sous ce titre : *Verzeichniss der in Deutschland erschienenen wissenschaftlichen Zeitschriften* (Berlin, 1893, in-8), par le Ministère prussien de l'Instruction publique, pour l'Exposition universelle de Chicago.

37. — Bibliographie périodique. — Un journal hebdomadaire, *Wöchentliches Verzeichnis der erschienenen und der vorbereiteten Neuigkeiten des deutschen Buchhandels*, suite (depuis 1893) de l'*Allgemeine Bibliographie für Deutschland* (Leipzig, Hinrichs, in-8), fait connaître, d'une manière complète et avec la plus grande précision, les nouveautés de la librairie allemande. Depuis 1871, il est disposé suivant un ordre systématique qui, bien que consacré par une tradition déjà longue, n'en laisse pas moins à désirer. De 1842 à 1871, l'*Allgemeine Bibliographie* avait été rédigée suivant l'ordre alphabétique des

1. Voy. O. Hartwig, dans le *Centralblatt für Bibliothekswesen*, 1886, p. 148.

noms d'auteurs[1]. — Ce répertoire dispense, en règle générale, de consulter les autres publications du même genre, qu'il serait superflu d'énumérer ici.

La plupart des publications de l'Autriche et de la Suisse allemandes, et même des Pays-Bas, sont mentionnées dans le journal hebdomadaire et dans le répertoire semestriel de la librairie Hinrichs.

38. — Le contenu des publications périodiques, revues, journaux, n'est pas répertorié dans le *Wöchentliches Verzeichnis*. Un organe a été récemment créé pour analyser méthodiquement, chaque année, le contenu d'« environ cinq cents revues allemandes ayant un caractère scientifique[2] ».

39. — Bibliographie académique. — Les publications académiques, si abondantes en Allemagne, sont l'objet, dans ce pays, de répertoires particuliers[3].

On trouve dans l'ouvrage classique de J. Müller, *Die wissenschaftlichen Vereine und Gesellschaften Deutschlands im neunzehnten Jahrhundert* (Berlin, 1883-1888, in-4) des renseignements bibliographiques généraux, sommaires, sur les publications de toutes les Sociétés savantes de l'Allemagne. Mais il va de soi que l'on n'y trouve pas l'index analytique de ces publications. Un tel index, dont les dimensions seraient énormes, n'existe pas.

1. La librairie Hinrichs publie aussi, depuis 1856 (pour faire suite à une autre bibliographie semestrielle commencée en 1797) un catalogue semestriel (*Verzeichnis der im deutschen Buchhandel neu erschienenen Bücher*), par ordre alphabétique, avec une table arrangée, depuis 1890, « nach Stichworten» »; et, depuis 1846, un *Vierteljahrskatalog nach Wissenschaften geordnet*.

2. « *Journal-Revue* ». *Inhalts-Uebersicht der wichtigsten in Deutschland und den deutschen Sprachgebieten des Auslandes erscheinenden Zeit- und Vereinsschriften*. — Le prospectus est daté de Bad Oeynhausen (Westfalen), novembre 1894.

Cf. W. M. Griswold, *Autoren- und Sachregister zu den bedeutendsten deutschen Zeitschriften*, 1886-89, Cambridge, Mass., 1890, in-8.

3. Cf. « Die wichtigeren bibliographischen Hülfsmittel für die Litteratur der Programmabhandlungen, Dissertationen und Habilitationsschriften », dans H. Varnhagen, *Systematisches Verzeichnis der Programmabhandlungen, Dissertationen... aus dem Gebiete der romanischen und englischen Philologie* (Leipzig, 1893, in-8), p. IX.

Depuis 1885, les publications des Universités de l'Empire allemand sont enregistrées, chaque année, dans un volume intitulé : *Jahres-Verzeichniss der an den deutschen Universitäten erschienenen Schriften* (Berlin, in-8). Il y a une table générale tous les cinq ans.

Depuis 1891, les publications scolaires, autres que les publications universitaires, qui paraissent dans l'Empire allemand sont enregistrées, chaque année, dans un volume intitulé : *Jahres-Verzeichniss der an den deutschen Schulanstalten erschienenen Abhandlungen*. Le 1er vol., publié à Berlin en 1890, est consacré aux publications scolaires de l'année 1889. — En outre, en appendice au *Statistisches Jahrbuch der höheren Schulen... Deutschlands, Luxemburgs und der Schweiz* (Leipzig, chez B. G. Teubner), est publié, chaque année, un « Verzeichniss der von den Gymnasien, Progymnasien,... Deutschlands und den Gymnasien Œsterreichs im Jahre... veröffentlichten Programm-Abhandlungen », qui est aussi tiré à part. Cf. le répertoire méthodique quinquennal de R. Klussmann : *Systematisches Verzeichniss der Abhandlungen, welche in den Schulschriften sämtlicher an dem Programmtausche teilnehmenden Lehranstalten erschienen sind*, I (1876-85), II (1886-90), Leipzig, 1889-93, 2 vol. in-8.

Enfin la librairie G. Fock, de Leipzig, qui s'est fait une spécialité de la vente de ces opuscules, publie, depuis 1890, tous les mois, une liste, méthodiquement disposée, des « Schul- und Universitäts-Schriften », sous ce titre : *Bibliographischer Monatsbericht über neu erschienene Schul- und Universitäts-Schriften*. Il y a une table annuelle.

R. Kukula est l'auteur d'un *Bibliographisches Jahrbuch der deutschen Hochschulen* (Innsbruck, 1892, in-8. I. Ergänzungsheft, Innsbruck, 1893, in-8), qui contient la bibliographie des ouvrages publiés par les membres des Universités et des Écoles supérieures des pays allemands.

Angleterre, Écosse et Irlande[1].

40. — Bibliographie rétrospective. — On n'est pas auss bien outillé, tant s'en faut, pour la Bibliographie nationale rétrospective de l'Angleterre que pour celle de l'Allemagne. Il n'y a pas surabondance; il y a, au contraire, pénurie. — Pendant longtemps les seuls répertoires de l'ancienne littérature des Iles Britanniques ont été la *Bibliotheca britannica* de R. Watt, — un répertoire de Bibliographie universelle, cf. § 12 —, et le recueil de W. T. Lowndes, *The Bibliographer's Manual of English Literature* (éd. H. G. Bohn, London, 1857-64, 6 vol. in-8), qui est médiocre. — De nos jours, les bibliothécaires du Musée Britannique ont commencé à remédier à ce fâcheux état de choses : l'administration du Musée Britannique a publié le catalogue des ouvrages imprimés dans le Royaume-Uni avant l'année 1640 qu'elle possède[2], et elle a invité toutes les bibliothèques qui ont d'autres ouvrages du même genre à les lui faire connaître, afin de constituer enfin les annales complètes de la littérature de l'Angleterre, de l'Écosse et de l'Irlande avant 1640[3]. Application intéressante de la méthode coopérative des « catalogues communs » ou « fédératifs » dont il a déjà été dit un mot (§ 16 et 16 *bis*).

A partir de l'époque où s'arrête Lowndes[4], on en est réduit à se servir de la compilation, faite sans beaucoup de soin, du libraire Sampson Low, de Londres : *The English Catalogue*,

1. Pour certains répertoires communs à l'Angleterre et aux États-Unis, voy. États-Unis.

2. *Catalogue of books in the Library, printed in England, Scotland and Ireland, and of books in English printed abroad to the year* 1640, London, 1884, 3 vol. in-8. — Consulter aussi les registres de la Compagnie des Libraires de Londres, publiés par E. Arber : *A transcript of the registers of the Company of Stationers of London between* 1554-1640, London, 1875, 5 vol. in-8.

3. *The Library*, 1893, p. 97 et suivantes.

4. Pour les livres publiés à Londres pendant les années 1816-51, on peut consulter, en outre, le *Classified Index to the London Catalogue of books* (de W. Bent), London, 1853, in-8.

dont le premier volume (in-8), publié en 1864, donne, tant bien que mal, la bibliographie nationale du Royaume-Uni de 1835 à 1863. Le t. II (1875) embrasse la période 1863-72; le t. III (1884), la période 1872-80; le t. IV (1891), la période 1881-89. — La librairie Sampson Low publie aussi, chaque année, *The English Catalogue of books for.... a list of books published in Great Britain and Ireland in the year..., also of the principal books published in the United States of America*, qui est disposé par ordre alphabétique des noms d'auteurs, avec un index méthodique.

Le libraire J. Whitaker, de Londres, publie, à peu près tous les quatre ou cinq ans, la collection des catalogues officinaux de tous les éditeurs anglais, imprimés dans le même format, qu'il fait relier et qu'il enrichit d'un index général, lequel est fort commode. *The Reference Catalogue of current Literature, containing the full titles of books now in print and on sale* forme un volume énorme, d'aspect et de dimensions inoubliables. La dernière édition est de 1894.

Les bibliographes anglais sont justement préoccupés de constater que les seuls instruments bibliographiques dont on dispose pour la littérature anglaise sont des œuvres de commerçants ou de bibliothécaires, sans caractère scientifique, et ils ont formé le projet d'y remédier[1].

41. — Si les répertoires scientifiques et complets manquent en Angleterre, innombrables sont, au contraire, dans ce pays, les listes, arbitrairement composées, de « bons livres », de « livres à lire », etc. Qu'il suffise de renvoyer ici à ce qui a été dit plus haut (§ 15) à l'occasion des *Best books* de W. Swan Sonnenschein.

42. — Pour les pseudonymes et les anonymes de la littérature anglaise, il faut recourir d'abord à l'excellent répertoire de S. Halkett et J. Laing, *Dictionary of the anonymous and pseudonymous Literature of Great Britain*, Edinburgh, 1882-88, 4 vol. in-8.

1. Voy. Henry B. Wheatley, *The present condition of English Bibliography and suggestions for the future*, dans les *Transactions of the Bibliographical Society*, London, 1893, p. 61 et suivantes.

43. — Il n'y a pas de répertoire analytique, ni même de liste complète, des revues et des journaux publiés en Grande-Bretagne. — Rappelons seulement, à titre de curiosité, que le seul journal quotidien du monde dont la collection ait été complètement indexée est le *Times*. Tout le monde a entendu parler de l'énorme *Palmer's Index to the « Times »*. — Une Bibliographie des tables des revues publiées en Grande-Bretagne a déjà été indiquée (p. 25, note).

44. — Bibliographie périodique. — Ni l'un ni l'autre des deux principaux « Journaux de la Librairie » qui enregistrent en Angleterre les livres nouveaux, au fur et à mesure qu'ils paraissent, n'est complet. *The Publisher's Circular*, de la librairie Sampson Low, fondé en 1837, est bi-mensuel et disposé suivant l'ordre alphabétique. *The Bookseller*, de la librairie J. Whitaker, fondé en 1858, est mensuel et disposé suivant l'ordre systématique. D'autres libraires encore publient périodiquement des listes analogues.

Les bibliographes anglais ont entamé, récemment, une campagne très vive pour obtenir que l'État se charge, à la place de l'institution surannée du Stationer's Hall, de l'enregistrement régulier des livres nouveaux, qui, de facultatif qu'il est aujourd'hui, deviendrait obligatoire[1].

45. — Un répertoire analytique, annuel, des principales revues générales (en langue anglaise) de la Grande-Bretagne et des États-Unis est publié chaque année, à Londres, par l'Office de la *Review of reviews*, sous ce titre : *Index to the periodicals of....* L'*Index to the periodicals of* 1894, où sont répertoriés les articles de 165 revues anglaises et américaines, est daté de 1895. C'est, semble-t-il, la meilleure des bibliographies anglo-américaines de cette espèce[2].

46. — Bibliographie académique. — Nous n'en connaissons

1. Voy. les articles publiés, dans *The Library*, depuis quelques années, par MM. Henry R. Tedder, Fr. Campbell, etc. — M. Tedder dit que les employés du Musée Britannique en sont réduits, pour faire valoir les droits que leur a conférés la loi du dépôt légal, à s'informer des livres nouveaux dans les annonces de l'*Athenæum* et de l'*Academy*.

2. Sur les répertoires analytiques de périodiques anglo-américains, voy. Fr. Campbell, dans *The Library*, févr. 1896.

qu'une, annuelle, consacrée aux publications des Sociétés savantes du Royaume-Uni : l'*Official Yearbook of the scientific and learned Societies of Great Britain and Ireland*. Cet Annuaire paraît à Londres depuis 1884 (in-8).

Autriche-Hongrie.

47. — L'Autriche allemande a été séparée du corps germanique en 1866 ; mais la librairie de ce pays est encore étroitement unie à la librairie allemande. La plupart des répertoires qui ont été indiqués sous la rubrique ALLEMAGNE servent à la fois pour les livres d'Allemagne et pour les livres allemands d'Autriche.

Nous n'avons à signaler ici que l'*Œsterreichische Buchhändler-Correspondenz*, organe de l'Association des libraires autrichiens, qui procure, chaque semaine, la liste des livres nouveaux imprimés dans l'Empire ; les livres y sont enregistrés suivant l'ordre alphabétique des noms des éditeurs. Cf. *Œsterreichisches Katalog-Verzeichnis der in Œsterreich erschienenen Bücher und Landkarten*, 1888-92 (Wien, 1893, in-8).

Pour la bibliographie des « Programmes » autrichiens, voir le *Centralblatt für Bibliothekswesen*, 1891, p. 354.

48. — Plusieurs des pays de l'Empire austro-hongrois (Bohême, Hongrie, etc.) possèdent des répertoires spéciaux de leur littérature nationale. Nous nous contenterons de mentionner, par prétérition, les noms des principaux bibliographes hongrois, K. M. Kertbeny, K. Szabó, G. Petrik. K. M. Kertbeny a entrepris la Bibliographie rétrospective générale des livres hongrois (*A magyar nemzeti és nemzetközi irodalom könyvészete. 1441-1876. Bibliographie ungarischer Litteratur*), et celle de la littérature allemande de la Hongrie (*Ungarns deutsche Bibliographie*, 1801-60) ; K. Szabó, le répertoire des ouvrages en langue hongroise publiés en Hongrie de 1531 à 1711, ainsi que celui des ouvrages en allemand, en latin, etc., publiés en Hongrie de 1473 à 1711 (*Régi Mágyar Könyvtar. Alt-Ungarische Bibliographie*) ; M. G. Petrik est l'auteur de la *Bibliographia*

Hungariæ, 1712-1860, *seu Catalogus librorum in Hungaria et de rebus patriam nostram attingentibus extra Hungariam editorum*. Mais ces recueils, qui passent pour excellents, sont de ceux dont les lecteurs de ce *Manuel* n'auront probablement pas assez souvent l'occasion de se servir pour qu'il soit utile d'insister.

Belgique.

49. — La littérature belge, depuis la création du royaume de Belgique (1830) jusqu'en 1880, est commodément répertoriée dans la *Bibliographie nationale. Dictionnaire des écrivains belges et Catalogue de leurs publications* (Bruxelles, 1882-96, 3 vol. in-8).

Pour la littérature belge en flamand, consulter Fr. De Potter, *Vlaamsche Bibliographie. Lijst der boeken... in België van* 1830 *tot* 1890 *verschenen* (Gent, depuis 1893, in-4).

Il existe une collection des catalogues officinaux des éditeurs belges : *Librairie belge. Recueil alphabétique de catalogues*, Bruxelles, 1892, in-8.

50. — La *Bibliographie de Belgique. Journal officiel de la Librairie* paraît, sous sa forme actuelle, depuis 1875 (3e série de la collection). Ce recueil, qui renseigne sur les livres nouveaux de la librairie belge et sur les articles contenus dans les périodiques belges, a été longtemps inférieur à la plupart des journaux similaires qui se publient en Europe.

Espagne.

51. — La Bibliographie nationale rétrospective de l'Espagne est due à D. Hidalgo, qui a publié à Madrid, de 1862 à 1881, en 7 vol. in-8, un *Diccionario general de Bibliografia española*. Cet ouvrage, où les livres sont classés, conformément à l'habitude espagnole, suivant l'ordre alphabétique de leurs titres, mais qui contient un index des auteurs (t. VI) et un index des matières (t. VII), rend provisoirement de grands services.

Le *Boletín de la librería*, journal de la librairie espagnole, est publié, depuis 1875, à Madrid, par la librairie M. Murillo. Fascicules mensuels, classement alphabétique.

États-Unis de l'Amérique du Nord[1].

52. — BIBLIOGRAPHIE RÉTROSPECTIVE. — Ce n'est qu'à partir de l'année 1820 environ que les livres publiés aux États-Unis se trouvent enregistrés régulièrement dans des recueils bibliographiques. En attendant que le projet, récemment exposé par R. R. Bowker[2], de dresser un *General Catalogue of American publications of the nineteenth century* ait été réalisé, on se sert, pour les livres parus de 1820 à 1861, de la *Bibliotheca americana* de O. A. Roorbach (New York, 1852-61, 4 vol. in-8), préférable au Guide de N. Trübner (*Bibliographical Guide to American literature. Classified list of books published in the United States during the last forty years*, London, 1859, in-8), lequel embrasse la période comprise entre 1817 et 1857. — A la *Bibliotheca americana* de Roorbach fait suite le répertoire de C. Kelly, *The American Catalogue of books published in the United States from Jan.* 1861 ... (London, 1866-92, 6 vol. in-8). — Le libraire F. Leypoldt a fondé en 1876 l'*American Catalogue of books*, « destiné à faire connaître bibliographiquement les livres qui paraissent sur le marché américain, arrangés, dans une première partie, par ordre alphabétique de noms d'auteurs et de titres, dans la seconde partie, alphabétiquement par sujets ». La première partie de l'*American Catalogue* de 1876 est, depuis longtemps, épuisée. L'ouvrage a été continué par R. R. Bowker et miss A. I. Appleton (*American Catalogue*, 1876-84, New York, 1885, in-4; *American Catalogue*, 1884-90, New York, 1891, in-4). L'*American Catalogue*, 1890-95, vient de paraître (1896).

1. Voy. un essai de Bibliographie des bibliographies américaines : P. L. Ford, *Check-List of bibliographies, catalogues, reference-lists, and lists of authorities of American books and subjects* (Brooklyn, 1889, in-8. Cf. *The Library Journal*, 1888).
2. *The Library Journal*, 1894, p. 175; cf. ib., p. 5.

53. — Pour les anonymes et les pseudonymes de la littérature des États-Unis, le répertoire général de W. Cushing (*Initials and pseudonyms, a dictionary of literary disguises*, New York-London, 1885-1886, in-8) est considéré comme un bon guide.

54. — Les « revues » forment une partie importante de la littérature des pays anglo-saxons. Naguère plus d'un bibliothécaire s'astreignait à dépouiller les collections de périodiques qui étaient dans son dépôt, afin d'insérer la mention de chaque article dans les catalogues alphabétiques sur fiches de son établissement. Cette opération est désormais inutile, grâce au catalogue analytique commun des collections de toutes les principales revues en langue anglaise qui a été inauguré par feu W. Fr. Poole, le célèbre conservateur de la Bibliothèque publique de Chicago. La 3e éd., augmentée, de l'*Index to periodical Literature* (Boston, 1882, in-8), par W. Fr. Poole, est un monument bibliographique de première importance. Ce grand répertoire est tenu au courant par des Suppléments (*First Supplement, Jan.* 1882-*Jan.* 1887, par W. Fr. Poole et W. I. Fletcher, London, 1888, in-8. *Second Supplement, Jan.* 1887-*Jan.* 1892, par W. I. Fletcher, London, 1893, in-8) [1].

55. — Bibliographie périodique. — Il existe aux États-Unis plusieurs journaux qui enregistrent les nouveautés de la librairie nationale. Il suffira de connaître *The Publisher's Weekly* (*The American Book Trade Journal*), fondé à New York, en 1852, par F. Leypoldt. Il se publie depuis 1872 sous sa

1. Le succès de l'*Index to periodical Literature* exécuté par W. Fr. Poole a suggéré l'idée de composer un répertoire analogue des livres, très nombreux dans la littérature de l'Angleterre et des États-Unis, très nombreux par conséquent dans les bibliothèques des États-Unis, qui sont des collections d'« essais » détachés, sur divers sujets (« *books which treat several subjects under one title and to the content of which the ordinary catalogue furnishes no guide* »). L'« American Library Association », qui a pris en main la continuation, exécutée désormais par la méthode coopérative, de l'*Index to periodical Literature*, a publié aussi : *An Index to general Literature, biographical, historical and literary essays and sketches, reports and publications of boards and societies dealing with Education, Health, Labour, Charities*, etc., par W. I. Fletcher, Boston, 1893, in-8.

forme actuelle. Les livres y sont mentionnés suivant l'ordre alphabétique des noms d'auteurs, mais il y a d'excellents index, mensuels et annuels. Les principales nouveautés de la librairie anglaise (*New English books*) y sont aussi indiquées. — La même librairie publie *The Literary News, an eclectic review of current Literature*; c'est un recueil de comptes rendus, d'extraits, etc., destinés à faire connaître au public les plus importants des livres nouveaux.

La librairie F. Leypoldt a créé, en 1886, l'*Annual American Catalogue*, recueil intermédiaire entre son journal hebdomadaire, *The Publisher's Weekly*, et l'*American Catalogue*, son grand répertoire quinquennal.

L'*Annual American Catalogue* est complété par une autre publication annuelle, *The Annual literary Index*, dirigée par W. I. Fletcher et R. R. Bowker. Y sont indexés avec le plus grand soin les articles parus dans les périodiques américains durant l'année, et les « essais » insérés dans les volumes composites. — On voit que l'*Annual literary Index* est, en même temps, un supplément annuel à l'*Index to periodical Literature* et à l'*Index to general Literature* (§ 54). Le premier volume de ce recueil, qui s'applique à l'année 1892, a été publié, à New York, en 1893[1].

France.

56. — Bibliographie rétrospective. — La bibliographie générale de l'ancienne littérature de la France n'est pas faite. On recommande de consulter, pour les temps les plus reculés, outre les répertoires précités de J.-L. Hain, de J.-C. Brunet, de J. G. Th. Græsse, le livre de G. Brunet : *La France littéraire au* XVe *siècle, ou Catalogue raisonné des ouvrages imprimés en langue française, jusqu'à l'an* 1500 (Paris, 1865, in-8) et les vieilles *Bibliothèques françoises* de La Croix du Maine et de

1. Depuis 1893, l' « American Library Association » publie, paraît-il, un répertoire bibliographique, sur fiches, de la littérature américaine courante, au prix de 7 d. 50 le mille.

Du Verdier[1]. A partir de 1700, c'est à *La France littéraire* de J.-M. Quérard qu'il convient de recourir[2]. Ce grand ouvrage, alphabétique par noms d'auteurs, si précieux pour le XVIIIe siècle, devait avoir une suite, dans la pensée de son compilateur. J.-M. Quérard a publié, en effet, le t. Ier d'un autre répertoire, *La littérature française contemporaine*, 1827-1849, *continuation de la France littéraire*, qui a été achevé par Ch. Louandre, F. Bourquelot et A. Maury (Paris, 1842-57, 6 vol. in-8)[3]. Il est fâcheux que les recueils de Quérard et de ses continuateurs soient dépourvus d'index méthodiques[4].

Après Quérard, O. Lorenz. Le *Catalogue de la Librairie française* de O. Lorenz « n'est point, le titre le fait déjà pressentir, une Bibliographie de notre littérature contemporaine.... Ne s'occupant que des besoins de la librairie française, M. Lorenz a exclu de son travail tous les écrits qui ne sont pas entrés dans le commerce : de là, l'absence d'une foule de brochures, de dissertations, de tirages à part dont l'importance spécifique est souvent considérable. D'un autre côté, la source principale où M. Lorenz a puisé ses indications ayant été le *Journal de la Librairie*, il en résulte que, sauf exception, ce qui n'y a pas été enregistré ne figure pas non plus dans le *Catalogue de la Librairie*[5] ». Bien que M. Lorenz ait renoncé,

1. *Les Bibliothèques françoises de La Croix du Maine et de Du Verdier, sieur de Vauprivas, nouvelle édition*, par Rigoley de Juvigny, Paris, 1772-73, 6 vol. in-4.

2. J.-M. Quérard, *La France littéraire ou Dictionnaire bibliographique des savants, historiens et gens de lettres de la France, ainsi que des littérateurs étrangers qui ont écrit en français, plus particulièrement pendant les* XVIIIe *et* XIXe *siècles; ouvrage dans lequel on a inséré, afin d'en former une bibliographie nationale complète, l'indication : 1° des réimpressions des ouvrages français de tous les âges; 2° des diverses traductions en notre langue de tous les auteurs étrangers, anciens et modernes; 3° celle des réimpressions faites en France des ouvrages originaux de ces mêmes auteurs étrangers, pendant cette époque* (Paris, 1827-1839, 10 vol. in-8, et 2 vol. de Supplément, 1854-1864).

3. Les lettres A-F ne correspondent qu'aux années 1827-1842; les lettres G-Z aux années 1827-1849.

4. Sur les travaux et la vie de J.-M. Quérard, voy. J. D. O., *Some French Bibliographies*, London, 1881, in-16. Extr. du *Bookseller*.

5. G. Pawlowski, *Congrès*, 1878, p. 511. — P. Chéron entreprit, au

vers la fin de sa carrière, à se contenter des insuffisantes mentions du *Journal de la Librairie*, et bien que les derniers volumes de son « Catalogue » soient supérieurs aux premiers, bien qu'ils soient rédigés avec le soin le plus scrupuleux, le *Catalogue de la Librairie française*, dans son ensemble, ne satisfait pas entièrement les bibliographes et les savants. Ce n'en est pas moins un répertoire de premier ordre. Il se subdivise comme il suit : les vol. I à VI contiennent la liste alphabétique, par noms d'auteurs, des ouvrages parus en France depuis 1840 jusqu'à 1875; les vol. VII et VIII sont une table méthodique des six premiers volumes. Les vol. IX et X contiennent la liste alphabétique, par noms d'auteurs, des ouvrages parus en France de 1876 à 1885; la table méthodique de ces deux volumes forme le vol. XI. Le t. XII, rédigé par D. Jordell, contient la liste alphabétique, par noms d'auteurs, des ouvrages parus en France de 1886 à 1890; le t. XIII (en cours de publication) en est la table méthodique. — D. Jordell continue le *Catalogue de la Librairie* par des volumes annuels (*Catalogue annuel de la Librairie française*) qui contiennent, avec le dictionnaire des auteurs, deux tables alphabétiques : des titres et des matières.

On annonce, pour paraître en 1896, à la libraire H. Le Soudier, une collection des catalogues officinaux de « presque tous » les éditeurs français, accompagnée de tables générales (alphabétique et systématique), qui sera intitulée *Bibliographie française, recueil de catalogues des éditeurs français*.

57. — Les Dictionnaires d'anonymes et de pseudonymes, ces compléments naturels des grandes Bibliographies nationales, ne sont pas rares en France. Les meilleurs sont *Les Supercheries littéraires dévoilées* de J.-M. Quérard [1] et le *Dictionnaire des*

milieu de ce siècle, un *Catalogue général de la Librairie française, indiquant par ordre alphabétique de noms d'auteurs, les ouvrages publiés en France du 1er janvier 1800 au 31 décembre 1855*. Il n'en a publié que les 3 premiers volumes (Paris, 1856-59, in-8), de A à DUB.

1. J.-M. Quérard, *Les Supercheries littéraires dévoilées. Galerie des écrivains français de toute l'Europe qui se sont déguisés sous des anagrammes, des astéronymes, des cryptonymes*, etc., 2e éd., considérablement augmentée, par G. Brunet et P. Jannet, Paris, 1869-70, 3 vol in-8

ouvrages anonymes et pseudonymes de A.-A. Barbier[1], complétés par *Le Supplément au Dictionnaire des ouvrages anonymes de Barbier et aux Supercheries littéraires dévoilées de Quérard*, par G. Brunet (Paris, 1889, in-8).

58. — La bibliographie de la Presse française a été faite, mais médiocrement, par E. Hatin, dans son livre intitulé : *Bibliographie historique et critique de la Presse périodique française; ou Catalogue systématique et raisonné de tous les écrits périodiques publiés en France depuis l'origine du journal jusqu'à nos jours* (Paris, 1866, in-8).

59. — Bibliographie périodique. — La *Bibliographie de la France. Journal général de l'Imprimerie et de la Librairie* paraît, une fois par semaine, depuis 1811, en fascicules in-8. Elle est classée par ordre alphabétique des noms d'auteurs, avec des tables annuelles. Il n'y a pas de table systématique pour les années comprises entre 1857 et 1864. La rédaction de ce journal laisse à désirer; on s'en plaint depuis longtemps. Mais il ne sera jamais bien fait tant qu'il enregistrera purement et simplement les livres déposés, en vertu de la loi sur le dépôt légal, au Ministère de l'Intérieur. Le dépôt légal, en effet, tel qu'il a été organisé par la loi du 29 juillet 1881, se fait mal : il s'en faut malheureusement de beaucoup que tous les imprimés astreints au dépôt légal[2] parviennent au ministère[3].

Plusieurs libraires de Paris ont publié ou publient des Bulletins mensuels de la librairie française, qui ne sont pas supérieurs au *Journal* officiel *de l'Imprimerie et de la Librairie*. Citons, entre autres, le *Mémorial de la Librairie française*,

1. A.-A. Barbier, *Dictionnaire des ouvrages anonymes et pseudonymes*, 3e édition, revue et augmentée par O. Barbier et P. Billard, Paris, 1872-78, 4 vol. in-8. — Cf. G. d'Heilly, *Dictionnaire des pseudonymes*, 2e éd., Paris, 1887, in-12.

2. On appelle *ouvrages de ville* ou *bilboquets* les imprimés exempts, de par la loi, du dépôt légal. Mais la définition rigoureuse du *bilboquet* ne se trouve dans aucun texte. D'après la jurisprudence, les lettres de faire part, les affiches de vente, les mémoires d'avocat sont des bilboquets; les affiches électorales et les affiches de théâtre n'en sont pas.

3. Sur ce point, voy. C. Coudere, dans *La Grande Encyclopédie*, au mot « Dépôt légal », XIV, p. 172 et suivantes.

revue hebdomadaire des livres, créé en 1894, et le *Courrier du Livre, revue bi-mensuelle illustrée de la Librairie française*, créé en 1896.

60. — Bibliographie académique. — Sous les auspices du Comité des travaux historiques, M. E. Lefèvre-Pontalis a publié une *Bibliographie des Sociétés savantes de la France* (Paris, 1887, in-4).

Sous les auspices du Ministère de l'Instruction publique est imprimé, chaque année, depuis 1884-85, un *Catalogue des thèses et écrits académiques* publiés en France. Il y a une table générale tous les cinq ans.

Grèce.

61. — D. A. Coromilas a édité, en français, un *Catalogue des livres publiés en Grèce* depuis 1868 jusqu'à 1877 (Athènes, 1875-78, 2 vol. in-8).

Plusieurs bulletins de bibliographie grecque courante ont paru et disparu successivement. Le dernier en date est peut-être le Βιβλιογραφικὸν Δελτίον τοῦ βιβλιοπωλείου τῆς ἑστίας, qui se publiait à Athènes en 1889-90.

Consulter aussi le catalogue et les publications périodiques de la Bibliothèque nationale d'Athènes (Ἐθνικὴ Βιβλιοθήκη τῆς Ἑλλάδος), sur lesquels voy. le *Centralblatt für Bibliothekswesen*, 1892, p. 257.

Italie.

62. — Bibliographie rétrospective. — L'Italie est encore bien mal pourvue d'instruments bibliographiques de cette espèce. Pour les livres anciens, on en est toujours à citer la *Biblioteca italiana* de N. Fr. Haym[1] et des catalogues imprimés de grandes bibliothèques italiennes, celui de la Bibliothèque de Sienne, par

1. *Biblioteca italiana ossia Notizia de' Libri rari italiani divisa in quattro parti, cioè Istoria, Poesia, Prose, Arti e Scienze, già compilata da Nicola Francesco Haym. Edizione corretta, ampliata, e di giudizi intorno alle migliori opere arrichita*, Milano, 1803, 4 vol. in-16. 6e éd.

exemple. — D. G. Bertocci a entrepris un répertoire systématique de la littérature italienne du XIXe siècle, sous ce titre : *Repertorio bibliografico delle opere stampate in Italia nel secolo XIX*. Comme la partie de cet ouvrage qui a été publiée jusqu'ici concerne exclusivement les travaux historiques, nous y reviendrons à propos de la Bibliographie historique.

Il existe un *Catalogo collettivo della libreria italiana* (Milano, 1891, in-8), muni d'un index, comme les recueils analogues des autres pays. L'avant-dernière édition de ce *Catalogo* est plutôt plus utile que la dernière, car plusieurs éditeurs, qui avaient permis d'abord de faire figurer leurs catalogues dans le recueil, ont retiré, depuis, leur adhésion.

E. Narducci a publié dans *Il Bibliofilo* (II, 1881, p. 150) un projet de « Catalogo generale degli scritti contenuti in raccolte periodiche e in atti accademici », qui n'a pas eu de suites. — On trouve une liste des publications périodiques qui existent en Italie dans l'*Elenco delle pubblicazioni periodiche italiane ricevute dalla Biblioteca nazionale centrale di Firenze nel* 1891, Firenze, 1891, in-8.

63. — Sous ce titre : *I migliori libri italiani consigliati da cento illustri contemporanei* (Milano, 1892, in-16) a été publié, par les soins de G. Fumagalli, un recueil de bibliographie italienne choisie, qui a été bien accueilli.

64. — Pour les anonymes et les pseudonymes de la littérature italienne, c'est le dictionnaire de G. Melzi (*Dizionario di opere anonime e pseudonime di scrittori italiani*, Milano, 1848-59, 3 vol. in-8), complété par G. B. Passano (*Dizionario di opere anonime e pseudonime in supplemento a quello di Gaetano Melzi*, Ancona, 1886, in-8), qui fait autorité.

65. — Bibliographie périodique. — La *Bibliografia italiana*, bi-mensuelle, a été fondée en 1867 sur le modèle du *Journal de la Librairie française* (cf. ci-dessus, § 59). Ce journal, jadis publié par l'Association des libraires et imprimeurs italiens, est intitulé aujourd'hui (depuis 1886) *Bibliografia italiana. Bollettino delle pubblicazioni italiane ricevute per diritto di stampa*, et rédigé par les soins de la « Biblioteca nazionale centrale » de Florence.

Pays-Bas.

66. — La Hollande est notoirement un des pays du monde où les services bibliographiques sont le mieux organisés.

Les personnes compétentes font le plus grand cas des répertoires de Bibliographie nationale rétrospective que l'on doit, pour le XVe siècle, à F. A. G. Campbell (*Annales de la typographie néerlandaise au* XVe *siècle*, La Haye, 1874, in-8, avec trois Suppléments parus de 1878 à 1889); pour le XVIIe et la majeure partie du XVIIIe siècle à J. Van Abkoude (*Naamregister van de bekendste.... Nederduitsche Boeken... 1600 tot 1761*), dont l'ouvrage, continué jusqu'en 1787, a été publié par R. Arrenberg à Rotterdam en 1788 (in-4); pour le XIXe siècle à divers bibliographes (J. De Jong, C.-L. Brinkman, R. Van der Meulen, etc.), qui ont enregistré les livres parus depuis 1790 jusqu'à 1891. Ces derniers répertoires (*Catalogus der boeken...*) sont munis de tables systématiques, dont la dernière, parue en 1895, s'applique à la période 1882-1891.

On dit le plus grand bien du dictionnaire des anonymes et des pseudonymes de la littérature néerlandaise de J. J. van Doorninck : *Vermomde en naamlooze schrijvers opgespoord op het gebied der Nederlandsche en Vlaamsche letteren* (Leiden, 1881-1885, 2 vol. in-8).

66 *bis*. — Sous ce titre : *Sciences, belles-lettres et arts dans les Pays-Bas, surtout au* XIXe *siècle. Bibliographie systématique*, la maison M. Nijhoff, de La Haye, a publié le t. Ier (La Haye, 1895, in-8) d'un « catalogue de tous les ouvrages de valeur écrits par des Hollandais, ou publiés dans les Pays-Bas. »

67. — La *Nederlandsche Bibliographie*, fondée en 1856, mensuelle, est le principal organe de Bibliographie nationale périodique dans les Pays-Bas. — Rappelons pour mémoire que quelques-uns des répertoires de Bibliographie nationale publiés en Allemagne font connaître les principales publications de la librairie hollandaise.

Pays scandinaves.

68. — Nous groupons sous cette rubrique tout ce qu'il est indispensable de savoir au sujet des bibliographies nationales du Danemark, de la Norvège et de la Suède, qui sont nombreuses, et, pour la plupart, excellentes.

Chr.-V. Bruun a entrepris l'inventaire méthodique de l'ancienne littérature danoise, et tout le monde est d'accord pour faire le plus grand éloge de sa *Bibliotheca Danica. Systematisk Fortegnelse over den Danske Literatur fra 1482 til 1830*, publiée à Copenhague depuis 1872 (III, 2, 1892). Les répertoires de F. Fabricius (*Dansk Bogfortegnelse for aarene* 1841-1858, Kjœbenhavn, 1861, in-4) et de J. Vahl (*Dansk Bogfortegnelse....* [1859-1892], Kjœbenhavn, 1871-1895) ne méritent pas, dit-on, la même confiance. — Pour la Norvège, on se sert du *Norsk Bogfortegnelse*, publié à Christiania par les soins de divers bibliographes, et du *Norsk Forfatter-Lexicon*, de J. B. Halvorsen. Ce dernier répertoire s'applique à la littérature norvégienne depuis 1814 jusqu'en 1880. — Le répertoire de l'ancienne littérature suédoise (*Sveriges Bibliografi*, 1481-1600), entrepris par G. Klemming et A. Andersson, est en cours de publication depuis 1889. Hj. Linnströmm est l'auteur du *Svenskt Boklexicon* (Stockholm, 1867-84, 2 vol. in-4), qui contient la Bibliographie nationale rétrospective de la Suède de 1830 à 1865; cet ouvrage est continué par le *Svensk Bok-Katalog*, 1866-75, 1876-85 (Stockholm, 1878-90, 5 vol. in-4).

69. — Il existe d'excellents répertoires d'anonymes et de pseudonymes scandinaves, et des inventaires très soignés de l'ancienne littérature périodique de quelques-uns de ces pays[1]. Citons seulement l'ouvrage de Hj. Pettersen, *Anonymer og Pseudonymer i den norske litteratur*, 1678-1890 (Christiania, 1890, in-8), et une bonne bibliographie des écrits académiques

1. On trouvera l'énumération complète des Bibliographies nationales des pays scandinaves (y comprise la Finlande) dans les articles « Bibliografi » (par B. Lundstedt, 1877; et, dans le Supplément [1896], par A. Andersson), de la grande Encyclopédie suédoise, *Nordisk Familjebok*.

publiés en Suède et en Finlande, de 1855 à 1890, par A. G. S. Josephson : *Avhandlingar ock Program utgivna vid svenska ock finska Akademier* (Uppsala, 1892-94, in-8).

70. — Dans chacun des pays scandinaves, il y a des bulletins périodiques de Bibliographie courante. Mais il est inutile de les énumérer, car le *Nordisk Boghandlertidende*, publié depuis 1867 à Copenhague, chaque semaine, indique simultanément, d'une manière satisfaisante, les livres nouveaux du Danemark, de la Norvège, de la Suède et de l'Islande.

Pays slaves.

71. — Pour les raisons énoncées plus haut (§ 51), il suffit de signaler par prétérition les recueils monumentaux de A. Jocher, de C. Estreicher et de Th. Wierzbowski, qui ont réuni les matériaux des annales de la littérature de la Pologne depuis les origines jusqu'à nos jours[1]. La ville de Cracovie est le centre de la bibliographie polonaise : c'est là que paraît, depuis 1878, le Bulletin bi-mensuel (*Przewodnik bibliograficzny*) des nouveaux livres polonais, publiés tant en Autriche-Hongrie qu'en Allemagne et en Russie.

72. — La littérature russe est fermée à presque tous les lecteurs occidentaux, mais elle est immense, et les travaux bibliographiques dont elle a été l'objet sont considérables. Les répertoires principaux de Bibliographie rétrospective russe sont ceux de B. Sopikov (*Opyt rossiiskoï Bibliografii*, Saint-Pétersbourg, 1813-21, 5 vol. in-8) et de V. Mejov (*Sistematitcheskii Katalog rousskim knigam...*, Saint-Pétersbourg, 1869, in-8). Le recueil de V. Mejov conduit les annales de la librairie russe de 1825 à 1869 ; il y a des Suppléments qui les continuent jusqu'à nos jours. Les slavisants ont, d'ailleurs, à leur disposition beaucoup d'autres instruments : listes d'additions et de corrections aux répertoires classiques, bibliographies

1 Voy. *Revue des questions historiques*, XV, p. 251, et G. Pawlowski, *Congrès*, 1878, p. 514. Cf. M. Perlbach, dans le *Centralblatt für Bibliothekswesen*, VI, 320, etc.

historiques de la presse périodique, dictionnaires d'anonymes et de pseudonymes russes, etc.[1]

Les nouveautés de la librairie russe sont périodiquement enregistrées dans plusieurs journaux, notamment dans les *Bibliografitcheskiia Zapiski*, qui paraissent à Moscou depuis 1892. Le *Russischer bibliographischer Anzeiger* (Berlin, depuis 1892) semble avoir cessé de paraître.

Portugal.

73. — La Bibliographie nationale rétrospective du Portugal et du Brésil, le *Diccionario bibliografico portuguez* (Lisboa, 1858-70, 7 vol. in-8) est l'œuvre de J. F. da Silva. Ce répertoire a été continué, et 9 vol. supplémentaires (t. XVI, Lisboa, 1895) ont déjà été publiés. Dictionnaire et Suppléments sont estimés, mais on regrette que les livres y soient rangés, conformément à l'usage des bibliographes portugais, suivant l'ordre alphabétique, non pas des noms, mais des prénoms des auteurs.

Suisse.

74. — Ce qui a été dit plus haut de la librairie autrichienne est vrai de la librairie suisse : elle est étroitement liée à la librairie allemande, et les principaux répertoires allemands, tant rétrospectifs que périodiques, embrassent la littérature de la Suisse. — Signalons seulement la *Bibliographie und litterarische Chronik der Schweiz*, publiée à Bâle, tous les mois, depuis 1871, en français et en allemand. Ce journal, très bien

1. Gr. Gennadi a publié dès 1858 une Bibliographie des bibliographies russes (*Literatura rouskoi Bibliografii*, Saint-Pétersbourg, 1858, in-8). Cf. le catalogue d'une collection de bibliographies russes formée par Nicolas Bokatschef : *Opisi rousskikh Bibliotek i bibliografitcheskija Isdanija nakhodiachtchiasia v Biblioteke N. Bokatscheva* (Saint-Pétersbourg, 1890, in-8). — On se dispense d'autant plus volontiers d'indiquer ici en détail les Bibliographies nationales des pays slaves que l'on en trouvera, au besoin, une liste correcte dans Fr. Pastrnek, *Bibliographische Uebersicht über die slavische Philologie*, 1876-1891 (Archiv für slavische Philologie, Supplement-Band), Berlin, 1892, in-8, p. 14 et s.

fait, qui insère les sommaires des périodiques, enregistre toutes les nouveautés qui paraissent, en n'importe quelle langue, sur le territoire fédéral.

Pour la Bibliographie des « Programmes » publiés en Suisse, voir le *Centralblatt für Bibliothekswesen*, 1891, p. 560.

Autres pays.

75. — La plupart des pays d'Europe dont nous n'avons pas parlé (Bulgarie, Roumanie, Serbie, Turquie, etc.), quelques pays de l'Amérique du Nord (Canada), de l'Amérique centrale (Mexique), de l'Amérique du Sud (Argentine, Brésil, Pérou, etc.), d'Asie et d'Australie, ont aujourd'hui des répertoires nationaux de Bibliographie périodique, ou même de Bibliographie rétrospective. On sait (§ 51) pourquoi nous n'en parlons pas.

Une revue bibliographique, le *Trübner's American, European and oriental literary Record, a register of the most important works published in North and South America, India, China, Europe and the British colonies* (1865-1890), enregistrait naguère, tous les mois, les principaux livres récemment parus dans les régions exotiques. Elle a été remplacée, depuis mars 1890, par la *Monthly Oriental list* de la maison Luzac, de Londres, qui donne la liste mensuelle des livres orientaux publiés dans l'ancien et dans le nouveau monde. — On peut consulter aussi la publication de la maison O. Harrassowitz, de Leipzig, qui se procure la plupart des livres importants publiés dans les pays lointains : *Bericht über neue Erwerbungen* (sans périodicité régulière).

LIVRE II

BIBLIOGRAPHIE HISTORIQUE

---

76. — Il est évident que tous les répertoires bibliographiques appartiennent à une de ces trois grandes catégories : Bibliographies universelles (ouvrages de tous les pays sur tous les sujets), Bibliographies nationales (ouvrages sur tous les sujets publiés dans tel ou tel pays), Bibliographies spéciales (ouvrages de tous les pays, relatifs à tel ou tel ordre de sujets)[1]. — Après avoir fait connaître sommairement les répertoires de Bibliographie universelle et de Bibliographie nationale, il resterait à traiter, dans un *Manuel de Bibliographie*, des répertoires qui sont de beaucoup les plus nombreux et les plus précieux, des « bibliographies spéciales ». Mais, du vaste domaine de la Bibliographie, nous n'avons l'intention d'explorer qu'une partie. Comme le titre du présent *Manuel* le fait prévoir, nous ne nous occuperons que des bibliographies spéciales qui sont utiles pour les études historiques. L'Histoire n'est peut-être pas la science la mieux outillée de toutes : pour les sciences mathématiques, pour les sciences naturelles, pour la Médecine, pour le Droit, pour la Géographie, etc., il existe des répertoires excellents. Mais nous nous en tenons expressément à la Bibliographie historique.

1. Il existe en outre des répertoires nationaux de Bibliographie spéciale (ouvrages publiés dans tel ou tel pays sur tel ou tel ordre de sujets), mais cette catégorie est, relativement aux autres, sans importance. Sur les répertoires nationaux de Bibliographie historique, voyez ci-dessous, Chapitre II.

Nous entendons, du reste, le mot « Histoire » dans un sens large. Les répertoires spéciaux pour la Bibliographie de la Philosophie, du Droit, de l'Art, des Sciences, etc., où se trouvent des renseignements qui intéressent l'histoire de la Philosophie, du Droit, de l'Art, des Sciences, etc., ne seront pas négligés.

77. — Distinguons tout d'abord, parmi les répertoires de Bibliographie historique, ceux qui servent à se guider à travers les *sources originales*[1], et ceux qui aident à se reconnaître au milieu des livres ou des articles rédigés, soit d'après les sources originales (*travaux de première main*), soit d'après des livres antérieurs (*travaux de seconde, de troisième ou de n^ième^ main*)[2]. Ceux-ci sont, naturellement, beaucoup plus nombreux que ceux-là. — Le chapitre Ier de ce livre II sera consacré à la bibliographie de la bibliographie des sources originales; dans les chapitres suivants, il sera traité méthodiquement des répertoires de travaux de première, de seconde et de n^ième^ main[3].

1. Le mot « sources » est employé pour désigner non seulement les « sources originales », mais les écrits de toute sorte, anciens et modernes. « Les sources de l'histoire d'Allemagne », on entend par là, non seulement les documents originaux relatifs à l'histoire de l'Allemagne, mais aussi l'ensemble de la littérature relative à cette histoire. Pour éviter toute confusion, et puisque le mot « sources » a deux sens, il faut avoir soin de spécifier en disant : « sources originales ».

2. On a pris, depuis quelque temps, l'habitude vicieuse de désigner, en français, tous les travaux modernes, qu'ils soient rédigés directement d'après les sources originales, ou simplement d'après d'autres travaux antérieurs, par l'expression « travaux de seconde main ». L'épithète « de seconde main » ne convient qu'aux livres rédigés directement d'après les ouvrages de première main.

3. Les répertoires mixtes, fort importants, où les sources originales et les livres modernes sont indiqués simultanément, ne figurent pas dans le chapitre Ier.

CHAPITRE I

BIBLIOGRAPHIE DES SOURCES ORIGINALES

I

RÉPERTOIRES DE CATALOGUES

78. — Pour écrire l'histoire, il faut interroger les documents. Les documents sont les traces matérielles qu'ont laissées les actes et les pensées des hommes d'autrefois.

On distingue les monuments figurés (bâtiments, objets, etc.), et les documents écrits. — Parmi les documents écrits, les œuvres littéraires[1] se discernent aisément des pièces officielles et privées, telles que chartes, lettres, comptes, enquêtes, rapports, etc., que l'on englobe communément sous la désignation vague de « pièces d'archives ». — La plupart des monuments figurés et des documents écrits qui ont de la valeur ont été mis de nos jours à l'abri de la destruction. Dans la plupart des pays civilisés, les monuments anciens sont protégés par la loi, et les objets, les manuscrits, les livres anciens sont presque tous conservés, soit dans les établissements publics qui portent le nom d'archives, de bibliothèques et de musées, soit dans des collections particulières[2].

Cela posé, il est clair que les sources de l'histoire ne seront

1. Nous appelons « œuvres littéraires » tout ce qui n'est pas « pièces d'archives », et « littérature » désigne, ici, l'ensemble des écrits de toute espèce qui ne sont pas des pièces d'archives.

2. Tous les documents dits « d'archives » ne sont pas, du reste, conservés dans les archives. Les anciennes archives ayant été pillées de bonne heure, un grand nombre des documents qu'elles contenaient sont venus, après des

commodément utilisables que le jour où toutes les collections de documents historiques, tant publiques que privées, auront été inventoriées et décrites avec exactitude. Par malheur, si quelques collections anciennes et célèbres ont été décrites depuis longtemps, il n'y a que quelques années que l'on a commencé, en Europe, à pousser vivement l'immense travail de l'inventaire descriptif général et complet des richesses contenues dans les archives, dans les bibliothèques et dans les musées[1]. Avant de découvrir les méthodes, sûres et pratiques, qui sont aujourd'hui en vigueur pour dresser des inventaires, on en a essayé bien d'autres; encore aujourd'hui, on ne procède pas partout d'une manière uniforme. Il y a donc, présentement, des archives, des bibliothèques et des musées qui sont catalogués, — des archives, des bibliothèques et des musées qui ne le sont pas. Parmi les catalogues qui existent, il y en a d'imprimés et de manuscrits, de bons et de mauvais; il y en a de définitifs, et il y en a qui sont à refaire. D'où l'utilité de répertoires bibliographiques où l'on puisse trouver aisément des réponses précises à des questions telles que celles-ci : « Quels sont les dépôts de documents (archives, bibliothèques et musées) publics et privés, qui existent dans tel pays? » « Quels sont ceux dont les collections sont cataloguées? » « Quels sont ceux dont les catalogues sont vraiment dignes de confiance? »

79. — Archives. — J'ai énuméré dans la *Revue internationale des Archives, des Bibliothèques et des Musées* (I, 1895, Archives, p. 12 et suiv.) les répertoires où se trouvent des

vicissitudes plus ou moins longues, échouer dans les grandes bibliothèques de manuscrits. — Pour l'histoire des anciennes bibliothèques, le livre de T. Gottlieb (*Ueber mittelalterliche Bibliotheken*, Leipzig, 1890, in-8) est un bon guide bibliographique.

1. Les grandes entreprises nationales d'inventaire, telles que le *Catalogue général des bibliothèques publiques de France*, les publications de l'*Historical Manuscripts Commission*, la collection italienne des *Indici e cataloghi*, etc., seront mentionnées en détail dans la Seconde Partie du *Manuel*.

Chaque année paraissent, dans tous les pays, un grand nombre de nouveaux inventaires de documents. Les nouveaux inventaires d'archives et de bibliothèques sont enregistrés, en principe, par le *Centralblatt für Bibliothekswesen*, le *Polybiblion*, etc.; mais les listes dressées par ces revues ne sont pas complètes.

notices bibliographiques sur les catalogues des dépôts d'archives de l'Europe[1]. Ce sont des répertoires « nationaux », c'est-à-dire par pays, mais il n'y en a pas pour tous les pays. Les principaux sont ceux de C. A. H. Burkhardt pour l'Allemagne (*Hand- und Adressbuch der deutschen Archive im Gebiete des deutschen Reiches, Luxemburgs, Œsterreich-Ungarns, der russischen Ostseeprovinzen und der deutschen Schweiz*, Leipzig, 1887, 2e éd.), de W. Rye pour l'Angleterre (*Records and record searching*, London, 1888, in-8), de V. S. Ikonnikov pour la Russie (*Opyt rousskoï Istoriografii*, Kiev, 1891-92, in-8 [Deuxième partie, p. 577 et s.]), et de Ch.-V. Langlois et H. Stein pour la France (*Les archives de l'histoire de France*, Paris, 1891-93, in-8)[2]. — G. Mazzatinti prépare un ouvrage analogue à celui de MM. Langlois et Stein, qui contiendra des renseignements bibliographiques sur tous les dépôts d'archives qui existent en Italie.

80. — Bibliothèques. — On n'a pas encore composé une bibliographie critique des catalogues de manuscrits qui ont été dressés jusqu'à maintenant dans le monde entier. L'entreprise est, à la vérité, peu tentante ; car elle serait très laborieuse[3], et, à peine achevée, l'œuvre vieillirait très vite. Le dernier essai en ce genre qui ait été publié (par F. Blass, dans le *Handbuch der klassischen Alterthumswissenschaft*, de I. v. Müller, t. I, München, 1892, p. 550-55) serait tout à fait insuffisant, s'il n'était sans prétention.

1. Cf. A. Giry, *Manuel de Diplomatique* (Paris, 1894, in-8), p. 37-40 : « Des moyens de rechercher les documents diplomatiques dans les dépôts d'archives et les bibliothèques ».

2. Cet ouvrage contient la bibliographie des catalogues de tous les dépôts d'archives et de toutes les bibliothèques de la France et de l'étranger où sont conservées des pièces d'archives relatives à l'histoire de France. On y trouve donc des renseignements sommaires, non seulement sur les dépôts français, mais sur un grand nombre de dépôts situés à l'étranger.

3. M. L. Delisle a énuméré jusqu'à 131 « catalogues généraux ou communs à des manuscrits de différents fonds » pour le seul Cabinet des manuscrits de la Bibliothèque nationale de Paris (*Bibliothèque nationale. Manuscrits latins et français ajoutés aux fonds des nouvelles acquisitions pendant les années* 1875-1891. Paris, 1891, in-8, p. LVI et s.). Encore n'a-t-il pas tenu compte des catalogues manuscrits.

Mais on a eu, à différentes époques, l'idée de dresser des « états des catalogues » des manuscrits conservés dans tel ou tel pays. C'est ainsi que U. Robert publia, de 1877 à 1880, dans le *Cabinet historique*, les « états des catalogues » des manuscrits des bibliothèques de France, des Pays-Bas, des pays scandinaves, d'Espagne et de Portugal. Comparez, dans le *Centralblatt für Bibliothekswesen*, des revues bibliographiques analogues, mais plus récentes, sur les catalogues des manuscrits des bibliothèques d'Allemagne (par A. Blau, 1886), de Suisse (par G. Meier, 1887), d'Autriche-Hongrie (par A. Goldmann, 1888). Pour l'Espagne, le livre de R. Beer (*Handschriftenschätze Spaniens*, Wien, 1894, in-8. Extr. des *Sitzungsberichte der k. k. Akademie der Wissenschaften*) contient, entre autres renseignements, une série de notices bibliographiques sur les bibliothèques du pays, publiques et privées, anciennes et modernes, que l'auteur a rangées suivant l'ordre alphabétique des noms de lieu. — Pour l'Italie, consulter la rubrique « Storia delle biblioteche pubbliche e private, loro cataloghi generali o parziali... », dans la *Bibliotheca bibliographica italica* de G. Ottino et G. Fumagalli. — Pour la Russie, l'ouvrage précité (§ 79) de V. S. Ikonnikov[1].

81. — MUSÉES. — S. Reinach a énuméré et rectifié dans la *Revue internationale des Archives, des Bibliothèques et des Musées* (I, 1895, Musées, p. 5 et suiv.) les répertoires de muséographie archéologique, c'est-à-dire les répertoires de catalogues de musées qui intéressent l'archéologie classique, dont le plus récent et le plus considérable est celui de K. Sittl (t. VI du *Handbuch der klassischen Alterthumswissenschaft* de I. v. Müller, München, 1894, p. 52-76). La même *Revue* compte publier prochainement une bibliographie analogue de la bibliographie des catalogues de musées d'art et d'objets modernes.

82. — Il y aurait un moyen fort simple de suppléer à l'absence de bibliographies générales des catalogues de documents. Ce que les bibliographes ne font pas, c'est aux bibliothécaires

1. Voy. aussi les répertoires indiqués ci-dessus, p. 18, note 1, où l'on trouve, outre la bibliographie des catalogues de livres imprimés que possèdent les bibliothèques publiques celle des catalogues de manuscrits.

qu'il est réservé de le faire, en ce cas comme en tant d'autres. Il suffirait que dans la salle du public de chaque grand établissement fût mise à la disposition des travailleurs la collection, aussi complète que possible, non seulement des catalogues imprimés et manuscrits dudit établissement, mais encore des catalogues imprimés de tous les établissements similaires. A la Bibliothèque nationale de Paris, à la Laurentienne de Florence, le public a sous la main la plupart des catalogues de manuscrits qui ont été imprimés. Il en devrait être de même aux Archives nationales de France, où l'on serait bien aise de trouver la collection des inventaires d'archives, françaises et étrangères, qui existent. — Ce sont là des mesures faciles à prendre, relativement peu coûteuses et d'une utilité manifeste. De toutes parts, on le reconnaît et on se prépare à perfectionner de cette manière l'outillage de l'érudition[1].

Dès maintenant la meilleure Bibliographie générale des catalogues de manuscrits se trouve sous la rubrique « Catalogues de manuscrits » (p. 21-49) dans le livret mis par l'administration de la Bibliothèque nationale de Paris à la disposition du public qui fréquente le département des manuscrits : *Bibliothèque nationale. Catalogue alphabétique des livres imprimés mis à la disposition des lecteurs dans la salle de travail, suivi de la liste des catalogues usuels du département des manuscrits* (Paris, 1895, in-8).

II

RÉPERTOIRES BIBLIOGRAPHIQUES DE DOCUMENTS INÉDITS ET IMPRIMÉS

83. — S'il avait été possible de procéder régulièrement, avec logique, dès l'origine, à l'exploration des sources de l'histoire, on aurait attendu que l'inventaire général descriptif de tous les

1. Dans un article sur la réorganisation projetée des archives italiennes, R. Galli a récemment proposé de former à Rome une collection complète des inventaires imprimés de tous les dépôts d'archives du monde (*Nuova Antologia*, juillet 1895).

documents écrits et figurés fût achevé, avant d'imprimer des documents isolés, ou de former des *Corpus*, ou d'écrire des monographies. Mais ce n'est pas la logique qui a présidé, depuis la Renaissance, à l'évolution de la science historique, c'est le hasard. On a travaillé longtemps avec des documents insuffisants, ceux que l'on avait sous la main; pendant trois siècles, les éditions partielles, les collections incomplètes, les études provisoires se sont superposées les unes sur les autres, alors que les dépôts de documents étaient beaucoup plus nombreux, moins accessibles et infiniment moins bien inventoriés qu'aujourd'hui. De là, une littérature historique très abondante, confuse, qui trouble et qui décourage les jeunes gens sur le point d'aborder des recherches historiques. Il ne suffit pas, en effet, de savoir quelles sont les sources originales à consulter, et où elles sont : il faut encore savoir quels sont les travaux critiques dont elles ont été l'objet, distinguer ce qui est inédit de ce qui ne l'est pas, se familiariser avec les grands « Recueils » qui ont été légués à la science moderne par les érudits d'autrefois. On n'y parvient qu'au prix d'une longue éducation bibliographique et qu'à l'aide de répertoires spéciaux.

84. — Le plus ancien travail qui ait été exécuté, en France, en vue de faciliter aux commençants l'apprentissage de ces instruments de l'érudition historique que sont les grandes collections imprimées de sources originales, date de 1836. C'est dans l'*Annuaire historique pour l'année* 1837, publié par la Société de l'histoire de France (Paris, 1836, in-12), que J. Desnoyers fit paraître son « Indication des principaux ouvrages propres à faciliter les travaux relatifs à l'histoire de France » (p. 235-324). J. Desnoyers avait déjà constaté « l'embarras où l'on est pour se reconnaître au milieu des nombreux recueils de documents originaux », et il s'est proposé de les énumérer (p. 281 et suiv.), en donnant des renseignements sommaires sur le plan, les dimensions, le caractère, la valeur et l'historique de ces recueils. — Telle paraît aussi avoir été la pensée de M. A. Franklin en rédigeant son ouvrage : *Les sources de l'histoire de France* (Paris, 1877, in-8), qui contient une série de « notices bibliographiques et analytiques des inventaires et des recueils de documents relatifs à l'histoire de France », dont on a dit avec raison que « l'étendue aurait pu en être réduite de moitié par l'emploi d'une autre méthode bibliographique[1] ». Comparez, pour l'histoire de Suède, l'opuscule de E. Hildebrand : *Svenska publikationer af historiska handlingar*, dans l'*Historisk Tidskrift*, 1886, p. 517-67.

Il existe quelques guides déjà anciens, du même type que celui de A. Franklin, pour l'histoire de l'antiquité profane et sacrée. Le *Handbuch der philologischen Bücherkunde* de J. Ph. Krebs (Bremen, 1822-23, 2 vol. in-8), suranné, est encore utile pour les détails qu'il donne sur certaines grandes collections anciennes (Burmann, Grævius, Gronovius, etc.). Pour les collections relatives à l'histoire ecclésiastique, consulter G. B. Dowling, *Notitia scriptorum sanctorum Patrum aliorumque veteris Ecclesiæ monumentorum quæ in collectionibus anecdotorum post annum Christi MDCC in lucem editis continentur* (Londoniis, 1839, in-8).

85. — Il y aurait lieu de composer un Guide général de ce genre, qui fît connaître les principaux instruments et les principales entreprises de l'érudition historique, ancienne et moderne (recueils de documents, *Corpus*, etc.). On montrerait de la sorte ce qui a été fait, jusqu'ici, pour l'exploration des sources originales de l'histoire, et ce qui reste à faire. A notre connaissance, ce vaste sujet, d'une importance capitale, qui n'est autre que l'histoire et le tableau de l'organisation comparée des études historiques jusqu'à nos jours, n'a jamais été traité : il a été effleuré seulement, en ces derniers temps, par E. Bernheim (*Lehrbuch der historischen Methode*, Leipzig, 1894, in-8, 2e éd., p. 187 et suiv.) et par R. Altamira (*La enseñanza de la historia*, Madrid, 1895, in-16, 2e éd., p. 282 et suiv.). — L'histoire sommaire et le tableau de l'organisation actuelle des travaux historiques sera le sujet de la Seconde Partie de ce *Manuel de Bibliographie historique*.

1. *Congrès*, 1878, p. 531. C'est bien à tort, du reste, que M. Pawlowski ajoute en cet endroit que le répertoire de Dahlmann-Waitz (ci-dessous, § 124) est « semblable, pour l'histoire d'Allemagne », au livre de A. Franklin pour l'histoire de France.

RÉPERTOIRES BIBLIOGRAPHIQUES DE DOCUMENTS D'ARCHIVES

86. — H. Œsterley a voulu, ce sont ses propres expressions, « fournir à l'historien les moyens de connaître vite et complètement les recueils imprimés ou inédits de documents rédigés au moyen âge ». Il entend par « documents » (*Urkunden*) tout ce que nous avons désigné plus haut par le terme de pièces d'archives (chartes, lettres, lois, inventaires, comptes, etc.). Il entend par « recueils » tous les groupes d'au moins trois documents réunis de manière à former un ensemble sous une rubrique commune. Il n'exclut que « les recueils d'un intérêt purement juridique ou ecclésiastique ». Son livre (*Wegweiser durch die Litteratur der Urkundensammlungen*, Berlin, 1885-86, 2 vol. in-8) est divisé en deux parties : *Partie I* (t. I, p. 1-47). Recueils généraux : 1° grandes collections d'ensemble ; 2° livres de formules ; 3° lettres ; 4° documents relatifs aux croisades. — *Partie II*. Recueils de documents classés par pays : Allemagne[1] (t. I, p. 47-574) ; France (t. II, p. 1-185) ; Italie (p. 186-282) ; Ibérie (p. 283-94) ; Grande-Bretagne (p. 295-367) ; pays scandinaves (p. 368-83) ; pays slaves (p. 384-96) ; Hongrie (p. 397-402) ; Grèce (p. 403-405) ; Orient (p. 406-408). Sous le nom de chaque pays, l'auteur a disposé ainsi les matériaux : 1° Recueils généraux de documents manuscrits ou imprimés ; 2° Recueils particuliers de documents imprimés ; 3° Diplômes royaux, lois et lettres (ordre chronologique) ; 4° Histoire locale d'après l'ordre alphabétique des noms de lieu : provinces, villes, abbayes, etc., et des noms d'homme. Sous chaque nom de lieu, sont indiqués d'abord les sources manuscrites (cartulaires, inventaires d'archives, etc.), puis les imprimés.

L'idée de réunir, en deux volumes, l'indication sommaire des

1. L'Allemagne comprend, pour H. Œsterley, non seulement l'Autriche et la Suisse allemandes, mais la Suisse romande, les Pays-Bas, et une grande partie de la France actuelle.

« recueils » manuscrits ou imprimés de pièces d'archives du moyen âge relatives aux lieux, aux institutions et (incidemment) aux personnages historiques de l'Europe entière, n'était pas heureuse. Dans cet immense domaine, M. Œsterley a été obligé de choisir, et il a choisi arbitrairement. « Beaucoup d'histoires locales ou individuelles, dit-il, contiennent des documents, soit disséminés dans le texte, soit groupés en appendice à la fin des volumes : j'en ai mentionné un certain nombre. » D'autre part, il y avait des chances pour qu'une telle compilation, nécessairement incomplète, fût en même temps inexacte. En effet, les erreurs y fourmillent. Tous les critiques sont d'avis que le *Wegweiser* d'H. Œsterley, qui eût été peut-être un bon livre si l'auteur s'était borné aux pays allemands, ne doit être consulté qu'avec la plus grande circonspection. Mal conçu, médiocrement exécuté, il rend, cependant, des services.

87. — Dans la première partie du *Wegweiser* d'Œsterley sont énumérés en quelques pages, avons-nous dit, les « recueils » imprimés et manuscrits de « lettres » et de « formules ». Mais bien d'autres catégories de documents d'archives que les lettres et les formules pourraient être l'objet de répertoires bibliographiques spéciaux : tels sont les cartulaires, les obituaires, les comptes, les inventaires, les correspondances diplomatiques, etc. ; et ces répertoires, s'ils étaient dressés avec soin, formeraient chacun, non pas une brochure de quelques pages, mais un ou plusieurs volumes. Le *Wegweiser* général d'Œsterley sera un jour remplacé par toute une bibliothèque de répertoires spéciaux aux diverses catégories de documents d'archives que H. Œsterley a superficiellement étudiées et à celles qu'il a tout à fait passées sous silence.

Il est à souhaiter que, dans ces futurs répertoires spéciaux, comme dans le *Wegweiser*, figurent à la fois les documents inédits et les documents imprimés. Parmi ceux qui existent actuellement, les uns sont des bibliographies de pièces tant inédites qu'imprimées, les autres des bibliographies où n'ont été relevées que les pièces imprimées.

88. — Répertoires bibliographiques de certaines catégories de documents tant inédits qu'imprimés. — Ces répertoires sont très difficiles à faire, car ils supposent des dépouillements immenses dans tous les dépôts de documents, que l'imperfection des catalogues descriptifs (§ 78) rend, encore aujourd'hui, très pénibles, et dans une foule de livres. Ils contiennent, par définition, la liste de tous les exemplaires manuscrits de tous les documents d'une certaine espèce et, pour ceux de ces documents qui ont été publiés, l'indication des éditions. Le répertoire bibliographique des obituaires français, par M. A. Molinier (*Les obituaires français du moyen âge*, Paris, 1890, in-8) en est le type. Les « catalogues d'actes » (listes, par ordre chronologique, des chartes émanées de la chancellerie de tel ou tel roi, ou de tel ou tel prince, inédites ou imprimées, avec la cote des exemplaires manuscrits et la bibliographie des éditions) rentrent dans cette définition [1].

Il est probable que les répertoires de ce genre iront en se multipliant de plus en plus. Tout l'annonce. Lorsque les catalogues descriptifs des collections de nos bibliothèques et de nos archives seront achevés, « un travail des plus utiles et des plus honorables consistera, dit M. L. Delisle [2], à dresser des *catalogues spéciaux* de différents groupes de manuscrits, en s'attachant à classer méthodiquement tous les textes de même nature, quelles que soient les cotes sous lesquelles les manuscrits sont inventoriés et rangés sur les rayons. Serait-il même téméraire d'entrevoir la possibilité d'avoir un jour des catalogues où seraient enregistrés, plus ou moins sommairement et avec renvoi aux notices détaillées publiées antérieurement, tous les manuscrits d'une même catégorie conservés dans les différentes bibliothèques publiques de la France? [3] » Ces catalogues spéciaux, où seraient indiqués à la fois les exemplaires manuscrits conservés dans tous les dépôts et (complément indispensable) les éditions de ceux qui ont été imprimés, pour toute une catégorie

1. On trouvera l'indication des principaux catalogues d'actes qui ont été exécutés jusqu'ici dans le *Manuel de Diplomatique* de A. Giry (Paris, 1894, in-8). Cf. *Revue historique*, LX, p. 309.

2. *Manuscrits latins et français ajoutés aux fonds des nouvelles acquisitions...*, p. LXXXIII.

3. Ajoutons : « et de l'étranger ».

de documents (cartulaires, correspondances diplomatiques, par exemple), constitueraient des répertoires bibliographiques de premier ordre. — M. U. Robert est entré depuis longtemps déjà dans cette voie en publiant un *Inventaire des cartulaires conservés dans les bibliothèques de Paris et aux Archives nationales, suivi d'une bibliographie des cartulaires publiés en France* (Paris, 1878, in-8. Extr. du *Cabinet historique*, t. XXIII. Il y a un Supplément, Paris, 1879, in-8. Extr. du *Cabinet historique*, t. XXV)[1]. Comparer l'excellent ouvrage de A. Tuetey : *Répertoire général des sources manuscrites de l'histoire de Paris pendant la Révolution française* (Paris, 1890-1892, 2 vol. in-8).

89. — Répertoires de documents imprimés. — Ces répertoires, moins satisfaisants, au point de vue théorique, que les précédents, sont les uns généraux, les autres spéciaux à certaines catégories de documents.

« Depuis le XVIe siècle, dit très bien M. Giry[2], il a été publié un nombre considérable de textes diplomatiques, les uns dans de grandes collections, dans des recueils, d'autres isolément, et souvent comme pièces justificatives ajoutées à des ouvrages d'érudition. Le nombre de ces publications était devenu assez considérable au XVIIIe siècle pour qu'il fût déjà difficile de s'y retrouver. Un érudit allemand, P. Georgisch, eut le premier l'idée de dresser la table des documents publiés; son ouvrage, intitulé : *Regesta chronologico-diplomatica* (Francfort-Leipzig, 1740-44, 4 vol. in-fol.), est aujourd'hui, à cause de sa date même, de peu d'utilité. Il fut imité en France, d'abord par l'abbé de Foy, puis par Bréquigny, qui, sous les auspices du Cabinet des chartes, commença en 1769 la publication de la *Table chronologique des diplômes, chartes, lettres et actes imprimés concernant l'histoire de France* (Paris, in-fol.). Interrompu après le t. III (1783) par la Révolution, cet ouvrage

1. Cf. une bibliographie spéciale des cartulaires lorrains dans E. Bonvalot, *Histoire du droit et des institutions de la Lorraine et des Trois-Évêchés* (Paris, 1895, in-8). — Une nouvelle bibliographie générale des cartulaires français est, dit-on, en préparation.

2. *Manuel de Diplomatique*, p. 40.

fut repris plus tard par l'Académie des Inscriptions, qui publia, de 1836 à 1876, les tomes IV à VIII, qui s'arrêtent à l'année 1514. Il faut observer que les éditeurs de ces derniers volumes n'ont pas fait de nouveaux dépouillements, et que par conséquent les seuls documents qui figurent dans la Table sont ceux qui ont été publiés sous l'ancien régime. De nos jours, M. A. Wauters, sous les auspices de l'Académie de Bruxelles, a entrepris et mené à bonne fin un travail analogue pour la Belgique : *Table chronologique des chartes et diplômes imprimés concernant l'histoire de la Belgique* (Bruxelles, 1866-1892, 8 vol. in-4). Le dernier volume s'arrête à l'année 1320.

« Le nombre des documents publiés s'est tellement accru en notre siècle que l'exécution d'ouvrages d'ensemble de cette nature est devenue extrêmement difficile. On paraît y avoir renoncé », bien que ce soit à ce type de répertoires démodé qu'appartiennent encore les célèbres *Regesta pontificum romanorum* de Ph. Jaffé et de A. Potthast[1]. — Il y a toutefois des répertoires de ce genre, récents, qui, spéciaux pour des catégories bien définies de documents relativement peu nombreux, sont commodes. Citons celui des anciens inventaires de bibliothèques d'Allemagne, de France, de Grande-Bretagne, d'Italie, de Néerlande, de Scandinavie et d'Espagne (T. Gottlieb, *Ueber mittelalterliche Bibliotheken*, Leipzig, 1890, in-8), et celui des anciens inventaires d'objets d'art et divers (F. de Mély et E. Bishop, *Bibliographie générale des inventaires imprimés*, Paris, 1892-1895, 3 vol. in-8).

89 *bis*. — Certains documents de l'histoire moderne sont tous imprimés et l'ont été dès l'origine : tels, les affiches, les factums, les documents parlementaires, etc. En dresser le catalogue complet, c'est en faire la bibliographie.

Le gouvernement des États-Unis a fait exécuter, sous la direction de B. P. Poore, *A descriptive catalogue of the government publications of the United States, sept. 5, 1774 -march 4, 1881* (Washington, 1885, gr. in-8). Cf. J. G. Ames, *Com-*

1. *Manuel de Diplomatique*, p. 664 et 685.

prehensive index of the publications of the U. S. government, 1889-95 (Washington, 1895, in-8). — Le gouvernement anglais publie chaque année (chez Eyre et Spottiswoode) une *List of official and parliamentary publications published in the year...*, qui est très commode. — Obtenir des divers gouvernements de l'Europe et du nouveau monde qu'ils publient chacun des bibliographies analogues de leurs documents officiels et parlementaires est un vœu que les bibliographes ont souvent exprimé et qui reste à l'ordre du jour des congrès bibliographiques.

RÉPERTOIRES BIBLIOGRAPHIQUES DE DOCUMENTS LITTÉRAIRES

90. — On conçoit qu'il serait très commode de posséder des répertoires où seraient enregistrés, soit tous les monuments d'une littérature, soit toutes les œuvres d'un certain genre qui existent dans diverses littératures. Ces répertoires bibliographiques d'histoire littéraire, classés suivant l'ordre alphabétique des noms d'auteurs, ou suivant l'ordre chronologique, ou autrement, donneraient, sous le nom de chaque auteur, la liste de ses ouvrages; à propos de chaque ouvrage, la liste des exemplaires manuscrits et des éditions qu'on en a, et celle des travaux critiques (commentaires, traductions, etc.) dont il a été l'objet.

Les répertoires d'histoire littéraire, anciens et modernes, sont très nombreux. Ils sont mentionnés, pour la plupart, dans les recueils précités de J. Petzholdt et de L. Vallée (§ 5, 4), mais ils y sont mêlés à des répertoires d'un tout autre caractère (cf. § 26). Il n'en existe nulle part de bibliographie spéciale.

Ce n'est pas ici le lieu d'en donner l'énumération complète. Citons seulement les principaux, en indiquant les rubriques sous lesquelles il semble que l'on pourrait les classer tous.

A. — Bibliographies d'histoire littéraire universelle[1].

91. — Il n'est pas nécessaire d'insister sur les répertoires de cette espèce, qui embrassent un domaine trop vaste, et qui font connaître les œuvres des *principaux* écrivains seulement de toutes les littératures, ou de plusieurs littératures. Le plus ancien, qui est considéré comme le premier monument de la Bibliographie moderne, est la fameuse *Bibliotheca universalis* de C. Gessner[2]. Les plus considérables sont l'*Allgemeines Gelehrten-Lexicon* de Chr.-G. Jöcher[3], l'*Onomasticon litterarium* de Chr. Sax[4] et les *Mémoires* du P. Niceron[5]. Ils ne sont pas sans analogie (quoique la conception générale en soit totalement différente) avec les répertoires généraux de « livres importants et utiles » dont il a été question plus haut (§ 12) : comme eux, ils sont composés d'une manière arbitraire; ils rendent des services du même ordre; et ils représentent aussi un type de répertoires qui est aujourd'hui passé de mode. Les plus récents de ces dictionnaires bio-bibliographiques universels d'auteurs célèbres sont le *Dictionnaire biographique et biblio-*

1. J. Petzholdt, *Bibliotheca bibliographica*, p. 68 et suivantes.

2. *Bibliotheca universalis, sive Catalogus omnium scriptorum locupletissimus, in tribus linguis, latina, græca et hebraica, extantium et non extantium, veterum et recentiorum in hunc usque diem, doctorum et indoctorum, publicatorum et in bibliothecis latentium. Authore Conrado Gesnero*, Tiguri, 1545, in-fol. — Il existe plusieurs éditions de cet ouvrage.

3. *Allgemeines Gelehrten-Lexicon, Darinne die Gelehrten aller Stände sowohl männ- als weiblichen Geschlechts, welche vom Anfange der Welt bis auf die ietzige Zeit gelebt und sich der gelehrten Welt bekannt gemacht... in alphabetischer Ordnung beschrieben werden*, Leipzig, 1750-51, 4 vol. in-4. Il y a un Supplément (1784-1822). — Cet ouvrage est encore très estimé.

4. *Christophori Saxi Onomasticon litterarium, sive nomenclator historico-criticus præstantissimorum omnis ætatis, populi, artiumque formulæ scriptorum....* Trajecti ad Rhenum, 1775-90, 7 vol. in-8. Il y a un Supplément publié en 1803, in-8.

5. P. Niceron, *Mémoires pour servir à l'histoire des hommes illustres de la république des lettres, avec le catalogue de leurs ouvrages*, Paris, 1727-45, 43 vol. in-12.

graphique de A. Dantès[1], et le *Dictionnaire universel des littératures* de G. Vapereau[2].

91 *bis*. — Les seuls dictionnaires de ce type qui paraissent encore avoir une raison d'être sont les dictionnaires d'écrivains contemporains, tels que ceux de Fr. Bornmüller (*Biographisches Schriftsteller-Lexicon der Gegenwart*, Leipzig, 1882, in-12) et de A. de Gubernatis (*Dictionnaire international des écrivains du jour*, Florence, 1888-1891, 3 vol. in-8).

92. — Les dictionnaires de Biographie universelle contiennent, naturellement, des notices bio-bibliographiques sur la plupart des auteurs célèbres de toutes les littératures. Nous les mentionnons ici pour mémoire. Le meilleur (jusqu'à la lettre L)[3] est la *Nouvelle Biographie générale depuis les temps les plus reculés jusqu'à nos jours*, publiée chez Firmin-Didot (Paris, 1857-70, 46 vol. in-8). — C'est, de même, pour mémoire que sera mentionnée la plus vaste des « Histoires littéraires universelles » qui contiennent une partie bibliographique très développée, celle de J. G. Th. Græsse : *Lehrbuch einer allgemeinen Litterärgeschichte aller bekannten Völker der Welt* (Leipzig, 1837-59, 8 vol. in-8)[4].

1. A. Dantès, *Dictionnaire biographique et bibliographique, alphabétique et méthodique des hommes les plus remarquables dans les lettres, les sciences et les arts chez tous les peuples, à toutes les époques*. Première partie : Ordre alphabétique par noms d'auteurs. Deuxième partie : Ordre méthodique, mentionnant les auteurs et leurs œuvres principales par ordre chronologique, par classes et par nationalités. Troisième partie : Œuvres remarquables et chefs-d'œuvre classés d'après l'ordre adopté pour la première partie. Supplément : Tableau chronologique, tableau des connaissances humaines, collections principales et journaux, etc. Paris, 1875-77, in-8. — Cet ouvrage fourmille d'inexactitudes.

2. G. Vapereau, *Dictionnaire universel des littératures, contenant : 1° Des notices sur les écrivains de tous les temps et de tous les pays, et sur les personnages qui ont exercé une influence littéraire....* Paris, 1884, gr. in-8, 2e éd.

3. La *Nouvelle Biographie générale* est scandaleusement écourtée à partir de la lettre L. La *Biographie universelle* de J. Michaud mérite encore d'être citée ; la 2e éd. (Paris, 1843 et s., 45 vol. gr. in-8) n'est pas une simple réimpression de la 1re.

4. Ce *Lehrbuch* n'est guère, à vrai dire, qu'une refonte, suivant l'ordre méthodique, des matériaux employés par Græsse pour composer son *Trésor* (§ 11).

B. — Bibliographies d'histoire littéraire relatives à l'ensemble des littératures de l'Orient, de l'antiquité et du moyen âge.

93. — A cette catégorie de répertoires qui embrassent l'ensemble de plusieurs littératures appartiennent les « Bibliothèques[1] » d'auteurs orientaux, d'auteurs classiques (littératures grecque et romaine), et d'auteurs du moyen âge. Il en existe un grand nombre, qui sont anciennes et dont on se sert très rarement. Voici celles qui, quoique vieillies et imparfaites, n'ont pas été remplacées :

La *Bibliotheca orientalis. Manuel de Bibliographie orientale*, de J. Th. Zenker (Leipzig, 1846-61, 2 vol. in-8), est un ouvrage classique.

La meilleure bibliographie des œuvres littéraires de l'antiquité classique (grecque et romaine), qui dispense, en général, de recourir au *Handbuch der classischen Bibliographie* de F. L. A. Schweizer, au *Bibliographisches Lexicon der gesammten Litteratur der Griechen und Römer* de S. F. W. Hoffmann, etc., — mais non pas aux deux « Bibliothèques », grecque et latine, de J. A. Fabricius, qui restent, surtout la *Bibliotheca græca*, des sources capitales[2], — est la *Bibliotheca scriptorum classicorum*, de W. Engelmann, dont la 8e édition a été publiée par E. Preuss[3]. Ce n'est pas à dire qu'elle soit bonne[4]. On y trouve, en principe, la liste des éditions d'auteurs classiques parues, « surtout en Allemagne », depuis 1700 jusqu'en 1878, et celle des travaux, dissertations, opuscules, etc., relatifs à ces auteurs. Mais il y a de graves lacunes.

1. Le mot « Bibliothèque » s'emploie pour désigner des ouvrages de deux espèces bien différentes : des répertoires bibliographiques et des recueils de documents. Nous l'employons toujours dans le premier sens.

2. Voy. la liste des éditions de ces deux « Bibliothèques » dans J. Petzholdt, *o. c.*, p. 679. — Les deux éditions successives de la *Bibliotheca græca* se complètent et sont indispensables toutes deux.

3. W. Engelmann, *Bibliotheca scriptorum classicorum*, 8te *Auflage, umfassend die Litteratur von* 1700 *bis* 1878, Leipzig, 1880-82, 2 vol. in-8.

4. *Revue critique*, 1881, I, p. 241-6.

La littérature patristique, antérieure au Concile de Nicée, est l'objet d'un répertoire intitulé : *The Ante-nicene Fathers... Bibliographical Synopsis... of the literature relating to the works included in the Ante-nicene Fathers*, par Ernest L. Richardson (Buffalo, 1887, in-8).

Pour les diverses littératures du moyen âge, M. Ulysse Chevalier a annoncé l'intention de préparer un « Dictionnaire des auteurs du moyen âge », qui permettra, dit-il, de trouver aisément la réponse à cette question : « Quelle est la Bibliographie (manuscrits, éditions, commentaires, etc.) de telle œuvre écrite au moyen âge, c'est-à-dire depuis la fin de l'antiquité jusqu'en 1500[1]? » — Si cet immense répertoire est jamais exécuté, il remplacera la célèbre *Bibliotheca latina mediæ et infimæ latinitatis* de J. A. Fabricius[2], répertoire de la littérature latine du moyen âge qui fut, en son temps, un chef-d'œuvre, et beaucoup d'autres recueils partiels, accumulés par l'érudition des trois derniers siècles, dont il sera question plus loin (§ 95 et s.).

94. — Certaines « histoires littéraires », vraiment scientifiques, contiennent des renseignements bibliographiques très abondants. On a souvent intérêt à les consulter de préférence aux répertoires bibliographiques proprement dits. Ne négligeons donc pas d'avertir ici qu'il vaut mieux, dans bien des cas, avoir recours, même pour des renseignements d'ordre bibliographique, aux grandes histoires de la littérature grecque, de la littérature romaine et de la littérature chrétienne, aux livres de R. Nicolai (*Griechische Literaturgeschichte*, Magdeburg, 1873-78, 3 vol. in-8), de W. S. Teuffel (*Geschichte der römischen Litteratur*, Leipzig, 1890, 2 vol. in-8, 5e éd.) et de A. Harnack (*Geschichte der altchristlichen Litteratur bis Eusebius*, I, Leipzig, 1893, in-8), par exemple, dont la partie bibliographique est de premier ordre, qu'à la *Bibliotheca* de W. Engelmann[3]. De même, en attendant que le « Dictionnaire des

1. U. Chevalier, *Répertoire des sources historiques du moyen âge. I. Bio-Bibliographie*, p. XIII.
2. Voy. J. Petzholdt, *o. c.*, p. 681.
3. Voy. la liste complète des grandes histoires littéraires de l'antiquité

auteurs du moyen âge » de U. Chevalier ait vu le jour, on consultera avec profit les notices bibliographiques jointes aux traités d'histoire littéraire de A. Ebert (*Allgemeine Geschichte der Litteratur des Mittelalters im Abendlande* [jusqu'au commencement du XIe siècle], Leipzig, I[2], 1889, II et III, 1880-87, in-8), de K. Krumbacher (*Geschichte der byzantinischen Litteratur von Justinian bis zum Ende des oströmischen Reiches*, München, 1891, in-8), et aux bonnes histoires générales des diverses littératures romanes, germaniques et slaves, dont il ne saurait être question de donner ici la liste, mais dont l'énumération se trouve dans les bibliographies et dans les manuels de Philologie romane, germanique et slave qui seront indiqués plus loin (§ 121).

C. — Bibliographies d'histoire littéraire régionale (nationale et locale).

95. — Il a été expliqué plus haut (§ 26) qu'il ne faut pas confondre les « Bibliographies nationales » proprement dites avec les « Bibliographies d'histoire littéraire nationale ». Dans les premières, nous l'avons vu, sont enregistrés les livres imprimés dans tel ou tel pays. Les secondes énumèrent les monuments d'une littérature nationale, où qu'ils aient été publiés, et les ouvrages inédits n'en sont pas exclus.

96. — Bibliographies d'histoire littéraire nationale. — La plupart des grands pays de l'Occident possèdent des répertoires ou « Bibliothèques » des monuments de leur histoire littéraire nationale, qui sont surtout utiles, on le conçoit, pour la littérature la plus ancienne, antérieure à l'invention de l'imprimerie, encore en partie inédite, et pour toute la littérature imprimée avant la création des « Bibliographies nationales » proprement dites. Pour la littérature moderne et contemporaine, les « Bibliographies nationales » proprement dites (Livre Ier, chap. III) tiennent lieu, faute de mieux, de « répertoires d'histoire littéraire nationale ».

classique dans les répertoires bibliographiques de travaux relatifs à l'histoire générale de l'antiquité classique (§ 120).

Presque toutes les « Bibliothèques » d'histoire littéraire nationale ont été composées pendant les deux derniers siècles. Elles ne sont plus, par conséquent, au courant de la science, et il ne faut s'en servir qu'à bon escient. — Il y en a qui ont la prétention d'être complètes, et d'autres qui ne l'ont pas. Les unes sont en forme de dictionnaires alphabétiques de noms d'auteurs, les autres se présentent comme des recueils de dissertations critiques, disposées suivant l'ordre chronologique ou suivant un ordre méthodique; mais il est légitime de les grouper ensemble, quelles que soient entre elles les différences de forme et de titre, parce qu'elles appartiennent toutes, au fond, à la même famille de répertoires. — Nous n'en indiquerons que quelques-unes[1], celles qui sont encore le plus utiles, à savoir : — Pour la **Grande-Bretagne**, sans parler des premiers essais de **J.** Leland, de **J.** Bale, etc.[2], le répertoire de Th. Tanner (*Bibliotheca Britannico-hibernica, sive de scriptoribus qui in Anglia, Scotia et Hibernia ad sæculi XVIII initium floruerunt.... commentarius...*, Londoniis, 1748, in-fol.). — Pour l'**Espagne**, les deux « Bibliothèques » de N. Antonio (*Bibliotheca Hispana vetus sive Hispani scriptores qui ad annum* 1500 *floruerunt*, Matriti, 1788, 2 vol. in-fol.; *Bibliotheca Hispana nova sive Hispanorum scriptorum qui ab anno* 1500 *ad* 1684 *floruere notitia*, Matriti, 1783-88, 2 vol. in-fol.)[3] — Pour la **France**, l'*Histoire littéraire de la France*, commencée par les Bénédictins de la congrégation de Saint-Maur, continuée par l'Académie des inscriptions et belles-lettres, en cours de publication (Paris, 1733-1893, 31 vol. in-4); cet ouvrage, dont les parties les plus anciennes ont beaucoup vieilli, se compose d'une série de notices critiques et bibliogra-

1. J. Petzholdt (*o. c.*, p. 280 et suivantes) énumère les principales, mais sans en faire une catégorie à part.

2. Voy. la bibliographie détaillée des répertoires bibliographiques d'histoire littéraire pour la Grande-Bretagne dans Th. Duffus-Hardy, *Descriptive Catalogue of manuscripts relating to the history of Great-Britain and Ireland*, I (1862), p. xxxvi et suiv. — Cf. *The Library Chronicle*, 1886, p. 190.

3. Voy. M. Menéndez y Pelayo, *La Ciencia española*, I (Madrid, 1887, in-12), p. 50 et s.

phiques sur les écrits de toute espèce rédigés en France jusqu'au commencement du XIVe siècle[1]. Nous avons déjà eu l'occasion de nommer (ci-dessus, § 56) les « Bibliothèques françoises » de La Croix du Maine et de Du Verdier. — Pour l'**Italie**, l'ouvrage inachevé de G. Mazzuchelli (*Gli scrittori d'Italia, cioè notizie storiche e critiche intorno alle vite e agli scritti dei letterati italiani*, Brescia, 1753-63, 2 vol. en 6 tomes in-fol.), et la *Storia della letteratura italiana* de G. Tiraboschi (Roma, 1782-97, 12 vol. in-4)[2]. — Pour les **Pays-Bas**, le recueil de J.-F. Foppens (*Bibliotheca Belgica, sive virorum in Belgio vita scriptisque illustrium catalogus*, Bruxellis, 1739, in-4), et surtout celui de F. Vander Haeghen, T.-J. Arnold et R. Vanden Berghe, la célèbre *Bibliotheca Belgica* ou *Bibliographie générale des Pays-Bas*, qui paraît à Gand, par fascicules, depuis 1879, et qui formera une bibliographie excellente des publications faites par et sur les écrivains originaires des Pays-Bas, antérieurs au XIXe siècle. — Pour le **Portugal**, la *Bibliotheca Lusitana, historica, critica e cronologica*, de D. Barbosa Machado (Lisboa, 1741-59, 4 vol. in-fol.). — Etc.

96 *bis*. — Il existe un grand répertoire moderne d'histoire littéraire nationale sous forme de dictionnaire des principaux auteurs, pour la littérature anglaise et anglo-américaine : S. A. Allibone, *A critical dictionary of English Literature, and British and American authors, living and deceased* (Philadelphia, 1863-1891, 5 vol. in-4, dont 2 de Supplément). Comparer, pour la littérature néerlandaise : F.-G. Frederiks et F.-J. Vanden Branden, *Biographisch Woordenboek der Noord-en Zuidnederlandsche letterkunde* (Amsterdam, 1890-92, in-8).

97. — Bibliographies d'histoire littéraire locale. — A côté de ces répertoires d'œuvres de toute espèce, mais composées par des auteurs originaires du même pays, il convient de placer les bibliographies locales, provinciales, municipales, du même genre. Il en existe une quantité prodigieuse, et comment

1. Sur l'*Histoire littéraire de la France*, voy. A. Franklin, *o. c.*, p. 585 et suiv.

2. Voy. G. Ottino et G. Fumagalli, *o. c.*, n. 604 et s. — Cf. G. Fumagalli, dans la *Rivista delle biblioteche e degli archivi*, VI, p. 131-2.

s'en étonner? Les répertoires provinciaux, départementaux, municipaux, sont plus faciles à faire que les répertoires nationaux, puisque la littérature à inventorier est relativement peu considérable, et ils flattent le patriotisme local. — Aux derniers siècles, alors que la vie locale était plus intense qu'aujourd'hui, chaque province, chaque ville, avait le sien. Prenons, comme exemple, l'Italie : il existe des « Bibliothèques » spéciales, c'est-à-dire des répertoires bibliographiques spéciaux, des écrivains de Bassano, de Bergame, de Bologne, de Calabre, de Crémone, de Ferrare, de Florence, de Gènes, de Milan, de Modène, de Naples, d'Ombrie, de Parme, de Pérouse, du Piémont, de Pistoia, de Ravenne, de Rome, de Sicile, de Venise, de Vérone, etc.[1]. — De nos jours, on compose encore des ouvrages de ce genre. Citons, à titre d'exemples, l'*Histoire littéraire du Maine*, de B. Hauréau (Paris, 1870-77, 10 vol. in-18), la *Bibliothèque chartraine antérieure au* XIXe *siècle*, de L. Merlet (Orléans, 1885, in-8), la *Bibliographie générale de l'Agenais...*, de J. Andrieu (Paris, 1886-91, 3 vol. in-8), la *Bibliotheca Cornubiensis. A catalogue of the writings, both manuscript and printed, of Cornishmen from the earliest times...*, de G. C. Boase et W. P. Courtney (London, 1873-82, 3 vol. in-4), le *Diccionario bibliografico de escritores aragoneses*, de Latassa et M.-G. Uriel (Zaragoza, 1884-86, 3 vol. in-8), l'*Intento de un diccionario... bibliografico de los autores de la provincia de Burgos*, de M. Añibarro y Rivèr (Madrid, 1891, in-8), la *Bibliografia romana. Notizie della vita e delle opere degli scrittori romani dal secolo XI fino ai nostri giorni* (I, Roma, 1880, in-4), etc.

98. — Bibliographies d'ouvrages composés dans la même langue. — Il existe des répertoires bibliographiques où sont indiqués les écrits qui ont le caractère commun d'avoir été composés dans la même langue : par exemple, des répertoires de la littérature en sanscrit (Th. Aufrecht, *Catalogus catalogorum, an alphabetical register of sanscrit works and authors*, Leipzig, 1891, in-4), en gallois (W. Rowlands,

1. G. Ottino et G. Fumagalli, *o. c.*, n. 623 et s., 4533 et s.

Cambrian Bibliography, containing an account of the books printed in the Welsh language... from the year 1546 to the end of the eighteenth century, Llanidloes, 1869, in-8), en basque (J. Vinson, *Essai d'une bibliographie de la langue basque*, Paris, 1891, in-8; cf. *Revue des Bibliothèques*, 1892 et 1895), en tchèque, en croate, en finnois, en islandais, etc.

Les plus importants des recueils de ce genre sont consacrés à la littérature grecque moderne et à la littérature hébraïque. — Pour la littérature grecque moderne, consulter la *Bibliographie hellénique ou description raisonnée des ouvrages publiés en grec par des Grecs aux XVe et XVIe siècles* (Paris, 1885, 2 vol. in-8) et la *Bibliographie hellénique ou description raisonnée des ouvrages publiés par des Grecs au XVIIe siècle* (Paris, 1894-95, 5 vol. in-8) de E. Legrand; et Νεοελληνική Φιλολογία, ou « Catalogue des livres imprimés en grec moderne ou en grec ancien par des Grecs depuis la chute de Constantinople jusqu'en 1821 » (en grec), de A. Papadopoulo-Vretos (Athènes, 1854-57, 2 vol. in-8) et de K. N. Sathas (Athènes, 1868, in-8). — Pour la littérature hébraïque, qui a été pendant des siècles et qui est encore très abondante, on cite, après l'ancienne *Bibliotheca hebræa* de J. C. Wolf (Hamburgi, 1715-35, 4 vol. in-4), le répertoire de I. A. Benjacob (*Ozar Ha-Sepharim. Thesaurus librorum hebraicorum tam impressorum quam manu scriptorum*, Wilna, 1880, in-8). Le *Bibliographisches Lexicon der gesammten jüdischen Literatur der Gegenwart und Adress-Anzeiger*, de Ch. D. Lippe (Wien, 1881-89, 2 vol. in-8), est « ein Hand- und Nachschlagebuch zur Orientirung für Buchhändler, Rabbinen, Gemeinden und Freunde der jüdischen Literatur », sans valeur scientifique. Depuis 1896 paraît à Berlin une *Zeitschrift für hebräische Bibliographie*, où sont enregistrées les nouveautés de la librairie hébraïque, et qui fait suite à l'*Hebräische Bibliographie*, publiée par M. Steinschneider de 1858 à 1881.

99. — Observons ici, comme précédemment (§ 92 et 94), que les dictionnaires de Biographie qui contiennent, entre autres choses, des notices bio-bibliographiques sur les principaux auteurs, et les traités scientifiques d'histoire littéraire qui renferment d'abondants renseignements bibliographiques, complètent ou remplacent souvent les répertoires de Bibliographie proprement dits. Or, il existe des dictionnaires de Biographie nationale et locale et des traités nationaux d'histoire littéraire.

Les grandes Biographies nationales donnent, sous le nom de chaque auteur biographié, une bibliographie de ses œuvres, inédites et imprimées. Dans l'*Allgemeine deutsche Biographie* (Leipzig, 1875-96, 40 vol. in-8, de A à V), dans le *Dictionary of national Biography* (London, 1885-96, 46 vol. in-8, de A à P), dans l'*Appleton's Cyclopædia of American Biography* (New York, 1887-1889, 6 vol. in-8), dans le *Biographisches Lexicon des Kaiserthums Œsterreich* [de 1750 à nos jours] (Wien, 1856-91, 60 vol. in-8), etc., on trouve des bibliographies (inégales, mais il y en a de très bonnes) des œuvres des principaux auteurs de la littérature nationale, ancienne et moderne, de l'Allemagne, de l'Angleterre, des États-Unis, de l'Autriche, etc. — La France ne possède point de Biographie nationale, bien que la *Nouvelle Biographie générale* (§ 92), où elle est très largement représentée, « puisse presque tenir lieu d'une Biographie particulière à notre pays ». En revanche, il existe une quantité considérable de Biographies régionales, spéciales à telle ou telle des provinces françaises; E.-D. Grand en a dressé une liste, arrêtée à l'année 1888, dans *La Grande Encyclopédie*, au mot « Biographie »[1].

Quant aux traités et aux manuels sur l'histoire de la littérature allemande, anglaise, espagnole, française, italienne, etc., dont la partie bibliographique est développée, ils sont trop nombreux pour qu'il soit possible de les citer ici. On trouvera l'in-

1. Voy. dans le même article, la liste des principaux dictionnaires nationaux et provinciaux de Biographie qui ont été publiés dans les pays étrangers. Cf. E. M. Œttinger, *Bibliographie biographique universelle. Dictionnaire des ouvrages relatifs à l'histoire de la vie publique et privée des personnages célèbres de tous les temps et de toutes les nations...* (Bruxelles, 1866, 2 vol. in-8); et L. B. Phillips, *The Dictionary of biographical reference, together with a classified index of the biographical literature of Europe and America* (London, 1889, in-8, 3e éd.). — Voir aussi un bon catalogue officinal, la *Bibliotheca biographica* de Neubner [Köln, 1889, in-8].

dication de ceux qui sont tout à fait classiques dans les meilleurs catalogues de livres de référence (§ 17).

D. — Bibliographies d'histoire littéraire corporative

100. — De grandes corporations internationales, telles que les Ordres religieux, ou locales, telles que les Universités anciennes, ont produit beaucoup d'écrivains en tout genre, pendant le moyen âge et depuis. Des membres de ces corporations ont eu, de bonne heure, la pensée de dresser la liste de tous les écrits, inédits ou imprimés, qui avaient le caractère commun d'avoir été composés par leurs confrères. Ils ont établi, de la sorte, des répertoires bibliographiques de l'histoire littéraire de leurs compagnies.

Dans leurs ouvrages cités (§ 3, 4), J. Petzholdt[1] et L. Vallée énumèrent un certain nombre de bibliographies de cette espèce, mais ils en ont omis plusieurs, apparemment sans raison. Citons, parmi les plus célèbres, à titre d'exemples, les *Scriptores ordinis Prædicatorum recensiti*, de J. Quétif et J. Échard (Paris, 1719-21, in-fol.), les *Scriptores ordinis Minorum*, de L. Wadding, avec le Supplément de G. G. Sbaraglia (Romæ, 1806, in-fol.), la grande *Bibliothèque des écrivains de la Compagnie de Jésus*, par les PP. De Backer, refondue par le P. C. Sommervogel, en cours de publication (Bruxelles, depuis 1890, gr. in-4.)[2], l'*Essai de Bibliographie oratorienne*, par le P. A. Ingold (Paris, 1880-84, in-8), etc.[3]

101. — On pourrait être tenté de faire figurer dans cette catégorie les nombreux répertoires *de scriptoribus ecclesiasticis*

1. *Bibliotheca bibliographica*, p. 156-66. Cf. G. Ottino et G. Fumagalli, *o. c.*, n. 770 et s., 4552 et s.

2. Sur les anciennes bibliographies des écrivains de la Compagnie de Jésus voy. *Centralblatt für Bibliothekswesen*, 1889, p. 549-59. Cf. L. Delisle, dans le *Journal des Savants*, 1895, p. 108-17.

3. Il existe, dans les pays protestants, des bibliographies symétriques aux bibliographies d'Ordres religieux des pays catholiques : ce sont des répertoires de livres publiés par les membres d'une même secte : Congrégationalistes, Quakers, Wesleyens, etc.

que tant de bibliographes, depuis Trithème, ont publiés : G. Cave (*Scriptorum ecclesiasticorum historia litteraria, a Christo nato usque ad sæculum XIV*, Oxford, 1740-43, 2 vol. in-fol.), L. Ellies Du Pin (*Nouvelle Bibliothèque des auteurs ecclésiastiques, contenant l'histoire de leur vie, le catalogue, la critique et la chronologie de leurs ouvrages...*, Paris, 1693-1715, 19 vol. in-4), C. Oudin (*Commentarius de scriptoribus Ecclesiæ antiquis... ad annum* 1460, Lipsiæ, 1722, 3 vol. in-fol.), R. Ceillier (*Histoire générale des auteurs sacrés et ecclésiastiques*, Paris, 1729-63, 23 vol. in-4), etc. Mais ce n'est pas sans raison que J. Petzholdt[1] a préféré les classer parmi les répertoires spéciaux de Bibliographie théologique.

E. — Bibliographies de documents littéraires, par spécialités.

102. — Il est encore plus rationnel de dresser des répertoires de toutes les œuvres du même genre et de réunir des renseignements bibliographiques sur tous les écrivains qui ont traité des sujets du même ordre, que de faire la bibliographie de tous les écrivains qui ont vécu dans le même pays, écrit dans la même langue ou porté la même robe. Certaines catégories d'œuvres littéraires ont été, en effet, bibliographiées à part, dans des répertoires spéciaux. De même que l'on a publié, de nos jours, des répertoires bibliographiques de certains documents d'archives (obituaires, inventaires), on a publié des répertoires bibliographiques de chroniques et d'autres documents littéraires.

103. — Le célèbre répertoire de A. Potthast est, pour les chroniques du moyen âge, ce que celui de H. Œsterley prétend être pour les « recueils » de pièces d'archives du même temps. La 2e édition, en cours de publication, est intitulée : *Bibliotheca historica medii ævi. Wegweiser durch die Geschichtswerke des europäischen Mittelalters bis* 1500 (Berlin, 1895-96, 2 fasc. in-8)[2]. La première partie de cet ouvrage contient des

1. *Bibliotheca bibliographica*, p. 476 et suiv.

2. La 1re éd. remonte à 1862. Un Supplément y avait été adjoint en 1868.

listes méthodiques et alphabétiques des collections imprimées, générales et particulières, où figurent des chroniques du moyen âge (« *Sammel- und Miscellanwerke der Geschichtsschreiber des Mittelalters* », p. III-CXLVII). La seconde partie est une liste, par ordre alphabétique, de toutes les œuvres historiques du moyen âge, avec l'indication des manuscrits, des éditions, des traductions et des commentaires (« *Sonderausgaben und Nachweis der einzelnen geschichtlichen Schriften des Mittelalters in den angeführten Sammelwerken, alphabetisch geordnet. Nebst Uebersetzungen und Erläuterungsschriften* »). La troisième partie (*Anhang*) sera une sorte de table méthodique, intitulée, comme dans la 1re édition : « *Quellenkunde für die Geschichte der europäischen Staaten während des Mittelalters.* »[1] — Comparez, pour les chroniqueurs arabes : F. Wüstenfeld, *Die Geschichtsschreiber der Araber und ihre Werke*, dans les *Abhandlungen der k. Gesellschaft der Wissenschaften zu Göttingen*, 1882, t. XXVIII et XXIX.

104. — Le travail auquel A. Potthast s'est livré sur l'ensemble des écrits historiques composés jusqu'en 1500, il est évidemment possible, sinon facile, de le faire pour d'autres parties de la littérature du moyen âge et pour les diverses parties des littératures modernes.

Il existe, en effet, une foule de « Bibliothèques » spéciales des auteurs qui ont écrit pendant le moyen âge, ou pendant le moyen âge et depuis, dans les divers pays de l'Occident, sur la théologie, sur le droit canon, sur la médecine, etc. Mais ces vieilles « Bibliothèques », énumérées, pour la plupart, par J. Petzholdt et L. Vallée, sont maintenant aussi arriérées que les vieilles « Bibliothèques » de chroniqueurs, auxquelles le *Wegweiser* de A. Potthast dispense désormais de recourir. Il n'y a pas lieu d'en parler ici autrement que par prétérition.

105. — D'un autre côté, on s'est attaché de bonne heure à faire la bibliographie de toutes les œuvres appartenant à tel ou tel « genre littéraire » qui existent dans une littérature : œu-

1. Sur le plan et l'exécution de la *Bibliotheca historica medii ævi*, voy. P. Meyer dans la *Bibliothèque de l'École des chartes*, XXIV, p. 513 et s.; cf. A. Vidier, dans *Le Moyen âge*, 1896, p. 73 et s.

vres dramatiques, poésies, romans, etc. Les répertoires de ce type, c'est ce que J. Petzholdt appelle (*Bibliotheca bibliographica*, p. 705) la « Belletristische Litteratur ». Or, les romans, les œuvres dramatiques, etc., sont des documents pour l'histoire, aussi bien que les chartes, les comptes, les formules, etc. La « Belletristische Litteratur » intéresse donc les historiens au même titre que la Bibliographie des documents d'archives. Aux catalogues de pièces d'archives, tant inédites qu'imprimées (§ 88) ou imprimées seulement (§ 89) correspondent les répertoires de vies de saints, de chansons, de romans, etc., où sont indiqués les exemplaires manuscrits et les éditions, ou les éditions seulement, de tous les documents littéraires d'une certaine espèce. Qu'il suffise de citer, à titre d'exemples, la *Bibliographie des mazarinades*, de C. Moreau (Paris, 1850-51, 3 vol. in-8; cf. le *Cabinet historique*, t. XXII), la *Bibliographie des chansonniers français des* XIIIe *et* XIVe *siècles*, de G. Raynaud (Paris, 1884, 2 vol. in-8), la *Bibliotheca hagiographica græca seu elenchus vitarum sanctorum græce typis impressarum*, publiée par les Bollandistes (Bruxelles, 1895, in-8).

106. — Les répertoires d'*incipit* sont au nombre des plus nouveaux et des plus précieux des répertoires d'anciens documents littéraires. Voici en quoi ils consistent.

Beaucoup d'œuvres littéraires anciennes, que les manuscrits nous ont conservées, sont anonymes ; beaucoup, qui sont anonymes dans certains manuscrits, ne le sont pas dans d'autres; mais il ne faut pas se fier aux attributions des copistes, car le même ouvrage n'est pas toujours attribué par les copistes au même auteur. Il y a des sermons, des hymnes, des traités qui ont été attribués à dix, à vingt auteurs différents. Pour discuter utilement ces attributions, la première chose à faire est évidemment de dresser la liste de tous les exemplaires de chaque ouvrage qui existent. S'agit-il de sermons du moyen âge? on dépouillera tous les recueils manuscrits de sermons du moyen âge qui ont été conservés et tous les livres où des sermons du moyen âge ont été imprimés depuis l'invention de l'imprimerie, en relevant sur des fiches l'*incipit*, c'est-à-dire les premiers mots de chaque sermon : cela fait, on classera les *incipit* par ordre alphabétique, et l'on se trouvera en mesure de comparer tous les exemplaires manuscrits et toutes les éditions d'un même sermon. Voilà l'immense travail que les anciens bibliographes n'ont pas été en mesure d'entreprendre ou de bien faire pour les diverses catégories de documents littéraires, parce que les collections de manuscrits et de livres n'étaient pas suffisamment centralisées, inventoriées et ouvertes en leur temps ; c'est parce qu'ils ne l'ont pas fait que tant d'œuvres du moyen âge ont été publiées pendant les deux derniers siècles sous de faux noms, et d'une manière fautive. Ayant exécuté ce travail, pendant de longues années, sur un très grand nombre de manuscrits et d'imprimés pour une partie considérable de la littérature latine du moyen âge, un érudit contemporain, M. B. Hauréau, a pu rectifier aisément un grand nombre d'erreurs commises par les auteurs de « Bibliothèques » nationales, régionales, corporatives ou spéciales, qui avaient écrit avant lui sans avoir effectué, comme lui, des dépouillements méthodiques. Il n'a pas publié, à la vérité, son catalogue d'*incipit*. Mais, en attendant que cette œuvre bibliographique de premier ordre soit mise à la disposition du public, d'autres bibliographes se sont engagés, de leur côté, dans la même voie. — Ces bibliographes se sont, en général, contentés de dépouiller les imprimés : ils ont provisoirement négligé les manuscrits, parce que, faute de posséder les catalogues descriptifs complets de tous les dépôts où il s'en trouve (§ 78), ils ne pouvaient pas les dépouiller tous. Leurs répertoires, ainsi limités, sont encore très utiles. On doit, en ce genre, à M. U. Chevalier un *Repertorium hymnologicum. Catalogue des chants, hymnes, proses, séquences, tropes, en usage dans l'Église latine depuis les origines jusqu'à nos jours* (t. I, Louvain, 1892, in-8. Extr. des *Analecta Bollandiana*). W. Wattenbach a publié un répertoire bibliographique analogue des poésies latines profanes du moyen âge en vers rythmiques, suivant l'ordre alphabétique des *incipit* (au t. XV de la *Zeitschrift für deutsches Alterthum*, p. 471-506).

TRAVAUX BIBLIOGRAPHIQUES SUR L'HISTOIRE DES SOURCES ORIGINALES

107. — Mentionnons à part, en terminant, les livres qui ont été publiés, de nos jours, sur les « sources originales » et sur « l'histoire des sources » de telle ou telle partie de l'histoire. Ces ouvrages, d'un type très intéressant qui n'était pas ou qui était à peine représenté dans l'ancienne littérature bibliographique, contiennent, en même temps que des remarques critiques originales, des renseignements bibliographiques très précieux sur les documents historiographiques, diplomatiques, littéraires, qui sont relatifs à certaines parties de l'histoire générale. Quelques-uns de ces ouvrages sont en la forme ordinaire des répertoires ou catalogues bibliographiques (par exemple, le *Descriptive catalogue of manuscripts relating to the history of Great Britain and Ireland*[1], de Th. Duffus-Hardy, London, 1862-71, 3 vol. in-8); mais presque tous se présentent comme des traités dogmatiques. Qu'importent, du reste, les différences extérieures? Distinguons seulement les bons des mauvais. Des mauvais, nous ne dirons rien. Parmi ceux dont les personnes compétentes font cas, à des degrés divers, nous nous contenterons de citer, — à titre d'exemples, — l'ouvrage général de C. Wachsmuth, (*Einleitung in das Studium der alten Geschichte*, Leipzig, 1895, in-8), l'essai de A. Schäfer (*Abriss der Quellenkunde der griechischen und römischen Geschichte*, I[5], Leipzig, 1882, II[2], Leipzig, 1885, in-8), le beau livre de P. Krüger sur les sources du droit romain (*Geschichte der Quellen und Litteratur des römischen Rechts*, Leipzig, 1888, in-8), les travaux classiques de J. F. v. Schulte sur les sources du droit canonique[2] (*Die Geschichte der Quellen und Litteratur des canonischen Rechts von Gratian bis auf die Gegenwart*, Stuttgart,

1. Vol. I. Avant l'invasion normande. — Vol. II, 1066-1200. — Vol. III, 1200-1327

2. Sur d'autres travaux relatifs à la bibliographie des sources du droit canonique, voy. A. Tardif, *Histoire des sources du droit canonique* (Paris, 1887, in-8), p. 10.

1875-80, 3 vol. in-8), de W. Wattenbach (*Deutschlands Geschichtsquellen im Mittelalter bis zur Mitte des* XIII[ten] *Jahrhunderts*, Berlin, 1893-94, 2 vol. in-8, 6e éd.) et de Ottokar Lorenz sur les sources de l'histoire d'Allemagne (*Deutschlands Geschichtsquellen im Mittelalter seit der Mitte des* XIII[ten] *Jahrhunderts*, Berlin, 1886-87, 2 vol. in-8, 3e éd.). — Signalons encore les études plus restreintes, mais approfondies, de K. Kletke sur les sources historiographiques de l'histoire de Prusse (*Quellenkunde der Geschichte des preussischen Staats. Die Quellenschrifsteller zur Geschichte des preussischen Staats nach ihrem Inhalt und Werth dargestellt*, Berlin, 1858, in-8), de W. Schultze sur les sources de l'histoire de Saxe (*Die Geschichtsquellen der Provinz Sachsen im Mittelalter und in der Reformationszeit*, Halle, 1893, in-8), de G. v. Wyss sur l'historiographie suisse (*Geschichte der Historiographie in der Schweiz*, Zürich, 1895, in-8)[1]. — M. A. Molinier prépare un « Manuel d'historiographie française », sur les sources historiographiques de l'histoire de France. — M. Ch. Gross, de Cambridge, Mass., publiera prochainement un livre considérable sur les sources originales de l'histoire d'Angleterre[2].

1. Le premier ouvrage, comparable à ces utiles études bibliographiques et critiques sur les sources de l'histoire des diverses régions allemandes, qui ait été publié sur les sources de l'histoire d'une province française, est celui de A. Leroux : *Les sources de l'histoire du Limousin* (Limoges, 1895, in-8. T. Ier de la « Bibliothèque historique du Limousin »).

2. Il va sans dire qu'en dehors de ces livres spéciaux sur les sources, il y a des renseignements bibliographiques, parfois très détaillés, sur les sources originales dont les auteurs se sont servis, dans la plupart des bons livres de première main.

CHAPITRE II

BIBLIOGRAPHIES NATIONALES DE BIBLIOGRAPHIE HISTORIQUE

108. — Après les sources, les travaux d'après les sources. Il est évident, *a priori*, que l'on peut faire, de ces travaux, des répertoires très divers. Mais mettons d'abord en relief une première dichotomie.

D'une part, il y aura des répertoires de travaux historiques où seront indiqués ensemble, méthodiquement, des travaux de même nature, en quelque pays qu'ils aient été faits, en quelque langue qu'ils soient rédigés.

D'autre part, on peut imaginer des répertoires où seraient indiqués ensemble les travaux sur n'importe quels sujets d'histoire dont le caractère commun serait d'avoir été publiés dans le même pays ou écrits dans la même langue.

C'est à cette seconde catégorie de répertoires que le présent chapitre est consacré. Il sera court, car il existe fort peu de ces « Bibliographies nationales de Bibliographie historique ». Aussi bien, on n'aperçoit pas, au premier coup d'œil, l'utilité de pareils répertoires. La science est internationale. Il n'est aucun savant, et même aucun homme cultivé, qu'il soit Allemand, Anglais ou Français, qui puisse avoir aujourd'hui la prétention de se servir exclusivement des livres publiés dans son pays ou en sa langue. Il n'y a pas de littérature scientifique nationale qui se suffise à elle-même. Dès lors, à quoi bon dresser des répertoires particuliers de la littérature historique publiée en Allemagne, ou de la littérature historique publiée en Angleterre, ou de la littérature historique publiée en France? De tels répertoires ont l'air d'être établis sur une idée fausse.

109. — Distinguons. L'existence des répertoires de ce type où ne sont indiqués que des livres ne se justifie guère, en effet. Mais il y en a d'indispensables, pour des motifs qui seront énoncés tout à l'heure : ce sont les répertoires analytiques de publications périodiques.

I

RÉPERTOIRES DE LIVRES

110. — Les répertoires de livres d'histoire sur n'importe quels sujets qui ont le caractère commun d'avoir été publiés dans le même pays, sont, presque tous, des catalogues de libraires, et n'ont pas de valeur scientifique. Il suffira, par conséquent, de nommer les principaux : ceux de T. C. F. Enslin (*Bibliotheca historico-geographica, oder Verzeichniss aller brauchbaren in älterer und neuerer Zeit, besonders aber vom Jahre* 1750 *bis zur Mitte des Jahres* 1824 *in Deutschland erchienenen Bücher über Geschichte, ... und deren Hülfswissenschaften*, Berlin, 1825, in-8), et de E. Fromm (*Systematisches Verzeichniss der Hauptwerke der deutschen Litteratur aus den Gebieten der Geschichte und Geographie*, 1820-1882, Leipzig, 1887, in-4 [1]).

Ce qui rend inutiles les répertoires de ce genre, c'est que les tables méthodiques des répertoires généraux de Bibliographie nationale (§ 26 et suivants) en fournissent, pour chaque pays, l'équivalent. Si l'on veut savoir quels sont les livres d'histoire qui ont été publiés en France, par exemple, de 1840 à 1875, il suffit de consulter les t. VII et VIII du *Catalogue de la Librairie française* de O. Lorenz (§ 56).

D'ailleurs quelques répertoires généraux de Bibliographie nationale sont disposés, nous l'avons vu (§ 62), suivant l'ordre systé-

1. Ce dernier ouvrage, publié chez T. O. Weigel, comme le *Vollständiges Bücher-Lexicon* de Kayser (§ 53), est, pour ainsi dire, une annexe de ce grand répertoire

matique. La première partie du *Repertorio bibliografico delle opere stampate in Italia nel secolo XIX*, de D. G. Bertocci, par exemple, est consacrée aux ouvrages historiques (*Storia*, Roma, 1876-1880, 2 vol. in-8) ; elle contient l'énumération des principaux livres d'histoire qui ont été publiés en Italie pendant ce siècle.

111. — Quelques répertoires du même genre que la *Bibliotheca* d'Enslin en diffèrent seulement en ce que, au lieu d'énumérer les livres publiés dans le même pays sur toutes les parties de l'Histoire, ils ne relèvent que les livres publiés dans le même pays sur une partie de l'Histoire. — A cette famille appartiennent les chroniques périodiquement insérées, dans certaines revues historiques, « sur les récents travaux qui ont été publiés dans tel pays, sur tel ordre de sujets ». C'est ainsi que l'*Archivio storico italiano*, par exemple, donne régulièrement la bibliographie des travaux publiés en Allemagne sur l'histoire d'Italie ; d'où le livre de A. v. Reumont : *Bibliografia dei lavori pubblicati in Germania sulla storia d'Italia* (Berlin, 1863, in-8). — A cette famille appartiennent encore des recueils comme ceux de D. Naguievski, *Bibliografia po istorii rimskoï literatury v Rossii s* 1709 *do* 1889 *god* (Kasan, 1889, in-8), de E.-A. Garnier, *Répertoire méthodique des ouvrages en langue française relatifs à l'Empire de toutes les Russies qui se trouvent à la Bibliothèque nationale de Paris. Histoire* (Paris, 1892, gr. in-8), et de G. Bengesco, *Bibliographie franco-roumaine du* XIXe *siècle* (Bruxelles, 1895, in-8) ; ce dernier ouvrage contient, entre autres choses, « un répertoire des ouvrages écrits en français sur les Roumains pendant le XIXe siècle ».

II

RÉPERTOIRES DE PUBLICATIONS PÉRIODIQUES

112. — S'il y avait, comme il y en a pour les livres (§ 26 et s.), des répertoires généraux de Bibliographie nationale pour les articles qui ont paru ou qui paraissent dans les revues, dans les publications périodiques des Sociétés savantes et dans les journaux de chaque pays, il faudrait raisonner ici comme précédemment (§ 110) et dire que des répertoires particuliers des articles relatifs aux sciences historiques qui ont paru dans la presse périodique de chaque pays sont des instruments de luxe. Mais, nous l'avons vu, il n'en est pas ainsi. Les répertoires *généraux* d'articles contenus dans les publications périodiques sont extrêmement rares. Nous avons cité (§ 19) le *Catalogo metodico* de la Bibliothèque de la Chambre des députés d'Italie, le *Repertorium* de J. D. Reuss (§ 20) et l'*Index to periodical Literature* de W. Fr. Poole (§ 54). C'est à peu près tout. N'est-il pas, dès lors, naturel que l'on ait pensé à faire des répertoires moins vastes, plus spéciaux : spéciaux aux articles relatifs à une science qui ont été publiés dans tous les pays, ou spéciaux aux articles relatifs à une science qui ont été publiés dans un pays? — Ces répertoires sont utiles, car, sans eux, une foule d'articles, enfouis dans d'énormes collections qui sont dépourvues, presque toutes, de tables ou d'index, ne seraient, bibliographiquement, signalés nulle part[1].

113. — Tout le monde a entendu parler du grand *Catalogue of scientific papers* de la Société royale de Londres : c'est un répertoire des mémoires publiés dans quatorze cents recueils périodiques de tous les pays (Transactions, Mémoires, Bulletins, etc.), depuis l'année 1800, sur les mathématiques, la physique et toutes les autres branches des sciences de la nature[2]. Pour les sciences historiques, W. Koner entreprit jadis un répertoire analogue, dont le titre fait connaître suffisamment la nature : *Repertorium über die vom Jahre* 1800 *bis zum Jahre* 1850 *in akademischen Abhandlungen, Gesellschaftsschriften und wissenschaftlichen Journalen auf dem Gebiete der Geschichte und ihrer Hülfswissenschaften erschienenen Aufsätze.* (Berlin, 1852-1856, 2 vol. in-8.) Cet ouvrage, très incomplet, n'a pas été continué.

114. — W. Koner avait été trop ambitieux en se proposant d'embrasser tous les recueils périodiques de tous les

1. Voy. à ce sujet les réflexions de Fr. Campbell, *The bibliography of periodical literature*, dans *The Library*, 1896, p. 49 et suiv.

2. Voy. *Revue scientifique*, 1894, II, p. 304 et suiv.

pays pour les sciences historiques. On s'est dit qu'il vaudrait mieux répertorier modestement, dans chaque pays, le contenu des recueils périodiques de ce pays qui traitent des sciences historiques. Et on s'est aperçu que cette entreprise, si modeste qu'elle paraisse, est encore colossale, accablante. On a cependant essayé, de nos jours, en quelques endroits, de la mener à bonne fin.

Ph. A. F. Walther, après Ersch[1], avait donné, de bonne heure, l'exemple en publiant son *Systematisches Repertorium über die Schriften sämmtlicher historischer Gesellschaften Deutschlands* (Darmstadt, 1845, in-8).

En France a été imprimée, sous les auspices du Ministère de l'Instruction publique, la première partie d'une *Bibliographie générale des travaux historiques et archéologiques publiés par les Sociétés savantes de la France* (Paris, depuis 1886, 2 vol. in-4). « Mon travail, dit le directeur de cette publication, M. R. de Lasteyrie, est divisé en trois parties : dans la première, je me suis attaché à faire le dépouillement de ces recueils les uns après les autres en les rangeant par ordre alphabétique de département, et dans chaque département par ordre alphabétique de ville. La seconde contiendra une table par noms d'auteurs renvoyant aux numéros d'ordre des articles inscrits dans la première partie. La troisième sera une table alphabétique des matières renvoyant également aux numéros de la première partie. »

Une bibliographie analogue, mais non rétrospective, annuelle seulement, des articles contenus dans les publications des Sociétés savantes de l'Angleterre qui s'occupent d'histoire et d'archéologie, disposée par ordre alphabétique des noms d'auteurs, a été publiée par fascicules joints aux numéros de l'*Archæological review*, à partir de 1888 : « Papers contributed to the archæological Societies of the United Kingdom during 1886-87 ».

Tous ces répertoires, spéciaux pour les travaux historiques et archéologiques des Sociétés savantes[2], n'embrassent pas les

1. J. S. Ersch, *Repertorium über die allgemeinen deutschen Journale und andere periodischen Sammlungen für... Geschichte...*, Lemgo, 1790-92, 3 vol. in-8.

2. Une « Bibliography of the historical societies of the United States », par

articles contenus dans les revues ordinaires, publiées par des particuliers, qui ne sont pas toutes pourvues de tables[1], et dont il serait aussi très utile d'inventorier le contenu. Il n'existe pas, à notre connaissance, de répertoires des articles contenus dans toutes les revues historiques d'un même pays[2]. — Dans un de ses *Q. P. Indexes* W. M. Griswold a publié une table générale de quelques revues historiques d'Allemagne sous ce titre : *General Autor-und Sachregister zu Zeitschriften meist historischen Inhalts...* (Bangor, 1882, in-8).

A. P. C. Griffin, a été publiée dans l'*Annual Report* de l'*American historical Association*, à partir de 1891.

P. Villari a proposé dès 1878, au premier Congrès des Sociétés historiques de l'Italie, tenu à Naples, « la compilation d'un index général des publications des Sociétés savantes (historiques) du royaume » (Voy. *Archivio storico per le provincie napoletane*, IV (1879), p. 630). Cet index n'existe pas encore.

1. Voy. H. Stein, *Inventaire général des tables générales des périodiques historiques en langue française*, Leipzig, 1888, in-8. (Extr. du *Centralblatt für Bibliothekswesen*, 1888.)

2. Voy. cependant E. Van Bruyssel, *Table générale des notices concernant l'histoire de Belgique publiées dans les revues belges de 1830 à 1865*, Bruxelles, 1869, in-8.

CHAPITRE III

RÉPERTOIRES DE BIBLIOGRAPHIE HISTORIQUE (BIBLIOGRAPHIE RÉTROSPECTIVE)

115. — Nous arrivons enfin aux répertoires de Bibliographie historique les plus usuels, à ceux qui servent non seulement aux bibliographes et aux érudits de profession, mais aux étudiants et au public en général. Ce sont des répertoires où sont indiqués soit les travaux modernes, soit les sources originales *et* les travaux modernes à consulter (de quelque pays que ces travaux proviennent, en quelque langue qu'ils soient rédigés) sur l'ensemble ou sur les différentes parties de la science historique.

Distinguons-en deux sortes. Les uns, dont il sera traité dans ce chapitre III, sont des répertoires de Bibliographie *rétrospective*. Les autres, qui fourniront la matière du chapitre IV, sont des répertoires de Bibliographie courante, *périodique*.

Il est facile de répartir en classes et en familles les répertoires, très nombreux, de Bibliographie historique rétrospective. Nous les étudierons ici sous quatre rubriques, suivant qu'ils embrassent l'histoire universelle, une grande période de l'histoire, l'histoire nationale, régionale ou locale, ou des branches spéciales de l'histoire.

I

RÉPERTOIRES D'HISTOIRE UNIVERSELLE

116. — Voici encore des répertoires dont le type est tout à fait passé de mode. Naguère, rien ne paraissait plus convenable,

plus intéressant, plus utile, que de dresser la liste des meilleurs livres à lire sur toutes les parties, ou plutôt sur les principales questions de l'histoire universelle. Aujourd'hui aucun bibliographe consciencieux n'oserait entreprendre un travail pareil, qui suppose des connaissances encyclopédiques et des lectures infinies. — A ceux qui réclameraient des guides de cette espèce, on répondrait aujourd'hui : « De deux choses l'une : ou vous cherchez des renseignements précis, détaillés, sur un point particulier, ou vous n'avez besoin que d'indications superficielles. Si vous n'avez besoin que d'une orientation sommaire, consultez la section « Histoire » des répertoires de Bibliographie universelle; dans les ouvrages de Brunet et de ses émules[1], dans les innombrables listes de *Best books* qui se publient tous les jours[2], vous trouverez ce qu'il vous faut. Si, au contraire, vous êtes en quête de renseignements précis, détaillés, adressez-vous aux répertoires spéciaux (sections II, III et IV de ce chapitre), faits par des spécialistes, avec assurément plus de soin et de compétence que n'en ont eu, pour chaque spécialité, les compilateurs de répertoires encyclopédiques ». Un répertoire bibliographique d'histoire universelle est un ouvrage bâtard, ni tout à fait élémentaire, ni tout à fait scientifique; il représente un genre intermédiaire, qui est faux.

On reste confondu, cependant, de l'énorme labeur, en très grande partie stérile, auquel se sont livrés les anciens bibliographes, adonnés à ce genre faux[3]. Combien y a-t-il d'érudits, ou simplement de personnes qui s'intéressent aux études historiques, qui aient habituellement recours à la *Bibliotheca historica* de B. G. Struve[4], à la *Méthode pour étudier l'histoire* de

1. Ci-dessus, § 11 et suivants, « Répertoires de livres utiles ». — La section « Histoire » de la « Table méthodique en forme de catalogue raisonné » du *Manuel* de J.-C. Brunet a été tirée à part (Paris, 1865, in-8).

2. Ci-dessus, § 13.

3. Voir la liste des anciennes bibliographies d'histoire universelle dans J. Petzholdt, *o. c.*, p. 772 et suivantes. Compléter à l'aide de *The Library Chronicle*, III, 1886, p. 185.

4. B. G. Struve, *Bibliotheca historica... aucta a C. G. Budero, nunc vero a J. G. Meuselio ita digesta, amplificata et emendata ut pæne novum opus videri possit*, Lipsiæ, 1782-1802, 11 vol. in-8. L'ouvrage est inachevé

N. Lenglet du Fresnoy[1], à la *Litteratur der alten und neuern Geschichte* de G. W. Zapf[2], à la *Litteratur der Geschichte und deren Hülfswissenschaften* de J. S. Ersch[3], et même aux *Archives historiques* de E. M. Œttinger[4] ou à la *Bibliografia storica* de G. Branca[5]? La plupart de ces vastes recueils n'en ont pas moins coûté beaucoup de peines, et des vies d'hommes se sont dépensées à les faire qui auraient pu s'employer mieux.

Les derniers imitateurs de Struve et de Lenglet du Fresnoy sont, de nos jours, en Amérique; en Europe, il n'y en a plus[6]. Aux États-Unis, les bibliographies d'histoire universelle ont encore, paraît-il, un public. Il est impossible de recommander, toutefois, sans d'expresses réserves, même aux étudiants et aux *general readers* auxquels ils sont destinés, le *Manual of historical Literature* de Ch. Kendall Adams[7] et l'étrange compi-

1. N. Lenglet du Fresnoy, *Méthode pour étudier l'histoire avec un catalogue des principaux historiens et des remarques sur la bonté de leurs ouvrages, et sur le choix des meilleures éditions*. Nouvelle édition, Paris, 1735, 4 vol. in-4. Cet ouvrage a été traduit en anglais et en italien.

2. G. W. Zapf, *Litteratur der alten und neuern Geschichte*, Lemgo, 1781, in-8.

3. J. S. Ersch, *Litteratur der Geschichte und deren Hülfswissenschaften seit der Mitte des achtzehnten Jahrhunderts bis auf die neueste Zeit*, Leipzig, 1827, in-8.

4. E. M. Œttinger, *Historisches Archiv. Archives historiques, contenant une classification chronologique de 17000 ouvrages pour servir à l'étude de l'histoire de tous les siècles et de toutes les nations*, Carlsruhe, 1841, in-4.

5. G. Branca, *Bibliografia storica ossia collezione delle migliori e più recenti opere di ogni nazione intorno ai principali periodi e personaggi della storia universale*, Milano, 1862, in-8.

6. J. Mœller (*Traité des études historiques*, Paris, 1888, in-8) se récuse en ces termes (p. VIII) : « Nous n'entreprenons pas de donner un répertoire de ce genre [un guide destiné à faire connaître l'état actuel de la littérature historique] pour l'ensemble des sources historiques [c'est-à-dire des livres modernes sur l'histoire] : ce serait un travail immense, fastidieux, et, en somme, moins utile qu'encombrant. » — Cependant, d'après la *Deutsche Zeitschrift für Geschichtswissenschaft*, X (1893), p. 182, la Société historique de l'Université de Saint-Pétersbourg aurait entrepris « ein systematisches Verzeichnis histor. Literatur. Der 1. Theil soll der allgem. Welt-Geschichte gewidmet sein. Die Redaction desselben haben Prof. N. Kareev in Petersburg und P. Vinogradov in Moskau übernommen ».

7. Ch. Kendall Adams, *A Manual of historical Literature, comprising brief descriptions of the most important histories in English, French*

lation que J. Nelson Larned a intitulée *History for ready reference*[1].

Il n'est pas douteux qu'un ouvrage analogue au *Manual* de M. Kendall Adams, bien fait, sommaire, sans prétention, qui contiendrait des avertissements critiques sur les principales œuvres historiques du passé et du présent, rendrait des services aux commençants, mais est-il possible à un seul homme de le bien faire? Notez qu'il faudrait que l'auteur eût *lu* lui-même tous les livres qu'il citerait, pour ne pas leur attribuer des mérites et des défauts imaginaires; car il vaut mieux sans doute n'être pas averti sur le compte de J. Michelet que de l'être, comme le sont les lecteurs du *Manual of historical Literature* (p. 207), en ces termes : « Michelet was a monarchist, a Roman Catholic, and one of the most brilliant historical writers of his day ».

117. — Bons ou mauvais, consciencieux ou non, les répertoires qui précèdent ont été faits par des bibliographes. Mais il y a des répertoires d'histoire universelle qui sont l'œuvre de libraires ou de bibliothécaires. — Les libraires qui ont en magasin une collection considérable de livres sur les différentes parties de l'histoire universelle ne se gênent nullement pour en publier le catalogue sous le titre de *Bibliotheca historica* ou sous des titres analogues. Il est clair que ces catalogues commerciaux, si pompeux qu'en soit le titre, si considérables qu'en soient les dimensions, ne doivent être consultés, comme bibliographies, qu'avec précaution[2]. — D'autre part, les grandes

and German... for the use of students, general readers and collectors of books. Third edition, New York, 1888, in-8. — Cf. Fr. Harrison, *The meaning of history...* (London, 1894, in-8), qui « gives some useful information about the choice of historical works by the general reader ».

1. J. Nelson Larned, *History for ready reference, from the best historians, bibliographers and specialists : their own words in a complete system of history for all uses, extending to all countries and subjects, and representing for both readers and students the better and newer literature of history in the English language*, Springfield, Mass., 1893-95, 5 vol. in-8.

2. Exemple : *Bibliotheca historica. Verzeichnis von 9307 Werken und Abhandlungen aus dem Gesammtgebiet der Geschichte und deren Hilfswissenschaften. In systematischer und chronologischer Anordnung*,

bibliothèques possèdent beaucoup de livres sur toutes les parties de l'histoire universelle. Si leur catalogue imprimé est disposé, non pas suivant l'ordre alphabétique (cf. ci-dessus, § 15), mais suivant l'ordre méthodique, ce catalogue est, en quelque sorte, un répertoire d'histoire universelle, qu'il est légitime de consulter, si la bibliothèque est très riche et très bien composée, non seulement à titre de catalogue, mais aussi à titre de répertoire. Je citerai, à titre d'exemples, le catalogue des livres (relatifs à l'histoire) de la Bibliothèque de Boston, déjà ancien (*Boston Public Library. A Catalogue of books belonging to the Lower Hall .... in the classes of history, biography, and travel .... together with notes for readers under subject-references.* Boston, 1873, in-8) et le catalogue actuel de la Bibliothèque nationale de Paris.

Vers le milieu du siècle présent, on résolut de publier le catalogue général méthodique des livres imprimés de la Bibliothèque nationale, et d'abord celui des livres d'histoire, mais on n'avait pas mesuré l'étendue de l'entreprise. Vingt-cinq ans après, le plan primitif était jugé « irréalisable ». Cependant il avait déjà reçu un commencement d'exécution. Lorsque l'on renonça à en poursuivre l'achèvement, dix volumes du « Catalogue méthodique de l'histoire de France » étaient déjà imprimés, et le Catalogue méthodique des ouvrages relatifs à l'histoire de la Grande-Bretagne, de l'Espagne, du Portugal et de quelques autres pays était amorcé. Que décida-t-on? On décida que le Catalogue de l'histoire de France s'arrêterait au onzième volume, et serait terminé par une table alphabétique des noms d'auteurs « mentionnés dans les onze volumes »; les Suppléments, au lieu d'être imprimés, seraient autographiés ou conservés sur cartes; on autographierait aussi, au lieu de les imprimer, les autres parties du Catalogue général méthodique des livres d'histoire de la Bibliothèque, relatifs à l'histoire de la Grande-Bretagne, de l'Espagne, etc. — Ainsi fut fait, et voici la liste des fragments, imprimés ou autographiés, du Catalogue

Leipzig, G. Fock, 1890, in-8. — Cf. le *Wolf's Historisches Vademecum*, Leipzig, 1890, in-8. Ce qu'il y a de plus utile dans ce médiocre recueil, c'est une liste des revues qui s'occupent d'histoire (p. 175-84).

général méthodique des livres d'histoire de la Bibliothèque nationale de Paris qui sont en 1896 à la disposition du public, d'après la brochure intitulée : *Bibliothèque nationale. Département des imprimés. Répertoire alphabétique des livres mis à la disposition des lecteurs dans la salle de travail, suivi de la liste des catalogues* (Paris, 1896, in-8). Le « Catalogue méthodique de l'histoire de France » se compose de 12 vol. gr. in-4 (Paris, 1855-95) et de 6 vol. autographiés de Supplément[1]; l' « Inventaire alphabétique [par noms d'auteurs, et par titres pour les anonymes] de l'histoire générale » occupe 7 vol. in-4, autographiés; l' « Inventaire alphabétique de l'histoire d'Italie » occupe 5 vol. in-4, autographiés. Il existe en outre un « Catalogue de l'histoire de la Grande-Bretagne », 1 vol. in-4 (1878), avec une table de 2 vol. in-fol. par ordre alphabétique de noms d'auteurs et de titres, formée avec des découpures du catalogue; un « Catalogue de l'histoire d'Espagne et de Portugal, 2 vol. in-4 (1883-85); un « Catalogue de l'histoire d'Asie », 1 vol. in-4 (1895), et un « Catalogue de l'histoire d'Afrique », 1 vol. in-4 (1895); — tous ces volumes sont autographiés, et, comme tous les catalogues, inventaires et suppléments autographiés de la Bibliothèque, ils ne sont pas dans le

1. I. Généralités. Ethnographie. Ouvrages relatifs à plusieurs règnes. Histoire par règnes jusqu'à Louis XIII.

II. Louis XIV-Louis XVI.

III. 1792-1848.

IV. 1848-1856. Journaux et périodiques.

V. Histoire religieuse.

VI et VII. 1re partie. Histoire constitutionnelle, avec un Supplément autographié.

VII. 2e partie. Histoire administrative, diplomatique et militaire, mœurs, archéologie. Avec des Suppléments autographiés pour l'histoire militaire, les mœurs et l'archéologie.

VIII. Histoire locale. France et Colonies. Avec un Supplément autographié.

IX et X. 1re partie. Assemblées locales, histoire des classes, des ordres de chevalerie. Nobiliaires, généalogies, biographies. Avec un Supplément autographié pour les généalogies et les biographies.

X. 2e partie. Supplément des t. I et II.

XI. Supplément des t. III et IV. Période de 1857 à 1875.

XII (1895). Table générale des noms d'auteurs. Les noms d'auteurs contenus dans les Suppléments autographiés ne figurent pas dans cette table.

commerce. — Répétons que l'entreprise ne sera pas continuée : il n'y aura jamais d'autres volumes, imprimés ou autographiés, de l'ancien catalogue méthodique de la Bibliothèque nationale, que ceux qui existent actuellement. On travaille maintenant, nous l'avons vu (§ 15, II), au *Catalogue général alphabétique* des livres de l'établissement.

118. — Conformément à notre méthode ordinaire, nous n'hésiterions pas à faire figurer ici, à la suite des répertoires bibliographiques proprement dits d'histoire universelle, les traités et les dictionnaires d'histoire universelle qui contiendraient, en même temps que les derniers résultats de la science, des renseignements bibliographiques choisis, vraiment dignes de confiance, s'il y en avait. Mais il n'y en a pas. — La dernière édition du *Dictionnaire universel d'histoire et de géographie* de N. Bouillet (Paris, 1893, in-8) serait, en même temps qu'un répertoire de faits commode, un guide bibliographique utile, si les renseignements bibliographiques qui sont joints à chaque article étaient, non pas complets, mais sûrs : ils ne le sont pas. — Les notices bibliographiques qui sont jointes, en appendice, aux divers chapitres des grandes histoires universelles, telles que l'*Allgemeine Weltgeschichte* de G. Weber (Leipzig, 1882-89, 15 vol. in-8), seront quelquefois consultées avec profit par les commençants, mais devront toujours l'être avec précaution[1]. — Il n'y a aucun compte à tenir des opuscules qui, sous les titres alléchants de *Outlines of universal history*, *Institutes of general history*, etc., se publient en Amérique ; les « notes bibliographiques » qui les rendent, au dire des prospectus, « particulièrement précieux », ont un caractère tout à fait élémentaire, et il est rare qu'elles soient originales[2].

1. Personne ne doit se laisser tromper par le titre de l'opuscule de K. Walcker : *Grundriss der Weltgeschichte und der Quellenkunde* (Karlsruhe, 1892, in-8), qui est sans valeur. Cf. *Deutsche Zeitschrift für Geschichtswissenschaft*, VII, p. 670.

2. C'est la coutume des professeurs d'Université qui enseignent l'histoire générale, en certains pays, de publier les bibliographies sommaires dont ils accompagnent leurs leçons. Voy., par exemple, J. T. Short, *Historical reference lists for the use of students in the Ohio State University*, Colombus, 1882, in-8.

II

RÉPERTOIRES DE TRAVAUX RELATIFS A UNE GRANDE PÉRIODE DE L'HISTOIRE (ANTIQUITÉ — MOYEN AGE)

119. — L'antiquité, le moyen âge, les temps modernes, en ces trois grandes périodes se divise l'histoire universelle. On n'a jamais essayé, à notre connaissance, de faire des répertoires bibliographiques particuliers pour l'histoire des temps modernes; ce domaine a paru probablement trop vaste, sans unité : c'est aux répertoires d'histoire régionale et aux répertoires spéciaux dont il sera question ci-dessous, dans les sections III et IV de ce chapitre, qu'il faut recourir quand on s'occupe d'histoire moderne[1]. Mais pour l'ensemble de l'histoire de l'antiquité, pour l'ensemble de l'histoire du moyen âge, dont la « littérature », quelque immense qu'elle soit, est, à tout prendre, limitée, les guides bibliographiques ne manquent pas. Ces guides affectent, d'ailleurs, des formes variées, qu'il est instructif de distinguer.

120. — Au premier rang des répertoires où sont énumérés les *principaux* travaux relatifs à l'histoire, à toutes les parties de l'histoire de l'antiquité classique, se place l'ouvrage bien connu de E. Hübner, *Bibliographie der klassischen Alterthumswissenschaft. Grundriss zu Vorlesungen über die Geschichte und Encyklopädie der klassischen Philologie* (Berlin, 1889, in-8, 2e éd.). La deuxième partie (*Encyklopädie der klassischen Philologie*) de ce *Grundriss*, qui n'est pas sans défauts[2], mais qui n'en est pas moins indispensable, est sectionnée comme il suit : *Die Sprache* (Die Grammatik. Die Litteraturgeschichte).

1. La seule bibliographie générale de l'histoire moderne qui existe est constituée par l'ensemble des « bibliographies » dont sont suivis les chapitres de l'*Histoire générale du IVe siècle à nos jours*, publiée par E. Lavisse et A. Rambaud (Paris, 1893 et années suivantes, en cours de publication) ; ces « bibliographies » de livres choisis, rédigées par différents auteurs, ne sont pas toutes recommandables, mais il y en a quelques-unes d'assez bonnes.

2. Voy. *Centralblatt für Bibliothekswesen*, 1889, p. 510.

Die Religion (Die Götterlehre. Der Gottesdienst). *Der Staat. Die bildenden Künste. Das häusliche Leben.* — Un émule de E. Hübner, L. Valmaggi, a voulu « aviver et éclairer l'indispensable *apparatus* bibliographique par une introduction historique sommaire et concise, en définissant chacune des disciplines philologiques et en indiquant les liens qui les unissent ». Il a créé de la sorte « un nouveau type de répertoire », le « Manuel historico-bibliographique ». Son *Manuale storico-bibliografico di Filologia classica* (Torino, 1894, in-8) a, entre autres mérites, celui d'être actuellement la plus récente des bibliographies historiques de l'antiquité. En voici les divisions : *Filologia* (Introduzione. Glottologia. Paleografia ed epigrafia. Critica ed ermeneutica. Storia letteraria). *Storia e antichità* (Storia, geografia, cronologia. Antichità pubbliche e private. Antichità religiose e mitologia[1]). *Numismatica e metrologia. Archeologia dell'arte.*

120 *bis.* — Mais c'est ici que se trouve manifestement justifiée l'habitude que nous avons prise de citer toujours, à côté des répertoires bibliographiques proprement dits, les livres d'une autre espèce qui contiennent, en même temps qu'une doctrine, des renseignements bibliographiques vraiment utiles. Il existe au moins deux sortes d'ouvrages qui, sans être à proprement parler des bibliographies, rendent, en tant que guides bibliographiques de l'antiquité classique, des services analogues au *Grundriss* de E. Hübner et au *Manuale* de L. Valmaggi.

Ce sont d'abord les manuels méthodologiques, dont le chef-d'œuvre est l'*Encyklopädie und Methodologie der philologischen Wissenschaften*, de A. Bœckh; on se sert de la 2e édition, revue par R. Klussmann (Leipzig, 1886, in-8).

En second lieu, plusieurs manuels se présentent comme des résumés ou des exposés encyclopédiques de l'état de la science sur les diverses parties de la Philologie classique (laquelle comprend une grande partie de l'histoire de l'antiquité classique). Ces manuels renferment, en même temps qu'une doctrine brève,

1. D. Bassi vient de publier le premier fascicule (consacré à « Apollon ») d'une bibliographie spéciale, très développée, des travaux relatifs à la Mythologie, sous ce titre : *Saggio di bibliografia mitologica* (Torino-Roma, 1896, in-8).

des listes de livres à consulter, dressées, en général, avec le plus grand soin. Ce sont, par conséquent, en un sens, de véritables répertoires, disposés suivant l'ordre méthodique, de renseignements bibliographiques choisis. A ce type appartiennent le *Triennium philologicum oder Grundzüge der philologischen Wissenschaften* de W. Freund (Leipzig, 1874-1876, 6 vol. in-8), le *Manuel de Philologie classique* de S. Reinach (Paris, 1883-1884, 2 vol. in-8, 2e éd.) et l'imposant *Handbuch der klassischen Alterthumswissenschaft in systematischer Darstellung*, en cours de publication, à Munich, sous la direction de I. v. Müller.

Enfin, il y a des encyclopédies de la science de l'antiquité, très riches aussi en données bibliographiques d'excellente qualité, qui, au lieu d'être, comme les ouvrages précédents, en forme de manuels, sont en forme de dictionnaires alphabétiques. Les principaux sont la *Real-Encyclopädie der klassischen Alterthumswissenschaft in alphabetischer Ordnung*, de A. Pauly, dont la nouvelle édition, publiée sous la direction de A. Wissowa, est en cours de publication, à Stuttgart, depuis 1893, et le *Dictionnaire des antiquités grecques et romaines*, de Ch. Daremberg et E. Saglio, en cours de publication, à Paris, depuis 1873.

Ce n'est pas tout : il existe des dictionnaires et des manuels spéciaux de biographie et de mythologie antiques, d' « antiquités » et d' « institutions » grecques et romaines, des histoires générales et particulières de la Grèce et de Rome, dont les notes et les *excursus* bibliographiques sont très amples. Il faut les préférer, en bien des cas, aux répertoires bibliographiques proprement dits, aux manuels et aux dictionnaires encyclopédiques. Mais il ne saurait être question de les énumérer ici : on en trouvera la liste dans les livres de E. Hübner et de L. Valmaggi.

121. — La science du moyen âge n'est pas aussi avancée que celle de l'antiquité classique[1], et c'est d'hier seulement que

1. Pour l'antiquité orientale, non classique, le *Grundriss* de E. Hübner fournit quelques indications sommaires (p. 189 et suiv.). — Un manuel de Philologie iranienne (W. Geiger et E. Kühn, *Grundriss der iranischen*

datent les premiers manuels de Philologie germanique et de Philologie romane comparables aux grands manuels de Philologie classique. Encore le *Grundriss der germanischen Philologie* (Strassburg, 1891-1893, 3 vol. in-8), de H. Paul, et le *Grundriss der romanischen Philologie* (Strassburg, en cours de publication depuis 1888, in-8), de G. Gröber, n'ont-ils pas les proportions du *Handbuch* d'I. v. Müller. Au point de vue de la Bibliographie historique, en particulier, ils ne peuvent tenir lieu, au même degré, de répertoires bibliographiques proprement dits[1].

Heureusement un homme s'est rencontré pour entreprendre un répertoire bibliographique général de l'histoire du moyen âge, jusqu'en 1500. M. Ulysse Chevalier a divisé en trois parties son *Répertoire des sources historiques du moyen âge*. La première, intitulée *Bio-bibliographie* (Paris, 1877-1886, gr. in-8. Supplément, 1888, gr. in-8), fournit la réponse à cette question : « Quelles sont les sources (non pas les sources originales, mais les livres ou les dissertations modernes[2]) à consulter sur tel ou tel personnage historique ayant vécu entre le IVe et le commencement du XVIe siècle? » La seconde, fort inexactement intitulée *Topo-bibliographie* (Paris, 1894-1895, 2 fasc. gr. in-8, de A à EN), est destinée, dit l'auteur, à fournir la réponse à cette question : « Quels sont les travaux dont telle localité, tel fait, telle institution du moyen âge a été l'objet, tant au point de vue politique que littéraire? » La *Bio-bibliographie*, dit encore M. U. Chevalier, renseigne sur les hommes, la *Topo-bibliographie* sur les lieux et sur les événements du moyen âge. Quant à la troisième partie du *Répertoire*, c'est ce futur « Dictionnaire des auteurs du moyen âge » dont nous avons déjà parlé (§ 93).

Philologie), est en cours de publication, à Strasbourg, depuis 1895, in-8. On annonce, pour paraître à la même librairie, un *Grundriss der indo-arischen Philologie und Alterthumskunde*, sous la direction de G. Bühler.

1. Un manuel analogue de Philologie slave est en préparation. Le livre de G. Krek, *Einleitung in die slavische Literaturgeschichte* (Graz, 1887, in-8, 2e éd.), contient des renseignements bibliographiques sur quelques points de la Philologie slave.

2. Cf. plus haut, p. 60, n. 1.

La *Bio-bibliographie* de M. Chevalier laisse à désirer : ce n'est pas parce qu'il s'y trouve des erreurs et des lacunes, chose inévitable[1]; c'est parce que M. Chevalier n'a fait que transcrire et ranger par ordre alphabétique des noms d'auteurs les titres des ouvrages qu'il indique; il en indique de bons et de mauvais, d'excellents et de détestables, sans avertir ses lecteurs, condamnés, par conséquent, à faire eux-mêmes les comparaisons critiques, souvent longues et fastidieuses, que le devoir du bibliographe était de leur éviter. Ce défaut n'est pas moins sensible dans la *Topo-bibliographie*; mais là, il est aggravé par cette circonstance que le plan du recueil n'est ni clair, ni rationnel. Si, dans la *Topo-bibliographie*, M. Chevalier s'en était tenu à la bibliographie des lieux, comme il s'en est tenu, dans la *Bio-bibliographie*, à la bibliographie des personnages, et comme le titre qu'il avait choisi l'y obligeait du reste, il n'y aurait pas d'objection; mais il a eu la malencontreuse pensée d'insérer, dans la même série alphabétique que les noms de localités, des rubriques de toutes sortes, sous lesquelles il a versé au hasard, et sans les classer, des renseignements bibliographiques d'inégale valeur : c'est ainsi que l'on trouve, dans les premières pages de la *Topo-bibliographie*, des mots comme *abaque, abbayes, abbé, abbesse, abecedarium* (*incunable hollandais*), *abeilles, abraxas, abréviateur* (*officier de la chancellerie papale*), *abréviations, abside, absolution, abstinence, Abusé* (*l' — en court, poème de René d'Anjou?*), *académies, acathiste* (*fête et hymne en l'honneur de Marie*), *accedence* (*grammaire latine pour Anglais*), *accensement*, etc.[2]. Ce système n'est pas défendable, en dépit des raisons alléguées pour le

1. Il faut remarquer, toutefois, que M. Chevalier vise à être complet. C'est même sa seule excuse pour citer, comme il le fait, des livres absolument nuls ou dépassés, qu'il serait non seulement inutile, mais dangereux de consulter.

2. Il suffit que le mot *abaque, abbayes, abeilles*, etc., se trouve dans le titre d'un ouvrage ou d'un article que M. Chevalier connaît, pour que la mention de cet ouvrage figure dans la *Topo-bibliographie* sous la rubrique correspondante. Mais les travaux ou les recueils de premier ordre pour l'histoire d'une institution ou d'un fait dont le titre ne contient pas expressément le *nom* de cette institution ou de ce fait ne sont pas, en général, indiqués dans ce répertoire.

justifier[1]. — Ajoutons qu'une grande partie des écrits qui sont signalés dans la soi-disant *Topo-bibliographie* du moyen âge ne touchent qu'incidemment à l'histoire du moyen âge ou n'ont même absolument aucun rapport avec le moyen âge[2]. — Enfin, dans les notices développées qui sont consacrées à des villes et à des pays, M. Chevalier a essayé d'introduire un peu d'ordre : sous le mot « Autun », par exemple, il établit les subdivisions suivantes : *archéologie, bibliographie, bibliothèques, conciles, documents, église, épigraphie, liturgie, numismatique, ville, etc.* (sic) ; sous le mot « Angleterre », les subdivisions suivantes ont été adoptées : *académies, archéologie, bibliographie, bibliothèques, biographie, conciles, conquête, constitution, droit, économie, église, généralités, géographie, hagiographie, imprimerie, littérature, liturgie, numismatique, périodiques, relations, sigillographie, sources.* Ces subdivisions ne sont pas celles qu'il aurait fallu pratiquer, elles sont disposées suivant l'ordre alphabétique, trop grossier dans l'espèce, et, à l'intérieur de chaque subdivision, c'est encore l'ordre alphabétique (des noms d'auteurs) qui est suivi. La confusion qui résulte de ces arrangements est extraordinaire. — Bref, la seconde partie du *Répertoire des sources historiques du moyen âge*, qui, aussi bien que la première, est une œuvre considérable, est une œuvre manquée. Sans doute, les spécialistes y trouveront « à glaner », et, à cause de ce qu'ils y trouveront, ils « excuseront volontiers l'absence de ce qui n'y

1. Le premier fascicule de la *Topo-bibliographie* est accompagné d'un avertissement, dont voici quelques passages : « Le sous-titre, *Topo-bibliographie*, n'a été adopté que faute d'un terme plus compréhensif pour désigner *tout* ce qui n'est pas personnage : il offre la bibliographie de l'universalité des sujets sous lesquels peut être classée alphabétiquement l'histoire médiévale dans ses moindres détails.... Le plan ne s'est formé que progressivement : il n'embrassait au début que le côté strictement historique ; le caractère encyclopédique a fini par s'imposer, au point de vue à la fois objectif et géographique.... »

2. Et M. Chevalier n'est pas loin de s'en féliciter : « Pour certains points, il [ce répertoire] constituera même la bibliographie de tous les temps : tandis que les ouvrages relatifs aux personnages compris entre la naissance du Christianisme et l'an 1500 touchent rarement à l'antiquité et aux temps modernes autrement que par comparaison, les monographies des localités et des institutions sont rarement restreintes à la période du moyen âge.... »

est pas », mais elle n'est pas propre, comme l'espère l'auteur, « à venir en aide à ceux qui ignorent » : les érudits seuls sont en mesure de manier avec profit cet instrument de travail.

III

RÉPERTOIRES D'HISTOIRE RÉGIONALE (NATIONALE ET LOCALE)

122. — Qui désire être renseigné sur les travaux relatifs à l'histoire d'Allemagne ou à celle d'Angleterre au moyen âge peut recourir sans doute aux articles « Allemagne » ou « Angleterre » de la *Topo-bibliographie* de M. U. Chevalier; il est douteux, d'ailleurs, qu'il y trouve aisément ce qu'il cherche. Mais qui désire être renseigné sur les travaux relatifs à l'histoire moderne de l'Allemagne ou de l'Angleterre, ou de n'importe quel autre pays, n'a même pas cette ressource, puisqu'il n'y a pas de répertoire de bibliographie générale pour l'histoire moderne (§ 119). Des répertoires sont donc nécessaires qui fassent connaître les livres à consulter sur l'histoire de chaque pays, depuis les origines jusqu'à nos jours. Le domaine de ces répertoires-là est limité non dans le temps, mais dans l'espace, non pas chronologiquement, mais géographiquement. Nous désignerons sous le nom de *Répertoires d'histoire nationale*, ceux qui s'appliquent à l'histoire d'une nation moderne, telle que l'Allemagne, l'Angleterre, la France; et sous le nom de *Répertoires d'histoire locale*, ceux qui sont spéciaux à l'histoire d'une province, d'une ville, d'une circonscription quelconque.

123. — Les répertoires d'histoire régionale, — nationale ou locale, — où sont indiqués les sources originales et les travaux modernes qui sont utiles pour l'étude de l'histoire d'une région, se distinguent très bien des répertoires de Bibliographie nationale proprement dits (l. I, ch. III) et des répertoires nationaux d'histoire littéraire (§ 96); mais il n'est pas inutile de les distinguer aussi d'une quatrième et dernière espèce de répertoires régionaux, de ceux où sont enregistrés tous les livres relatifs à un pays ou à une région, non seulement à l'histoire (entendue dans le sens le plus large) de ce pays ou de cette région, mais aussi à la géologie, à la géographie, à la flore, à la faune, etc., de ce pays ou de cette région (*Landeskundliche Litteratur*). — Le type de ces derniers répertoires, qui sont aujourd'hui très nombreux, est la *Bibliographie der schweizerischen Landeskunde*, officiellement publiée par la « Centralkommission für schweizerische Landeskunde[1]. »

La plupart des répertoires de sources originales et de travaux modernes sur l'histoire d'un pays, dont nous allons parler, ne visent pas à être complets : ce sont des répertoires de bibliographie choisie, où ne sont indiqués, comme dans le *Grundriss* de E. Hübner (§ 120), que les travaux *principaux*, ceux qui font autorité et ceux qui ont fait date dans la science. — Les répertoires de *tous* les livres sur un pays (non seulement sur l'histoire, mais sur la géologie, la géographie, etc., de ce pays) ont des proportions beaucoup plus vastes, trop vastes peut-être, et ne sont pas destinés au même public.

A. — Répertoires d'histoire nationale.

ALLEMAGNE

124. — Le modèle des bibliographies modernes d'histoire nationale est le répertoire de bibliographie choisie qui a été publié, pour l'histoire d'Allemagne, par F. C. Dahlmann, dès 1830[2], et qui, amélioré successivement par Dahlmann lui-même, par G. Waitz, par E. Steindorff, en est aujourd'hui à sa 6e édition. La 6e édition, qui annule les précédentes, est intitulée : *Dahlmann-Waitz. Quellenkunde der deutschen Geschichte. Quellen*

1. Voir aussi la *Nederlandsche Bibliographie van Land- en Volkenkunde* de P. A. Tiele (Leiden, 1884, in-8). — Sur la récente « Landeskundliche Litteratur » des diverses régions de l'Allemagne, voy. le travail de A. Penck dans *Verhandl. des X d. Geographentags* (Berlin, 1893, in-8), p. 69-72.

2. La 1re éd. de la *Quellenkunde* de Dahlmann était un guide élémentaire qui, comme l'opuscule de Fr. Junge (*Quellen u. Hülfsmittel zur deutschen Geschichte*, Berlin, 1893, 33 p. in-8), s'adressait au grand public. Transformée par Waitz, la *Quellenkunde* s'adresse plutôt, aujourd'hui, aux étudiants et aux historiens de profession.

und Bearbeitungen, systematisch und chronologisch verzeichnet (Göttingen, 1894, in-8).

L'ouvrage se divise en deux parties, méthodique et chronologique. — Dans la partie méthodique (*Allgemeine Werke*) figurent les ouvrages relatifs aux sciences auxiliaires de l'histoire (*Hülfswissenschaften*), aux sources originales (*Quellen*), les bibliographies rétrospectives et périodiques (*Bibliographieen, Litteraturberichte*), les recueils de Mélanges et les journaux (*Gesammelte Abhandlungen und Zeitschriften*), enfin les travaux (*Bearbeitungen*) relatifs à l'ensemble de l'histoire allemande (*der allgemeinen deutschen Geschichte*), à l'histoire locale (*der Geschichte einzelner Länder, Stifter, Städte*, etc.), et à l'histoire par spécialités (*der Geschichte einzelner Verhältnisse : Leben und politische Entwickelung des Volks, Verfassung und Recht, Religion und Kirche*, etc.). — La seconde partie (*Quellen und Hülfsmittel nach der Folge der Begebenheiten*) est disposée suivant l'ordre chronologique, « divisée en grandes périodes, subdivisées à leur tour en un certain nombre de paragraphes comprenant chacun une époque plus ou moins longue. Dans chaque paragraphe sont indiqués d'abord les sources, puis les travaux relatifs à une même époque. Le dernier paragraphe de chaque période est consacré au droit, aux mœurs et aux institutions. » — Il y a une table générale[1].

Le répertoire dit de Dahlmann-Waitz ne ressemble pas au répertoire complet d'historiographie nationale que C. G. Weber s'était proposé de faire, mais dont il n'a publié que le premier volume (*Litteratur der deutschen Staatengeschichte*. Th. I, *Allgemeine Litteratur und insbesondre von Œstreich, Böhmen und den Ländern des Bayrischen Kreises*, Leipzig, 1800, gr. in-8). Le Dahlmann-Waitz est un répertoire de bibliographie *choisie*. — Mais ce n'est pas un répertoire de Bibliographie *critique*, car il ne contient pas d'avertissements sur les ouvrages, excellents, bons ou médiocres, définitifs ou vieillis, qui y sont énumérés. On a seulement fait précéder d'un astérisque les titres des travaux les plus considérables. Cet

1. Sur ce plan, voy. *Deutsche Zeitschrift für Geschichtswissenschaft*, XI, p. 382.

astérisque n'est pas inutile. Mais, à supposer qu'il soit placé toujours correctement, suffit-il ? S'il eût été périlleux, difficile, de joindre, comme l'a fait Petzholdt dans sa *Bibliotheca bibliographica*, quelques lignes d'explication et de critique au titre de chaque ouvrage, il aurait été certainement facile et profitable de joindre, comme l'a fait E. Hübner dans son *Grundriss*, à l'énoncé du titre des ouvrages dont il importe de déterminer le caractère ou la valeur, l'indication sommaire des principaux comptes rendus qui en ont été publiés.

Il est regrettable, en outre, que l'on ne trouve point, dans le répertoire de Dahlmann-Waitz, la liste des meilleures bibliographies locales ou spéciales qui ont été composées sur les détails de l'histoire de l'Allemagne. Une bibliographie des bibliographies particulières sur les détails de l'histoire d'Allemagne ne serait-elle pas le complément nécessaire de l'excellente *Quellenkunde der deutschen Geschichte?* Il semble, par exemple, que la bibliographie de l'histoire de Francfort-sur-le-Mein, par H. Grotefend (*Verzeichniss von Abhandlungen und Notizen zur Geschichte Frankfurts...*, Frankfurt, 1885, in-8) serait à sa place en tête de la liste des principaux livres sur l'histoire de Francfort (p. 95), et la *Bibliotheca hassiaca* de C. Ackermann en tête de la liste des principaux livres de l'histoire de la Hesse. De même que l'on s'est abstenu de mentionner les vieilles bibliographies historiques d'Autriche, de Bade, de Westphalie, etc.[1], s'abstiendra-t-on de mentionner, dans une nouvelle édition, la récente *Bibliographie der würtembergischen Geschichte*, de W. v. Heyd (I, Stuttgart, 1895, in-8)?

124 *bis*. — Le sous-titre de la *Bibliotheca germanica* de A. Weise suffit à faire connaître le caractère de cette publication dont le titre est évidemment trop pompeux : *Verzeichniss aller auf Deutschland und Deutsch-Œsterreich bezüglichen Originalwerke sowie der bemerkenswerthen Artikel, welche in den hervorragenden periodischen Schriften in den Jahren 1880-1885 im gesammten Auslande erschienen sind* (Paris-Leipzig, 1886, in-8).

1. J. Petzholdt, *o. c.*, p. 816 et suivantes.

ANGLETERRE, ÉCOSSE ET IRLANDE

125. — Les essais de bibliographie des travaux relatifs à l'histoire nationale qui ont été publiés en Grande-Bretagne avant le milieu du XIXe siècle sont nombreux, mais aujourd'hui sans valeur[1].

Le répertoire le plus recommandable qui existe actuellement est l'*Introduction to the study of English history* de Samuel R. Gardiner et J. Bass Mullinger (London, 1894, in-8, 3e éd.), dont la seconde partie, rédigée par J. Bass Mullinger, a pour titre : *Authorities*. C'est une description élémentaire des principales sources originales et modernes de l'histoire de la Grande-Bretagne, avec des renseignements bibliographiques et critiques. Une Introduction fait connaître les recueils de sources originales; dans les chapitres I à XI l'auteur procède à l'énumération raisonnée des sources originales et des livres pour les différentes périodes de l'histoire nationale, par ordre chronologique, en indiquant, dans chaque chapitre : 1° les écrits contemporains des événements (*contemporary writers*); 2° les écrits postérieurs aux événements, mais antérieurs à l'époque moderne (*non contemporary writers*); 3° enfin les livres modernes (*modern writers*). — La 2e édition de cet opuscule remonte à 1882; on remarque avec surprise que dans la 3e J. Bass Mullinger n'a introduit aucune modification; il s'est contenté d'ajouter (p. 405-442) un Supplément; il aurait été préférable de procéder à une refonte.

L'opuscule de J. Bass Mullinger n'est nullement comparable au répertoire de Dahlmann-Waitz. — Un bibliographe anglais, M. Henry R. Tedder, a récemment fait campagne en vue de décider qui de droit à entreprendre un répertoire monumental de l'histoire nationale. « Je propose d'y mettre, dit-il[2], non seulement un choix des meilleurs livres, mais tous les livres,

1. Voy. *The Library Chronicle*, III (1886), p. 185 et suiv.; et J. Petzholdt, *o. c.*, p. 845 et suiv.

2. *Proposals for a Bibliography of national history*, dans *The Library Chronicle*, III (1886), p. 192.

toutes les brochures, tous les articles de revue, tous les mémoires qui sont relatifs au sujet[1]. » Il exclut les manuscrits, et il est un peu embarrassé pour déterminer les imprimés qu'il n'y fera pas figurer : « Définir exactement ce qui est et ce qui n'est pas de l'histoire est, je l'avoue, extrêmement difficile, mais, d'une manière générale (*broadly speaking*), le répertoire contiendra *everything printed relating to national and general, as opposed to local and special history* ». M. Tedder recommande l'arrangement par ordre systématique, avec index alphabétique. Il voudrait que des observations critiques accompagnassent tous les articles de la future Bibliographie. Il estime que cette Bibliographie pourrait être imprimée en deux volumes de la dimension des *Calendars of State papers*.

Encore plus élémentaires et moins sûrs que l'*Introduction to the study of English history* sont les « listes de référence aux meilleurs ouvrages sur l'histoire d'Angleterre » qui foisonnent en Angleterre et en Amérique. Citons seulement, en ce genre, la « lecture » de M. O. Airy, *Books on English history* (« Birmingham Reference Library Lectures », 1887), *The reader's Guide to the English history* de W. F. Allen (dans la « Bibliotheca pedagogica » de Boston, 1882), et le *Reference Handbook for readers, students and teachers of English history* de E. H. Gurney (Boston, 1890, in-8).

AUTRICHE-HONGRIE

126. — Pour toutes les parties de l'histoire autrichienne qui ne touchent pas à l'histoire d'Allemagne, on consulte encore le répertoire vieilli de C. Schmidt v. Tavera, *Bibliographie zur Geschichte des österreichischen Kaiserstaates* (Wien, 1858, 2 vol. in-8). — Le *Grundriss der österreichischen Geschichte* de F. Krones (Wien, 1882, in-8) contient des renseignements

1. M. Tedder est revenu sur ce point, dans *The Library*, I (1889), p. 15 et suiv., à propos de la *Bibliographie de l'histoire de France* de M. G. Monod, en ces termes : « The difference between my proposals and M. Monod's *Bibliographie* is that he only gives a selection of the chief books and no attempt is made to help the inquirer ».

bibliographiques relativement très détaillés sur toutes les parties du sujet traité.

J. Szinneyi est l'auteur d'un *Hazais Külfoldi folyoiratok repertoriuma* ou *Repertorium der in- und auslændischen Zeitschriften und Zeitungen, Geschichte und ihre Hilfswissenschaften* (Budapest, 1885, in-8), répertoire des travaux relatifs à l'histoire de la Hongrie qui ont été publiés dans les périodiques de la Hongrie et de l'étranger.

BELGIQUE

127. — H. Pirenne est l'auteur d'une *Bibliographie de l'histoire de Belgique. Catalogue méthodique et chronologique des sources et des ouvrages principaux relatifs à l'histoire de tous les Pays-Bas jusqu'en* 1598 *et à l'histoire de Belgique jusqu'en* 1830 (Gand, 1893, in-8). « Ce livre, dit M. Pirenne, n'a pas la prétention d'être une bibliographie complète de l'histoire de Belgique. Ce n'est qu'un essai de répertoire systématique des principales sources et des principaux travaux d'érudition relatifs à cette histoire. Bref, j'ai voulu faire, de mon côté, pour notre pays ce que Dahlmann et Waitz ont fait pour l'Allemagne et plus récemment M. Monod pour la France[1]. »

127 *bis*. — Il n'a paru qu'une seule livraison d'un ouvrage mal conçu, dont le titre suffit à indiquer le défaut capital. Les auteurs, MM. L. Lahaye, H. Francotte et Fr. De Potter, s'étaient proposé de relever les titres des ouvrages publiés sur l'histoire belge à partir d'une certaine date, et de les classer purement et simplement, sans observations, suivant un ordre méthodique : *Bibliographie de l'histoire de la Belgique. Répertoire des ouvrages parus en Belgique et à l'étranger de* 1850 *à* 1882 *sur l'histoire nationale* (Liège, 1886, in-8).

1. Cf. plus loin : « J'ai renoncé à désigner par des caractères typographiques spéciaux ou par des astérisques les titres des ouvrages les plus importants.... Dans la première édition d'un travail comme celui-ci, il m'a paru qu'il était prudent de n'être pas trop affirmatif ».

ESPAGNE

128. — On n'a jusqu'ici, pour l'ensemble de l'histoire d'Espagne, qu'un seul instrument bibliographique de bon aloi, le *Diccionario bibliográphico-histórico de los antiguos reinos, provincias, ciudades, villas, iglesias y santuarios de España*, par T. Muñoz y Romero (Madrid, 1858, gr. in-8). — M. Menéndez y Pelayo prépare une bibliographie historiographique de l'Espagne qui formera l'Introduction de l'*Historia general de España*, publiée par l'Académie de l'Histoire de Madrid.

ÉTATS-UNIS ET AUTRES PAYS D'AMÉRIQUE

129. — Chaque chapitre de la *Narrative and critical history of America*, publiée par l'illustre bibliographe américain, J. Winsor (Boston, 1884-89, 8 vol. gr. in-8), est accompagné d'admirables « *bibliographical and descriptive essays on historical sources and authorities* ». — Consulter aussi les notes bibliographiques de la monumentale *History of the Pacific States of North America* publiée à San Francisco, depuis 1882, par H. H. Bancroft[1].

Ces bibliographies choisies seront, naturellement, plus utiles aux lecteurs qui ne sont pas des érudits que la célèbre *Bibliotheca americana vetustissima* de H. Harrisse (New York, 1866-72, 2 vol. gr. in-8) qui contient la description des livres relatifs à l'Amérique, publiés de 1492 à 1551 ; et que le grand et, dit-on, médiocre ouvrage de J. Sabin : *Bibliotheca americana. A dictionary of books relating to America from its discovery to the present time*, dont le t. 1er a été publié à New York en 1868.

FRANCE

130. — Parmi les vieilles bibliographies générales de l'histoire de France[2], il en est une qu'il est nécessaire, à cause de

1. Sur la composition de cet ouvrage, voy. *Revue universitaire*, mars et avril 1894.

2. Qui sont énumérées par J. Petzholdt, *o. c.*, p. 837 et suiv.

son importance exceptionnelle, de mentionner ici : c'est la célèbre *Bibliothèque de la France*, du P. Jacques Lelong, bibliothécaire de l'Oratoire de Paris, revue et augmentée par Fevret de Fontette, conseiller au Parlement de Dijon[1]. En voici les grandes divisions : *Livre Ier. Préliminaires généraux de l'histoire de France*. I. Géographie des Gaules et du royaume de France. II. Histoire naturelle du royaume de France. III. Histoire des anciens Gaulois. — *Livre II. Histoire ecclésiastique de la France*. I. Histoires des origines des Églises. II. Vies des saints. III. Histoire ecclésiastique des provinces et des villes. IV. Histoire des contestations qui se sont élevées entre les théologiens. V. Histoire des hérésies nées en France. VI. Actes et traités concernant l'histoire générale des Églises. VII. Des droits et des bénéfices de l'Église. VIII. Histoire du gouvernement ecclésiastique, ou des métropoles et de leurs suffragants, avec les histoires du second ordre du clergé. IX. Histoire du clergé régulier ou des ordres monastiques et autres communautés religieuses. — *Livre III. Histoire politique de la France*. I. Préliminaires de l'histoire des rois. II. Histoires des rois. III. Histoires généalogiques de la famille royale. IV. Cérémonial. V. Traités politiques concernant les rois et le royaume. VI. Recueils des actes publics, chartes, traités et autres pièces politiques qui concernent l'histoire. VII. Traités et histoires des offices de France. — *Livre IV. Histoire civile de la France*. I. Histoires civiles des provinces. II. Histoire des pays qui appartenaient à l'ancienne Gaule et qui ne sont plus du royaume de France. III. Histoire de la noblesse et des familles illustres. — *Livre V. Histoire littéraire de la France*. I. Histoires générales de la littérature de France, et histoires des Universités et des Académies. II. Recueils généraux et particuliers d'histoires. Vies et éloges des Français qui se sont distingués, soit dans les sciences et arts libéraux, soit dans les beaux-arts. III. Histoires particulières des Français

1. *Bibliothèque de la France, contenant le catalogue des ouvrages, imprimés et manuscrits, qui traitent de l'histoire de ce royaume, ou qui y ont rapport, avec des notes critiques et historiques.... Nouvelle édition revue, corrigée et considérablement augmentée par Fevret de Fontette*, Paris, 1768-78, 5 vol. in-fol.

célèbres dans les sciences. IV. Histoires et vies des Français qui se sont distingués dans les arts libéraux. V. Histoires des Français célèbres dans les beaux-arts. VI. Vies et éloges des dames illustres, savantes et autres. — Le tome V est occupé tout entier par d'excellentes tables : table générale des matières, table géographique, table chronologique, tables alphabétiques des chroniques, des personnes, des matières qui sont l'objet des ouvrages contenus dans la *Bibliothèque*, table des manuscrits, tables alphabétiques des auteurs et des anonymes.

La *Bibliothèque de la France* sert encore aux érudits, qui y trouvent l'indication de manuscrits disparus depuis le XVIIIe siècle et une bibliographie très abondante des anciens livres relatifs à notre histoire. Mais ce serait folie d'y chercher des renseignements élémentaires : car toutes les parties de l'histoire de France ont été récrites depuis cent ans, c'est-à-dire depuis que le monument élevé par Lelong, par Fevret de Fontette et par leurs collaborateurs, est achevé. Depuis le siècle dernier la *Bibliothèque de la France* n'a été ni mise au courant, ni rééditée. « En 1838, le Comité historique du Ministère de l'Instruction publique eut la pensée d'en donner une nouvelle édition; un plan nouveau fut même adopté pour la réimpression du premier livre. Mais, après de nombreuses discussions, le Comité se sépara sans avoir adopté de conclusions définitives, et le projet ne fut pas repris[1]. »

En dehors de la *Bibliothèque de la France* et du *Catalogue de l'histoire de France*, publié par la Bibliothèque nationale de Paris (ci-dessus, § 117), on en a longtemps été réduit, pour la Bibliographie générale de l'histoire de France, à des répertoires partiels. Pour l'histoire de la Gaule, par exemple, jusqu'à la fin du Ve siècle, on pouvait consulter la *Bibliographie générale des Gaules* de C.-E. Ruelle[2]. Mais il a fallu attendre jusqu'à 1888 pour que l'histoire de France fût pourvue d'un répertoire général de bibliographie choisie, analogue au Dahlmann-Waitz.

1. A. Franklin, *Les sources de l'histoire de France*, p. 2.

2. C.-E. Ruelle, *Bibliographie générale des Gaules. Répertoire systématique et alphabétique des ouvrages, mémoires et notices concernant la Gaule jusqu'à la fin du Ve siècle*, Paris, 1880-86, in-8.

« Notre but, dit M. G. Monod, l'auteur de la *Bibliographie de l'histoire de France* publiée en 1888[1], a été un but spécialement pédagogique et pratique. Nous avons voulu faire, pour l'histoire de France antérieure à 1789, ce que le manuel de Dahlmann a fait pour l'histoire d'Allemagne : fournir aux travailleurs un répertoire commode et méthodique qui leur permette de savoir quels sont, sur les diverses questions et sur les diverses époques de notre histoire, les livres essentiels[2] à consulter. » — Le plan de l'ouvrage est calqué sur celui du manuel de Dahlmann-Waitz, et il suggère, par conséquent, les mêmes remarques (§ 124), quant à l'emploi des astérisques et à l'omission des bibliographies relatives aux détails de l'histoire.

MM. F.-A. Aulard et Ch. Seignobos préparent une « Bibliographie de l'histoire contemporaine de la France », depuis 1789, pour faire suite à la *Bibliographie de l'histoire de France* de G. Monod.

ITALIE

131. — Une bonne bibliographie de l'histoire d'Italie, sur le modèle de celle de Dahlmann-Waitz, est aujourd'hui un des principaux *desiderata* de la Bibliographie historique. De quoi dispose-t-on, en effet, jusqu'ici ? De catalogues de libraires et de catalogues de collections particulières, riches en livres sur l'histoire d'Italie[3]. — Le meilleur de ces catalogues de collections particulières, qui n'équivaut point à une bibliographie critique, scientifiquement établie, est la *Biblioteca istorica della antica è nuova Italia, saggio di bibliografia analitico, comparato e critico*, de C. Lozzi (Imola, 1886, 2 vol. in-8). — Le plus

1. G. Monod, *Bibliographie de l'histoire de France. Catalogue méthodique et chronologique des sources et des ouvrages relatifs à l'histoire de France depuis les origines jusqu'en* 1789, Paris, 1888, in-8.

2. Cf. p. 8 : « L'obligation de faire un choix jette dans de singulières perplexités. On ne peut pas relever tous les articles, toutes les brochures parus sur un sujet ou sur un règne, et pourtant telle plaquette de quelques pages a souvent plus d'importance que maint gros livre. »

3. G. Ottino et G. Fumagalli, *o. c.*, nos 1931 et suiv., 5609 et suiv.

récent des catalogues de librairie est la *Bibliotheca historica italica. Grande raccolta di opere antiche e moderne sulla storia d'Italia*, publiée par la maison U. Hœpli (Milano, 1895, in-8).

De divers côtés on se prépare à combler une si grave lacune de la littérature bibliographique. — MM. Ottino et Fumagalli (*o. c.*, n. 5609) indiquent une brochure-prospectus de M. Fr. d'Alessandro : *Bibliografia storica d'Italia. Tavola metodica o indice generale sistematico di* 55 500 *opere* (Roma, 1895, in-8), que nous ne connaissons que par eux[1].

PAYS-BAS

132. — Pour la Bibliographie historique des Pays-Bas jusqu'en 1598, voir ci-dessus, au mot BELGIQUE.

R. Fruin, J. T. Bodel Nijenhuis et L. J. F. Janssen ont publié un utile *Repertorium der verhandelingen en bijdragen, betreffende de geschiedenis des vaderlands, in mengelwerken en tijdschriften tot op* 1860 *verschenen* (Leiden, 1865, in-8), auquel ont été joints, en 1875, en 1884, et en 1895 trois Suppléments; le troisième mène le relevé bibliographique des articles publiés sur l'histoire des Pays-Bas jusqu'à l'année 1890[2]. Cf. *Register van academische dissertatiën en oratiën betreffende de geschiedenis des vaderlands....* (Leiden, s. d., in-8).

1. S'il n'existe pas encore de bibliographie de l'histoire générale de l'Italie, il existe en revanche un grand nombre d'excellentes bibliographies historiques des anciens États entre lesquels l'Italie était naguère morcelée. La plus considérable est celle de A. Manno et V. Promis, *Bibliografia storica degli Stati della monarchia di Savoia* (Torino, 1874-93, 5 vol. in-4), pour le Piémont. Celle de Rome (R. Bonghi, *Bibliografia storica di Roma antica*, Roma, 1879, in-4; Fr. Cerroti, *Bibliografia di Roma medievale e moderna*, I, Roma, 1893, in-4) est moins satisfaisante.

2. J. C. Hooykaas a publié un recueil analogue des travaux relatifs aux colonies hollandaises insérés dans les périodiques hollandais (*Repertorium op de koloniale Litteratuur....* Amsterdam, [1874]-1877, in-8), qui a été continué par W.-N. du Rieu. Cf. A. Hartmann, *Repertorium op de litteratuur betreffende de nederlandsche Koloniën... I. Oost-Indië*, 1866-93, *II. West-Indië*, 1840-93, s' Gravenhage, 1895, in-8.

PAYS SCANDINAVES

133. — On indique d'ordinaire, comme bibliographies de l'histoire des Pays Scandinaves, les ouvrages classiques de C. G. Warmholtz (*Bibliotheca historica Sueo-Gothica; eller Förtekning uppa sa väl trykte, som handskrifne Böcker, Tractater, och Skrifter hvilka handla om Svenska Historien.* Stockholm, 1782-1817, 15 vol. in-8), dont la table (par A. Andersson) a été publiée en 1889; et de G. L. Baden (*Dansk-Norsk historisk Bibliothek, indeholdende efterretning om de Skrifter som bidrage til dansk-norsk Historiekundskab*, Odense, 1815, in-12). Mais ces recueils sont bien anciens.

Consulter, de préférence, pour l'histoire de **Danemark**, le « Choix des principaux documents et mémoires relatifs à l'histoire de Danemark », au t. Ier (pp. XIII-CXIV) de l'*Histoire de Danemark* de C. F. Allen (Copenhague, 1878, in-8); — pour l'histoire de **Norvège** : P. Botten-Hansen, *La Norvège littéraire* (Christiania, 1868, in-8), p. 52-105; — pour l'histoire de **Suède** : les notices bibliographiques qui sont jointes aux divers chapitres de la *Sveriges historia* publiée par O. Montelius, H. Hildebrand, etc. (Stockholm, 1875-80, 6 vol. in-8.)

PAYS SLAVES

134. — Il existe une grande Bibliographie de l'histoire de **Pologne**, publiée par L. Finkel, avec la collaboration de H. Sawczynski et des membres du séminaire historique de l'Université de Leopol : *Bibliografia historyi polskiej* (Cracovie, 1891-1895, in-4). Cf. M. Perlbach, dans *Centralblatt für Bibliothekswesen*, 1892, p. 561-70.

On recommande, pour la bibliographie de l'histoire des **Provinces baltiques**, l'ouvrage de E. Winkelmann, *Bibliotheca Livoniæ historica. Systematisches Verzeichniss der Quellen und Hülfsmittel zur Geschichte Esthlands, Livlands und Kurlands* (Berlin, 1878, in-8, 2e éd.).

V. Mejov, l'actif bibliographe russe, est l'auteur d'une « Bibliographie historique russe, 1800-1854 » (Saint-Pétersbourg, 1892-3, 3 vol. gr. in-8); d'une « Bibliographie de l'histoire russe pour les années 1855-64 » (Saint-Pétersbourg, 1866, in-8), qu'il a continuée, pour les années 1865-76 (Saint-Pétersbourg, 1882-90, 8 vol. in-8); et d'une *Bibliographia Sibiriaca, Bibliographie des livres et articles des journaux russes et étrangers concernant la Sibérie* (Saint-Pétersbourg, 1891-1892, 3 vol. gr. in-8). — On doit à l'historien K. Bestujev-Rjumin une bibliographie choisie pour l'histoire de Russie, qui a été traduite en allemand par Th. Schiemann : *Quellen und Litteratur zur russischen Geschichte von den ältesten Zeiten bis* 1825 (Mitau, 1876, in-8).

PORTUGAL

135. — Nous ne connaissons pas de bibliographie de l'histoire du Portugal plus récente que celle de J. C. de Figaniere, *Bibliographia historica Portugueza, ou Catalogo methodico dos auctores Portuguezes e de alguns estrangeiros domiciliarios em Portugal que tractaram da historia civil, politica e ecclesiastica d'estes reinos e seus dominios* (Lisboa, 1850, in-8).

SUISSE

136. — La bibliographie générale de l'histoire de la Suisse est représentée par les ouvrages de G. R. L. v. Sinner (*Bibliographie der Schweizergeschichte oder systematisches... Verzeichniss der seit* 1786 *bis* 1851 *über die Geschichte der Schweiz, von ihren Anfängen an bis* 1798 *erschienenen Bücher* (Bern, 1852, in-8), et de E. F. v. Mülinen (*Prodromus einer schweizerischen Historiographie*, Bern, 1874, in-4). — Consulter, en outre, la grande *Bibliographie der schweizerischen Landeskunde* (§ 125), en cours de publication.

J. L. Brandstetter a dépouillé plus de trois cents périodiques, pour y relever les documents et les travaux qui intéressent l'histoire de la Suisse : *Repertorium über die in Zeit- und Sammelschriften der Jahre* 1812-1890 *enthaltenen Aufsätze und Mitteilungen schweizergeschichtlichen Inhalts* (Basel, 1892, in-8). Cf. *Historisches Jahrbuch*, XIII, p. 947.

AUTRES PAYS

137. — Il n'existe pas pour les autres pays de bibliographies historiques spéciales, mais il existe pour presque tous les pays de toutes les parties du monde des recueils bibliographiques qui font connaître ce qui a été écrit sur chacun d'eux, à tous les points de vue, y compris le point de vue historique. Dans la *Bibliotheca sinica. Dictionnaire bibliographique des ouvrages relatifs à l'Empire chinois*, de H. Cordier (Paris, 1878-95, 5 vol. in-8), par exemple, on trouve, entre autres choses, une bibliographie des ouvrages publiés sur l'histoire de la **Chine**.

Consulter, de même : — pour l'histoire des **Arabes** : V. Chauvin, *Bibliographie des ouvrages arabes ou relatifs aux Arabes publ. dans l'Europe chrétienne de* 1810 *à* 1885 (Liège, 1892, in-8. Cf. *Centralblatt für Bibliothekswesen*, 1892, p. 82) ; — pour l'**Algérie** : R. Lambert Playfayr, *A bibliography of Algeria from the expedition of Charles V in* 1541 *to* 1887 (s. l. n. d., in-8) ; — pour le **Brésil** : *Catalogo da exposição de historia do Brasil, realizada pela Biblioteca nacional do Rio de Janeiro* (Rio de Janeiro, 1881-83, 3 vol. in-8) ; — pour l'**Égypte** : Ibrahim-Hilmy, *The literature of Egypt and the Soudan from the earliest times to* 1885 *inclusive. A bibliography* (London, 1886, 2 vol. in-8) ; — pour l'**Éthiopie** : G. Fumagalli, *Bibliografia Etiopica* (Milano, 1893, in-8) ; — pour le **Japon** : Fr. v. Wenckstern, *A Bibliography of the Japanese Empire. Being a classified list of all books, essays and maps in european languages relating to Dai Nipon from* 1859-93 (Leiden, 1895, in-8) ; — pour la **Perse** : M. Schwab, *Bibliographie de la Perse* (Paris, 1876, in-8) ; — etc.

Pour la bibliographie générale et historique de l'**Australie**, on recommande le catalogue de la « Free Public Library » de Sidney (N. S. W.) : *Australasian Bibliography.... Catalogue* *of books in the F. P. L. relating to, or published in, Australasia* (Sidney, 1895, 3 vol. in-4).

B. — Répertoires d'histoire locale.

138. — Presque toutes les bibliographies d'histoire nationale dont nous venons de parler sont des répertoires de livres choisis; la plupart des auteurs de ces bibliographies le déclarent expressément : faites pour « épargner des peines et des tâtonnements inutiles », avec des intentions pédagogiques, elles s'adressent aux étudiants et au public instruit, sinon au grand public, plutôt qu'aux bibliographes; elles ne font pas connaître *tous* les livres utiles à l'histoire de chaque nation qui existent. A vrai dire, il ne paraît guère possible aujourd'hui de dresser la liste de *tous* les livres utiles à l'histoire d'un grand pays : il y en a trop. Mais pourquoi ne diviserait-on pas le travail? Une manière de le diviser, c'est évidemment de distinguer l'histoire locale de l'histoire générale et de consacrer des répertoires particuliers aux sources et aux livres relatifs à l'histoire locale des provinces de chaque pays.

139. — Cela posé, de deux choses l'une : ou bien on se propose de dresser la liste des livres relatifs à toutes les parties de l'histoire locale d'un grand pays (*Bibliographies nationales d'histoire locale*); ou bien on se propose de bibliographier à part les livres relatifs à l'histoire locale d'une seule province. En général, plus l'étendue géographique du territoire dont on bibliographie l'histoire est restreinte, moins l'entreprise est laborieuse, et plus le bibliographe a de chances d'arriver à former un répertoire complet. De là, à côté des bibliographies d'histoire nationale et des bibliographies nationales d'histoire locale, des *bibliographies d'histoire provinciale* qui doivent être et qui sont presque toutes beaucoup plus approfondies. Mais la province, le « comté », sont des circonscriptions encore vastes : on peut, avec l'espoir de produire des œuvres de plus en plus parfaites, en rétrécissant de plus en plus le champ d'exploration, faire des *bibliographies d'histoire départementale, cantonale, municipale*, etc.

140. — Bibliographies nationales d'histoire locale. — Les plus importants de ces répertoires, qui sont assez rares, sont la *Bibliographie historique et topographique de la France* par A. Girault de Saint-Fargeau[1], la *Topographische Lijst* de J. T. Bodel Nijenhuis[2], la *Bibliografia storica municipale* de L. Manzoni[3], le *Book of British topography*, de J. P. Anderson[4], quelques autres répertoires anglais[5] et américains[6].

141. — Bibliographies d'histoire provinciale, départementale, municipale, etc. — Les bibliographies d'histoire locale (provinciales, municipales, etc.) forment, aujourd'hui, une bibliothèque considérable : il en existe, au bas mot, plusieurs centaines; on en a publié dans tous les pays de l'ancien et du nouveau monde. Comment savoir s'il existe une bibliographie spéciale sur l'histoire de telle province ou de telle ville de n'importe quel pays?

Dans les « Bibliographies des bibliographies » universelles (§ 2 et s.), les principales bibliographies d'histoire locale ont

1. A. Girault de Saint-Fargeau, *Bibliographie historique et topographique de la France, ou Catalogue de tous les ouvrages imprimés en français depuis le* XVe *siècle jusqu'au mois d'avril* 1845, *classés : 1° par ordre alphabétique des anciennes provinces; 2° par départements formés desdites provinces; 3° par ordre alphabétique des villes*, etc.. Paris, 1845, in-8.

2. J. T. Bodel Nijenhuis, *Topographische Lijst der Plaatsbeschrijvingen von het koningrijk der Nederlanden*, Amsterdam, 1862-68, 2 vol. in-8.

3. L. Manzoni, *Bibliografia storica municipale. Volume I che contiene il catalogo delle storie di propria edizione delle città, terre e castelli d'Italia* [A-E]. Bologna, 1892, in-8.

4. J. P. Anderson, *The Book of British topography, a classified catalogue of the topographical works in the Library of the British Museum, relating to Great Britain and Ireland*, London, 1881, in-8.

5. Geo. Laurence Gomme, *The literature of local institutions*, London, 1886, in-12. — Ch. Gross, *Classified list of books relating to British municipal history*, dans le *Harvard University Bulletin*, oct. 1891.

6. H. G. Ludewig, *The literature of American local history; a bibliographical essay*, New York, 1846, in-8. — F. B. Perkins, *Check List of American local history. Reprinted, with additions, from the Bulletins of the Boston Public Library*, Boston, 1876, in-8. — Cf. A. P. C. Griffin, *Index of articles upon American local history in historical collections in the Boston Public Library*, Boston, 1889, in-8.

Pour l'Espagne, voy. l'ouvrage de T. Muñoz y Romero, déjà cité (§ 128). — Pour l'Allemagne, celui de C. G. Weber (§ 124, p. 112).

leur place[1]. Elles sont mentionnées, pour la plupart, dans les répertoires de J. Petzholdt et de L. Vallée, et dans ceux qui leur font suite (§ 8). Cependant, on conçoit fort bien qu'il serait utile de posséder de ces précieux instruments des listes particulières et plus complètes; on serait bien aise d'avoir la liste complète des bibliographies qui ont été publiées sur l'histoire locale de l'Allemagne, la liste complète des bibliographies qui ont été publiées sur l'histoire locale de l'Angleterre, la liste complète des bibliographies qui ont été publiées sur l'histoire locale de la France, et ainsi de suite.

Nous avons déjà eu l'occasion de dire plus haut (§ 124) qu'à notre avis les bibliographies d'histoire nationale, du type Dahlmann-Waitz, devraient contenir la liste des bibliographies afférentes à l'histoire locale de chacun des grands États modernes. Les auteurs de ces bibliographies générales ne peuvent

1. Toutes les « bibliographies locales » ne sont pas des « bibliographies d'histoire locale », de même que toutes les « bibliographies nationales » ne sont pas des « bibliographies d'histoire nationale ». Néanmoins, dans les « Bibliographies des bibliographies » de J. Petzholdt et de L. Vallée, les bibliographies d'histoire locale (livres sur l'histoire d'une localité) sont énumérées pêle-mêle avec les bibliographies d'histoire littéraire locale (livres publiés par les écrivains originaires d'une localité) et avec les bibliographies locales de tous les autres types (livres imprimés dans une localité, sur une localité, etc.). — Sur les bibliographies locales en général, voy. F. Madan, *What to aim at in local Bibliography*, dans *The Library Chronicle*, IV, p. 144 et suiv.; U. Chevalier, *Les bibliographies locales*, Lyon, [1892], gr. in-8. Extr. de *Univers. cathol.*, IX (1892); Ph. Milsand, *Objet, division et plan d'une bibliographie départementale*, Dijon, 1886, in-8.

C'est ici le lieu de remarquer que les catalogues imprimés des bibliothèques locales qui sont riches et qui possèdent la plupart des livres relatifs à l'histoire de la ville ou de la province où elles se trouvent, lorsqu'ils sont disposés méthodiquement, constituent de véritables bibliographies d'histoire locale. C'est ainsi que les tomes VII et VIII du *Catalogue méthodique de la bibliothèque de la ville de Troyes* (Troyes, 1880-81, in-8), intitulés « Histoire locale », forment une utile bibliographie historique de Troyes et de sa région. — Parmi les « collections particulières » que possèdent des amateurs, que des libraires mettent en vente, ou qui ont été léguées à des bibliothèques publiques, il y en a un grand nombre qui sont des collections de livres, de plaquettes et de documents relatifs à l'histoire locale. Il serait utile d'avoir des listes, par pays, des catalogues des Collections de cette espèce qui existent. Voir pour les États-Unis : W. C. Lane et C. K. Bolton, *Note on the special collections to be found in the public libraries of the United States*, Cambridge, Mass., 1892, in-8.

pas accorder beaucoup de place aux livres relatifs à l'histoire locale, c'est entendu ; ne serait-il pas naturel qu'ils donnassent le moyen de suppléer à leur silence en indiquant, ce qui ne serait pas très long, les répertoires où les livres en question sont énumérés, décrits et classés avec soin?

A défaut des « Bibliographies des bibliographies d'histoire locale » qui auraient leur place naturelle, mais qui ne se trouvent pas, nous le regrettons, dans les manuels du type Dahlmann-Waitz, a-t-on, du moins, publié à part, ailleurs que dans les « Bibliographies des bibliographies » universelles, des listes de bibliographies d'histoire locale? Il existe une excellente liste (arrêtée en 1895) des bibliographies qui ont été publiées sur l'histoire des diverses localités d'Italie, dans la *Bibliotheca bibliographica italica*, déjà souvent citée, de MM. Ottino et Fumagalli (n. 1414 et s., 5282 et s.). Les essais de R. Harrison pour l'Angleterre[1] et de J. Jackson pour la France[2] sont sans valeur; celui de M. Menéndez y Pelayo pour l'Espagne et le Portugal est également insuffisant[3].

---

142. — Les observations qui précèdent (§ 141) s'appliquent, avec la même force qu'aux bibliographies d'histoire locale, aux « bibliographies de faits historiques » et aux « bio-bibliographies individuelles ».

Certains faits historiques, — les Vêpres Siciliennes, la Saint-Barthélemy, le *Risorgimento italiano*, la campagne austro-prussienne de 1866, la dernière guerre franco-allemande, la Commune de Paris, par exemple, — ont été l'objet de monographies bibliographiques. De nos jours on fait volontiers la

1. R. Harrison, *County Bibliography*, dans *The Library Chronicle*, 1886, p. 49-54.

2. « Sur les bibliographies provinciales » de France, dans le *Polybiblion, Partie littéraire*, 1884, p. 284-7. Cf. J. D. O., *Some french bibliographies*, London, 1881, in-16, p. 18-24. Voir aussi *La Grande Encyclopédie*, VI, p. 657 et s. — Les bibliographies locales de toute espèce, et non pas seulement les bibliographies d'histoire locale, sont mentionnées pêle-mêle dans ces essais.

3. M. Menéndez y Pelayo, *La Ciencia española*, I (Madrid, 1887, in-12), p. 60-8.

bibliographie de certains événements, importants ou minimes, mais qui ont donné lieu à une littérature abondante — la célébration du 8e centenaire de l'Université de Bologne, la commémoration de la prédication de la première croisade à Clermont-Ferrand en 1895, par exemple. Ces « bibliographies de faits historiques » qui ne sont aujourd'hui signalées que dans les bibliographies des bibliographies générales (§ 2-8) devraient l'être, en même temps que les principaux livres sur lesdits faits, dans les manuels du type Dahlmann-Waitz.

De même, les manuels du type Dahlmann-Waitz pour l'histoire d'Italie, de France et d'Allemagne signalent, ou signaleront certainement, les principaux livres qui ont été publiés sur Dante, sur Jeanne d'Arc, sur Gœthe. Mais il existe des bibliographies spéciales des livres relatifs à Dante, à Jeanne d'Arc, à Gœthe. Les meilleures de ces bibliographies individuelles devraient être signalées dans les manuels du type Dahlmann-Waitz, en vue de faciliter aux lecteurs de ces manuels dont les indications sont nécessairement très sommaires, des recherches complémentaires.

Les bibliographies de faits historiques et les bio-bibliographies individuelles qui intéressent l'histoire d'Italie sont mentionnées dans la *Bibliotheca bibliographica italica*. Mais on en est encore réduit à chercher celles qui intéressent l'histoire d'Allemagne, d'Angleterre, de France, etc., dans les « Bibliographies des bibliographies » universelles.

---

143. — Il va sans dire que, ici comme ailleurs, les renseignements bibliographiques les plus sûrs et les plus nouveaux ne se trouvent pas toujours dans les répertoires bibliographiques proprement dits : ils sont souvent dans des livres doctrinaux, munis d'un bon appareil bibliographique. C'est ainsi que l'on sera souvent mieux informé sur la bibliographie d'un personnage en s'adressant aux articles des grandes Biographies nationales, ci-dessus désignées (§ 99), qu'en s'adressant à d'anciennes monographies bibliographiques sur ce personnage. La *Bibliographie de l'histoire de France* de G. Monod remonte à

1888 ; pour savoir quels sont les livres relatifs à l'histoire des institutions françaises du XIe au XIVe siècle, on aura manifestement intérêt à consulter, plutôt que cette *Bibliographie*, les notes bibliographiques du *Manuel des institutions françaises. Période des Capétiens directs*, de A. Luchaire (Paris, 1892, in-8), qui, plus complètes d'ailleurs de toute manière, font mention des livres parus de 1888 à 1892, que G. Monod n'a pas pu connaître.

IV

RÉPERTOIRES PARTICULIERS A DES BRANCHES SPÉCIALES ET AUX SCIENCES AUXILIAIRES DE L'HISTOIRE

144. — Le domaine de l'Histoire universelle est immense : on peut le diviser et le subdiviser à l'infini, de bien des manières. On l'a divisé, nous l'avons vu (sections II et III), dans le temps et dans l'espace, chronologiquement et géographiquement. Il est aussi légitime de le diviser méthodiquement, par spécialités : histoire religieuse, histoire littéraire, histoire des arts, histoire des sciences, histoire du droit public et privé, histoire militaire, sciences auxiliaires de l'histoire, etc. Et il existe des répertoires bibliographiques spéciaux, qui sont destinés à servir de guides à ceux qui se proposent d'étudier soit l'ensemble, soit les détails, de ces branches spéciales de l'histoire.

Histoire religieuse [1].

145. — Si l'ouvrage de Ed. Bratke, *Wegweiser zur Quellen- und Litteraturkunde der Kirchengeschichte* (Gotha, 1890, in-8), tenait les promesses de son titre, ce serait l'équivalent, pour l'histoire ecclésiastique, du manuel de Dahlmann-Waitz pour l'histoire d'Allemagne ; mais c'est un livre plein de considérations méthodologiques et de renseignements généraux qui n'y sont pas à leur place. Des 1844 ouvrages qui sont énumérés

1. Pour l'histoire des religions de l'antiquité, voy. ci-dessus, § 120.

dans ce *Wegweiser*, il aurait été plus sage d'en élaguer la moitié et de ranger les autres autrement. Tel qu'il est, lorsqu'on a eu la patience d'apprendre à s'en servir, il n'est pas impossible de tirer quelque profit du *Wegweiser* de Bratke. On y trouve un essai confus de bibliographie des bibliographies théologiques (p. 158 et s.), des listes d'encyclopédies et de manuels intéressants pour l'histoire ecclésiastique, une liste de livres à consulter sur les principaux personnages et sur les principaux sujets de l'histoire ecclésiastique (p. 225 et s.). — Nous ne connaissons que le titre du répertoire, probablement élémentaire, de J. A. Fisher : *A select bibliography of ecclesiastical history* (Boston, 1885, in-8).

Rien n'empêcherait de composer des bibliographies « nationales » d'histoire ecclésiastique. Il en existe une pour les Pays-Bas (alphabétique par noms d'auteurs, avec une table méthodique), par W. P. C. Knuttel : *Nederlandsche Bibliographie van Kerkgeschiedenis* (Amsterdam, 1889, in-8).

146. — L'histoire ecclésiastique est le type de ces sujets historiques dont la bibliographie générale se trouve plutôt dans des dictionnaires et dans des traités doctrinaux que dans des répertoires bibliographiques proprement dits. — Les grands traités classiques de K. R. Hagenbach (*Encyklopædie und Methodologie der theologischen Wissenschaften*, Leipzig, 1889, in-8, 12e éd.), de J. C. L. Gieseler (*Lehrbuch der Kirchengeschichte*, Bonn, 1829-57, 6 vol. in-8), de J. H. Kurtz (*Lehrbuch der Kirchengeschichte*, Leipzig, 1893, in-8, 12e éd.), de W. Mœller (*Lehrbuch der Kirchengeschichte*, Freiburg i. B., 1889-95, 5 vol. in-8), etc., sont de bons guides bibliographiques, ainsi que les monumentales encyclopédies de J. J. Herzog (*Real-Encyklopädie für protestantische Theologie und Kirche*, éd. G. L. Plitt et A. Hauck, Leipzig, 1877-88, 18 vol. in-8), de F. Lichtenberger (*Encyclopédie des sciences religieuses*, Paris, 1877-82, 13 vol. in-8), de W. Smith et H. Wace (*A dictionary of christian biography, literature, sects and doctrines*, London, 1877-87, 4 vol. in-8), de F. X. Kraus (*Real-Encyklopädie der christlichen Alterthümer*, Freiburg i. B., 1882-86, 2 vol. in-4), etc.

Histoire littéraire.

147. — Nous avons traité plus haut (§ 90-106) des principaux recueils bibliographiques où les sources de l'histoire littéraire sont répertoriées à différents points de vue. — Pour la bibliographie des études modernes sur l'histoire de la langue et sur l'histoire littéraire, comme l'histoire de la langue et l' « histoire littéraire » sont deux des parties principales de la « Philologie », on la trouvera dans les « bibliographies » et dans les manuels spéciaux aux diverses Philologies (§ 120-121).

Histoire de l'art.

148. — Les catalogues de certaines bibliothèques spéciales, très riches et très bien composées, forment, quand ils sont imprimés, de véritables bibliographies spéciales. — Le catalogue de la Bibliothèque de l'École des Beaux-Arts, à Paris, qui est spéciale pour les ouvrages relatifs à l'histoire de l'art, très riche et très bien composée, serait une bibliographie de l'histoire de l'art fort acceptable ; malheureusement le *Catalogue méthodique de la Bibliothèque de l'École nationale des Beaux-Arts* (Paris, 1873, in-8), déjà ancien, qui n'a pas été refondu, ne donne pas une idée des ressources actuelles de l'établissement. Il faut préférer, à cause de sa date, le *Katalog der Bibliothek der k. Akademie der Künste zu Berlin*, publié par E. Dobbert et W. Grohmann (Berlin, 1893, in-8).

On a imprimé en Angleterre un grand nombre de catalogues de livres sur l'histoire de l'art, catalogues de bibliothèques réelles ou idéales. Les plus importants sont l'*Universal catalogue of books on Art compiled for the use of the National Art Library and the Schools of Art in the United Kingdom* (London, 1870-77, 3 vol. in-8), et les livrets (*Lists of books...*) publiés par le South Kensington Museum de Londres.

148 *bis*. — La collection, munie de tables, des catalogues officinaux de R. Weigel, un des premiers libraires de l'Allemagne pour les livres relatifs aux Beaux-Arts, est considérée comme très précieuse au point de vue bibliographique : *Catalog von Kunstsachen und Büchern welche in der Anstalt für Kunst und Literatur (R. Weigel) in Leipzig vorräthig oder durch dieselbe besorgt werden* (Leipzig, 1833-66, 5 vol. in-8). — La 5e et 6e partie des *Handy-lists of technical literature* de H. E. Haferkorn (qui sont des listes méthodiques des meilleurs livres en langue anglaise antérieurs à 1888) sont consacrées aux Beaux-Arts : *Handy-list of books on Fine Arts and architecture. An alphabetical catalogue arranged under authors and subjects...* (Milwaukee, 1893, in-8.)

149. — Des essais de bibliographie scientifique générale des Beaux-Arts, où l'histoire de l'art occupe une large place, ont été entrepris par G. Gratet-Duplessis (*Essai d'une bibliographie générale des Beaux-Arts*, Paris, 1866, in-8), et par E. Vinet (*Bibliographie méthodique et raisonnée des Beaux-Arts*, Paris, 1874-77, 2 fasc. in-8. Inachevé).

Pour l'histoire des arts dans l'antiquité, voir les bibliographies et les manuels de Philologie classique (ci-dessus, § 120).

M. H. Lemonnier s'est proposé de « dresser pour les étudiants une première liste de livres relatifs à l'histoire de l'art moderne, depuis les origines jusqu'à nos jours ». Ses *Éléments de Bibliographie pour l'histoire de l'art moderne* ont été publiés dans la *Revue internationale de l'enseignement*, 1894, I, p. 249-68[1]; on y trouve la liste des principaux livres de référence, des manuels et des dictionnaires spéciaux pour l'histoire de l'art.

150. — Il existe des bibliographies particulières des travaux relatifs à l'histoire de certains arts (Exemple : H. L. Bœrsma, *Kunstindustrieele Literatuur. Proeve van een historisch-bibliographisch overzicht van boek- en plaatwerken verschenen op het gebied der Kunstnijverheid*, I, s'Gravenhage, 1888, in-8);

1. Il annonce (p. 249) l'intention « de publier deux autres bibliographies destinées à ceux qui voudraient entreprendre des travaux personnels. La première indiquera les principaux instruments de recherche (recueils de documents, périodiques et revues, mémoires, etc.). La seconde fournira des matériaux pour l'*histoire de l'histoire de l'art*, en classant par ordre chronologique les principaux ouvrages de ce genre parus depuis le XVIe siècle ; elle donnera de la même façon la chronologie des doctrines esthétiques jusqu'à nos jours. »

à l'histoire générale d'un art (Exemple : Champfleury, *Bibliographie céramique. Nomenclature analytique de toutes les publications faites en Europe et en Orient sur les arts et l'industrie céramiques depuis le* XVIe *siècle jusqu'à nos jours*, Paris, 1881, in-8) ; ou à l'histoire d'un art dans certains pays (Exemple : J. F. van Someren, *Essai d'une Bibliographie de l'histoire spéciale de la peinture et de la gravure en Hollande et en Belgique, de 1500 à 1875*, Amsterdam, 1882, in-8). — Nous ne connaissons aucune liste, aucun répertoire général de toutes ces bibliographies spéciales.

Histoire des sciences.

151. — On trouvera la liste des principaux travaux relatifs à l'histoire de la Chimie, de la Pharmacie, etc., dans la « Bibliographie choisie » de H. C. Bolton : *A select Bibliography of Chemistry* (Washington, 1893, in-8. « Smithsonian miscellaneous Collections »), p. 85-170.

Les répertoires généraux de Bibliographie mathématique et de Bibliographie médicale dont une section est réservée aux travaux relatifs à l'histoire des Mathématiques et de la Médecine sont nombreux. Mais le procédé le plus simple, pour s'orienter, est de consulter d'abord les grands traités modernes sur l'histoire des Mathématiques (M. Cantor, *Vorlesungen über Geschichte der Mathematik*, Leipzig, [I[2], 1894; II, 1892; III, 1894-96], 3 vol. in-8) et de la Médecine (H. Häser, *Lehrbuch der Geschichte der Medicin und der epidemischen Krankheiten*, Iena, 1875-82, 3 vol. in-8, 3e éd.), dont les notes et les *excursus* bibliographiques sont très amples et très sûrs.

Histoire du Droit public et privé et de la Science sociale.

152. — Pour l'histoire du Droit public et privé et de la science sociale, le public studieux est exceptionnellement favorisé. D'une part, en effet, il existe une « Bibliographie » particulière « des bibliographies de Droit » ; d'autre part, un guide (*Wegweiser*) élémentaire où sont indiqués, en principe, les meilleurs livres à consulter sur toutes les parties de la science du Droit. — Dans le *Wegweiser* on trouve, en principe, la liste des bons livres sur cette partie de la science du Droit qui est l'histoire du Droit, sur l'histoire du Droit dans tous les temps et dans tous les pays. — Dans la « Bibliographie des bibliographies », on trouve la liste des monographies bibliographiques qui ont été publiées sur les divers points de la science du Droit, y compris l'histoire du Droit.

C'est à E. Dramard que l'on doit la *Bibliographie de la bibliographie générale du droit français et étranger* (Paris, 1893, in-8). Cet auteur énumère, sans donner, le plus souvent, d'avertissements critiques, toutes les bibliographies juridiques : d'abord celles qui « embrassent l'ensemble des pays et l'ensemble des matières du Droit », puis celles qui, embrassant l'ensemble des pays ou plusieurs pays, sont spéciales à certaines matières du Droit (Histoire du Droit, n. 252 et suivants) ; enfin les bibliographies nationales de Droit : bibliographies de l'histoire du Droit français (n. 450 et s.), allemand (n. 528 et s.), anglais, etc.

Le *Wegweiser durch die neuere Litteratur der Rechts- und Staatswissenschaften*, par O. Mühlbrecht (Berlin, 1893, in-8, 2e éd.), n'est malheureusement pas un bon livre (cf. *Centralblatt für Bibliothekswesen*, 1893, p. 277). C'est un catalogue de libraire plutôt qu'une bibliographie scientifique. C'est une liste de titres, dépourvue de toute indication propre à renseigner le lecteur sur le caractère et la valeur des livres cités. — Comme le *Wegweiser* de E. Bratke, quoique pour d'autres raisons, le *Wegweiser* de O. Mühlbrecht est bien inférieur au manuel de Dahlmann-Waitz auquel, au point de vue de la morphologie bibliographique, il correspond cependant.

G. H. Baker, de Columbia College, New York, prépare une bibliographie générale des sciences politiques qui sera intitulée : *Literature of political science.*

153. — Le livre de E. Dramard nous dispense d'indiquer ici nominativement les bibliographies d'histoire du Droit, même les plus considérables[1]. — Dans celui de O. Mühlbrecht sont méthodi-

1. Médiocrement nombreuses, elles sont, presque toutes, « nationales », comme la *Bibliographie der deutschen Rechtsgeschichte*, de E. H. Costa (Braunschweig, 1858, in-8), comme le *Grundriss zu den Vorlesungen über*

quement catalogués les grandes encyclopédies juridiques et les grands traités ou manuels où l'ensemble et les diverses parties de l'histoire du Droit sont exposés et qui contiennent en même temps des renseignements bibliographiques copieux. Disons seulement que, dans la plupart des cas, il vaut mieux recourir à ces grands dictionnaires (par exemple à l'admirable *Handwörterbuch der Staatswissenschaften*, publié à Iéna, depuis 1890), et à ces manuels[1], qu'aux bibliographies proprement dites.

Histoire militaire.

154. — J. Pohler a composé une *Bibliotheca historico-militaris*[2]. C'est une liste méthodique des livres publiés dans toutes les langues, dans tous les pays, sur l'histoire de la guerre et de la science militaire depuis l'invention de l'imprimerie jusqu'à la fin de l'année 1880.

Histoire de la philosophie.

155. — Le premier fascicule (in-8) d'une *Bibliotheca philosophica, ou Guide bibliographique-critique à l'étude historique de la Philosophie et des sciences analogues jusqu'à l'an* 1896, a été publié par Fr. Cosentini, à Sassari, en 1896.

On se sert couramment des notices bibliographiques qui figurent dans le célèbre *Grundriss der Geschichte der Philosophie* de Fr. Ueberweg, tenu au courant par M. Heinze (Berlin, depuis 1894, 3 vol. in-8, 8e éd.).

schweizerische Rechtsgeschichte, mit Literatur- und Quellenangabe, de A. v. Orelli (Zürich, 1884, in-8, 2e éd.), etc.

1. Les grands manuels d'histoire du Droit sont, du reste, indiqués dans les répertoires nationaux d'histoire générale du type Dahlmann-Waitz (§ 124 et suiv.), aussi bien que dans le *Wegweiser* de O. Mühlbrecht.

2. J. Pohler, *Bibliotheca historico-militaris. Systematische Uebersicht der Erscheinungen aller Sprachen auf dem Gebiete der Geschichte der Kriege und Kriegswissenschaft* (Cassel, 1887-95, 3 vol. in-8). Le 4e vol. est en préparation.

Sciences auxiliaires de l'histoire

156. — J. Petzholdt a relevé, dans sa *Bibliotheca bibliographica* (p. 785-98), les anciennes bibliographies relatives à la Chronologie, à la Généalogie, à la Géographie, à l'Héraldique, à la Numismatique. Ces sciences auxiliaires sont en effet les seules qui aient été l'objet de répertoires bibliographiques proprement dits. C'est dans les traités de Diplomatique, de Paléographie, d'Épigraphie, etc., qu'il faut chercher, en règle générale, des renseignements bibliographiques sur les différentes parties de la Diplomatique, de la Paléographie, de l'Épigraphie, etc.[1].

On ne compose guère aujourd'hui de répertoires bibliographiques que pour deux sciences auxiliaires : Généalogie et Numismatique.

Il existe plusieurs répertoires qui sont consacrés à la bibliographie de la Numismatique universelle. Ce sont ceux de J. G. Lipsius (*Bibliotheca numaria, sive catalogus auctorum qui usque ad finem sæculi XVIII de re monetaria aut numis scripserunt*, Lipsiæ, 1801, 2 vol. in-8), et de J. J. Leitzmann (*Bibliotheca numaria. Verzeichniss sämmtlicher in dem Zeitraume 1800 bis 1866 erschienenen Schriften über Münzkunde*, Weissensee, 1867, in-8, 2e éd.). Ces recueils ne peuvent

1. Il y a bien quelques bibliographies de ces sciences auxiliaires qui ont été publiées séparément, mais elles sont sans importance. — C'est ainsi que l'on préférera, pour la Paléographie, la bibliographie qui se trouve dans le *Manuel de paléographie* de M. Prou (Paris, 1892, in-8, 2e éd.) au vieil ouvrage de P. Namur (*Bibliographie paléographico-diplomatico-bibliologique générale, ou Répertoire systématique, indiquant : 1° tous les ouvrages relatifs à la Paléographie; à la Diplomatique....* Liège, 1838, in-8) et à la bibliographie indépendante de E.-D. Grand (*Leçon d'ouverture du cours de Paléographie de la Faculté des lettres de Montpellier*, Montpellier, 1890, in-8. Extr. de la *Revue des langues romanes*), reproduite par E. Bacha (dans sa traduction de W. Arndt, *La Paléographie latine, traduit de l'allemand*, Liège, 1891, in-8). De son côté, le *Manuel de Diplomatique*, de A. Giry (Paris, 1894, in-8), est assurément le meilleur répertoire qui existe des écrits relatifs à la Diplomatique.

Pour la bibliographie des sciences auxiliaires de l'histoire de l'antiquité (Paléographie, Épigraphie, Métrologie, etc.), voyez les manuels et les bibliographies de Philologie classique (§ 120).

plus servir qu'aux spécialistes expérimentés. — J. A. Blanchet a donné une bibliographie des principaux travaux relatifs à la Numismatique générale du moyen âge et des temps modernes dans le Manuel Roret de *Numismatique du moyen âge et moderne* (Paris, 1890, 2 vol. in-18).

Les autres répertoires bibliographiques de Numismatique et tous ceux de Généalogie sont « nationaux », c'est-à-dire que l'on n'y mentionne que les livres relatifs aux familles et à la Numismatique d'un seul pays. A ce titre, ils devraient être indiqués dans les répertoires généraux d'histoire nationale du type Dahlmann-Waitz (cf. § 142). Mais ils n'y figurent pas toujours. — La *Bibliothèque héraldique de la France* de J. Guigard (Paris, 1861, in-8), qui « comprend la nomenclature systématique et raisonnée des ouvrages qui ont paru sur le Blason, les Ordres de Chevalerie, la Noblesse, les Fiefs, la Féodalité et les Généalogies relatifs à l'histoire de France » et « concernant les Pays-Bas, la Belgique et la Suisse française », avec, en appendice, « le catalogue des ouvrages publiés en français sur les mêmes matières intéressant les autres États de l'Europe », est citée, à la vérité, dans la *Bibliographie de l'histoire de France* de M. G. Monod (n. 149), mais il n'est pas question de la grande *Bibliotheca heraldica Magnæ Britanniæ* de T. Moule[1] dans l'*Introduction to the study of English history* de J. Bass Mullinger, ni, dans la *Quellenkunde der deutschen Geschichte* de Dahlmann-Waitz, au § « Genealogie », de la *Bibliotheca familium nobilium* de O. Gundlach[2]. Les livres de J. Guigard, de T. Moule, de O. Gundlach et de D. S. Durrie (*Bibliographia genealogica americana*, Albany, 1887, in-8, 5e éd.) sont, d'ailleurs, les plus considérables qui aient été publiés en ce genre. — De même pour la Numismatique. L'excellent *Répertoire*

1. T. Moule, *Bibliotheca heraldica Magnæ Britanniæ; an analytical Catalogue of books on Genealogy, Heraldry, Nobility, Knighthood and Ceremonies*, London, 1822, in-4. — Cf. G. Gatfield, *Guide to printed books and manuscripts relating to English and foreign heraldry and genealogy*, London, 1892, in-8.

2. O. Gundlach, *Bibliotheca familium nobilium Repertorium gedruckter Familien-Geschichten und Familien-Nachrichten*, Berlin, 1886, in-8, 2e éd

général des sources imprimées de la numismatique française (Paris, 1887-89, 3 vol. in-8) de A. Engel et R. Serrure ne figure pas au § « Numismatique » de la *Bibliographie de l'histoire de France* de G. Monod (p. 14-6), tandis que la *Bibliographie générale et raisonnée de la numismatique belge* de G. Cumont (Bruxelles, 1883, in-8) est citée par H. Pirenne dans sa *Bibliographie de l'histoire de Belgique* (n. 83). Il est à souhaiter que dans la future Bibliographie de l'histoire d'Espagne on n'omette point la belle *Bibliografia numismatica española* de J. de Dios de la Rada y Delgado (Madrid, 1886, in-4), ni, dans la future bibliographie de l'histoire d'Italie, le *Saggio di bibliografia numismatica delle zecche italiane medioevali e moderne* de Fr. et E. Gnecchi (Milano, 1889, gr. in-8). — Une Bibliographie raisonnée des bibliographies de Numismatique ne serait ni longue, ni difficile à faire; elle serait utile; il n'y en a pas.

Note additionnelle. — Les « romans historiques » eux-mêmes ont été l'objet de travaux bibliographiques. On sera peut-être bien aise de savoir que des bibliographes américains ont eu l'idée de publier par fragments, depuis 1892, « A chronological index to historical fiction, including prose fiction, plays and poems », dans le *Bulletin of the Public Library of the city of Boston*. Veut-on savoir, par exemple, quels sont les romans historiques modernes dont la scène est placée en France, au XVIIe siècle? Il faut consulter le *Bulletin* de janvier 1894.

CHAPITRE IV

RÉPERTOIRES DE BIBLIOGRAPHIE HISTORIQUE (BIBLIOGRAPHIE PÉRIODIQUE)

157. — Tous les répertoires indiqués dans le chapitre précédent font connaître tant bien que mal la bibliographie ancienne (depuis les origines jusqu'à la date où ils ont été publiés) des questions historiques. Mais outre la littérature ancienne, cristallisée dans les répertoires de Bibliographie rétrospective, il y a la littérature courante, celle qui se fait sous nos yeux[1]. Chaque année, la librairie et la presse périodique de tous les pays jettent dans le domaine public des centaines, des milliers de volumes et d'articles relatifs aux sciences historiques, dont quelques-uns annulent complètement, sur le point spécial qu'ils traitent, la littérature antérieure. Comment en est-on informé? — Par les répertoires de Bibliographie périodique universelle (§ 14, 14 *bis*)? Oui, mais d'une manière trop sommaire. Par les répertoires périodiques de Bibliographie nationale (§ 26 et suivants), c'est-à-dire par les « Journaux de la Librairie » de chaque pays? Oui, mais ces journaux bibliographiques ne sont pas tous bien

1. Il y a encore la littérature en préparation, qu'il est impossible de connaître autrement que par des renseignements privés, par hasard. — Aussi bien, tous les livres en préparation ou projetés ne voient pas le jour, tant s'en faut : Th.-J. ab Almeloveen a pu composer une *Bibliotheca promissa et latens*.... (Gouda, 1688, in-8), qu'il serait aujourd'hui facile d'enrichir infiniment. Il serait déjà amusant de compter combien de livres, annoncés dans les *Mitteilungen der Verlagsbuchhandlung B. G. Teubner in Leipzig*, depuis 29 ans, sous la rubrique : « Anzeigen über künftig erscheinende Bücher », n'ont jamais été publiés.

rédigés, nous l'avons vu; on ne les a pas tous sous la main; aucun spécialiste, enfin, ne pourrait trouver le temps de les dépouiller pour y noter ce qui concerne ses études spéciales. — On voit ainsi comment des *bibliographes* ont été amenés à publier *périodiquement* (chaque mois, ou chaque trimestre, ou chaque année), des relevés d'ouvrages spéciaux à telle ou telle branche de la science qui ont paru dans tous les pays. Ces bibliographes, convenablement outillés, font pour le public studieux ce que le public studieux n'aurait ni les moyens, ni le temps de faire lui-même.

Pour l'Histoire, comme pour la plupart des autres sciences, il existe aujourd'hui des répertoires spéciaux, périodiques, de bibliographie courante. Il importe de les classer.

Les uns ont la prétention d'enregistrer « tous » les travaux relatifs soit à l'ensemble, soit à telle ou telle partie des sciences historiques. Les autres ne signalent que les « meilleurs » travaux.

Les uns sont de simples listes de titres : ce sont les « Bibliographies » proprement dites. Dans d'autres, l'énoncé du titre de chaque ouvrage — ou de certains ouvrages seulement : les plus importants — est suivi d'observations critiques, de « comptes rendus » plus ou moins développés (*Berichte*). Dans d'autres, enfin, un moyen terme a été adopté : à propos de chaque ouvrage on indique son dossier, c'est-à-dire la liste des articles critiques, détaillés et sérieux, qui lui ont été consacrés[1].

Les uns se publient à l'état de fascicules ou de volumes séparés : c'est le cas des grands recueils annuels (*Jahresberichte*, *Jahrbücher*) qui existent en Allemagne. Les autres sont imprimés en appendice à des revues (avec ou sans pagination spéciale) : c'est le procédé que l'on emploie lorsque des *Jahresberichte*

1. Les articles critiques ou comptes rendus développés sont publiés soit dans les revues générales de Bibliographie critique dont il a été question plus haut (§ 14 *bis*), soit dans des revues de Bibliographie critique spéciales aux sciences historiques et philologiques, telles que la *Revue critique d'histoire et de littérature* (fondée en 1866), le *Bulletin critique de littérature, d'histoire et de philologie* (fondé en 1880), les *Mitteilungen aus der historischen Litteratur* (Berlin, depuis 1872), etc., soit, enfin, dans les revues historiques et philologiques.

indépendants ne trouveraient pas un public assez nombreux pour les faire vivre.

L'art de dresser des répertoires de Bibliographie périodique, qui requiert beaucoup de soin, de patience et de désintéressement, est surtout cultivé en Allemagne. On en a étudié théoriquement les règles[1]. Ces répertoires doivent, pour être vraiment utiles, être *complets, critiques* et *munis de tables*. Ceux qui sont publiés en appendice à des revues devraient toujours être tirés à part ou pourvus d'une pagination spéciale.

158. — Il semble qu'il suffirait d'une seule bibliographie périodique, bien faite, pour chacune des parties des sciences historiques. Mais la concurrence, — une concurrence mal réglée entre les érudits des divers pays et entre les revues similaires de chaque pays, — a créé, çà et là, des doubles emplois, tandis que, faute de coordination, des lacunes graves subsistent ; il y a, sur certains points, surabondance, et, sur d'autres, absence quasi totale de moyens d'information. — D'autre part, chose plus fâcheuse encore, la plupart des bibliographies périodiques d'histoire — d'histoire locale surtout — qui existent sont faites par des personnes zélées, mais isolées ou trop peu nombreuses, dont le zèle s'épuise à la longue et qui ne trouvent pas toujours des continuateurs[2]. Or, il est avéré que des répertoires de Bibliographie périodique ne peuvent être exécutés convenablement que par la méthode coopérative, sous les auspices de sociétés puissantes et assurées de durer. L'organisation des services de Bibliographie courante pour les sciences historiques, comme, du reste, pour la plupart des autres sciences, est encore, partout ailleurs qu'en Allemagne, dans l'enfance.

159. — Les subdivisions de ce chapitre seront presque exactement symétriques à celles du chapitre précédent.

1. J. Jastrow, *Handbuch zu Litteraturberichten. Im Anschluss an die « Jahresberichte der Geschichtswissenschaft »*, Berlin, 1891, in-8.

2. Elles sont faites souvent par des jeunes gens qui considèrent comme une gymnastique et une initiation utiles de s'astreindre pendant plusieurs années à recueillir et à analyser tout ce qui paraît dans le domaine de leurs études. Il est rare qu'après quelques années, lorsqu'ils sont au courant, lorsqu'ils ont entrepris des travaux personnels, ces jeunes gens n'abandonnent pas une besogne qui a cessé de leur être personnellement très profitable et qui absorbe tous leurs loisirs.

I

HISTOIRE UNIVERSELLE

160. — La forme la plus archaïque des répertoires de l'espèce qui nous occupe, ce sont les publications intitulées, en propres termes ou à peu près, l'*Année historique*, dont les auteurs se proposent de faire connaître, dans des volumes annuels, « le progrès », « le mouvement » des sciences historiques pendant l'année précédente. En France, les publications de ce type ont été nombreuses, surtout avant la fondation des grandes revues historiques, mais toutes sont mortes à la fleur de l'âge. Il suffira de citer les recueils de A. Dureau (*Notices bibliographiques pour servir à l'étude de l'histoire et de l'archéologie. 1re année*, 1865, Paris, 1866, in-18) et de A. de Caix de Saint-Aymour (*Annuaire des sciences historiques. Bibliographie des ouvrages d'érudition*, Paris, 1877, in-18), dont la carrière a été très brève. Plus superficiel encore est le compte rendu annuel que publie chaque année, dans ses *Transactions*, sous ce titre : « The progress of historical research », depuis 1890, la « Royal Historical Society » de Londres.

161. — La meilleure des anciennes bibliographies courantes (annuelles) d'histoire universelle fut fondée en 1853, sous la direction de E. A. Zuchold, à la librairie Vandenhoeck et Ruprecht, de Gœttingue, (qui a publié simultanément plusieurs répertoires du même genre pour diverses branches des connaissances humaines), sous le titre de *Bibliotheca historico-geographica*. Neuf ans après, elle prit le nom de *Bibliotheca historica oder systematisch geordnete Uebersicht der in Deutschland und dem Auslande auf dem Gebiete der gesammten Geschichte neu erschienenen Bücher*, sous la direction de W. Müldener. Une nouvelle série de la *Bibliotheca historica*, inaugurée en 1887 sous la direction de O. Masslow, ne compte qu'un seul volume.

O. Masslow a continué ses excellents dépouillements bibliographiques dans la *Deutsche Zeitschrift für Geschichtswissenschaft*, fondée en 1889; mais là, il s'est attaché principalement à bibliographier la littérature relative à l'histoire générale de l'Allemagne (« Bibliographie zur deutschen Geschichte »). Toutefois quand, à partir du tome VII (1892), il a intitulé son répertoire *Bibliographie zur deutschen Geschichte mit Einschluss der allgemeinen Geschichte des Mittelalters und der neueren Zeit*, il n'a pas changé de système : dès l'origine de la *Deutsche Zeitschrift*, la bibliographie de O. Masslow a embrassé, en même temps que les travaux relatifs à l'histoire générale de l'Allemagne, une bonne partie des travaux relatifs à l'histoire du moyen âge et à l'histoire des temps modernes en général. A partir du tome XI (1894), le titre change de nouveau : O. Masslow et G. Sommerfeldt ont adopté la rubrique simplifiée : « Bibliographie »; nous transcrivons, ici, en note, leur avertissement au public[1].

La *Deutsche Zeitschrift*, dont la publication a été un moment interrompue, doit reparaître, sous une nouvelle direction, en 1896.

162. — L'idée première d'un grand répertoire international,

1. « Vollständigkeit wird erstrebt für die politische Geschichte Deutschlands, eine Auswahl für alle übrigen Gebiete, umso beschränkter, je weiter sich die Gruppe von diesem Mittelpunkte entfernt.

« Eine Aenderung in Umfang und Anordnung der Bibliographie ist insofern eingetreten, als sie von diesem Jahrgang an auch Alterthum und Ausland umfasst, während diese Literatur bisher in den « Nachrichten » unregelmässig berücksichtigt wurde....

« Die Hauptgruppen der Disposition sind also : I. *Alterthum*, mit allgem. Welt-G. II. Mittelalter (Allgemeines und 6 chronolog. Gruppen). III. *Neuzeit* (desgleichen). IV. *Culturgeschichte* (1. Allgemeines, 2. Recht, Verfassung u. Wirthschaft, 3. Kirche u. Religion, 4. Bildung, Litteratur u. Kunst, 5. Sitten u. Gebräuche). V. *Deutsche Territorial- u. Localgeschichte* (in 9 geogr. Gruppen). VI. *Ausland* (in 20 geogr. Gruppen). VII. *Historik u. Hilfswissenschaften* (1. G.-Philosophie, Methodik u. G. d. G.-Wissenschaft, 2. Litteratur und Quellenkunde, 3. Hilfsmittel u. Nachschlagewerke, 4. Paläographie, Diplomatik u. Chronologie, 5. Numismatik, Heraldik, Sphragistik, Genealogie). VIII. Anhang. *Sammelwerke u. Zeitschriften.* »

Les comptes rendus utiles qui en ont été publiés sont indiqués à propos de chaque ouvrage. — Les *Literaturberichte* publiés dans les autres recueils de Bibliographie courante, et dans les revues, sur certains sujets ou sur certains groupes de sujets, sont soigneusement signalés en tête de la liste des travaux récents sur ces sujets.

annuel, de Bibliographie, destiné à tenir le public au courant des progrès de l'ensemble des sciences historiques, naquit, vers 1870, parmi les professeurs d'histoire des gymnases de Berlin. Elle a pris corps par la fondation, sous les auspices de la Société historique de Berlin, du recueil intitulé *Jahresberichte der Geschichtswissenschaft*, qui fut dirigé d'abord par F. Abraham, J. Hermann et E. Meyer. Le premier volume, sur la littérature historique de l'année 1878, parut en 1880. Le dernier volume paru (t. XVII) a été publié en 1896 et rend compte de la littérature historique de l'année 1894. — De 1880 à 1896, de grands progrès ont été réalisés dans l'économie de ce répertoire : le plan a été continuellement amélioré; le poids du volume annuel a doublé. L'histoire, très instructive, de l'entreprise a été écrite, l'organisation en a été minutieusement exposée, par J. Jastrow[1], dans son *Handbuch zu Litteraturberichten* (Berlin, 1891, in-8)[2].

1. L'organisation et l'exécution du répertoire ont été vivement critiquées par G. v. Below dans les *Göttingische Gelehrte Anzeigen*, 1888, p. 885-894. Cf. *Deutsche Zeitschrift für Geschichtswissenschaft*, I, p. 484.

Tout le monde connaît, pour l'avoir pratiqué, le répertoire dirigé, jusqu'en 1896, par J. Jastrow. Il est donc inutile d'en décrire ici la disposition matérielle. On sait que chacun des collaborateurs exprime sommairement son avis sur les travaux bibliographiés, dont les titres sont imprimés en note, avec l'indication des comptes rendus utiles qui en ont été faits. Ce système laisse aux collaborateurs une part d'initiative : ils ne sont pas de simples manœuvres; pour bien faire, il faut qu'ils aient non seulement de l'érudition, de l'application et du zèle, mais beaucoup de tact et de jugement, qualités qui ne se rencontrent pas toujours chez les mêmes personnes.

M. Jastrow a cédé en 1896 la direction des *Jahresberichte* au Dr E. Berner, archiviste des archives de la maison royale de Berlin.

2. Voici d'après ce *Handbuch*, le plan de la publication, tel qu'il a été fixé à partir du tome XI :

Abt. I. Altertum.

§ 1 Urgeschichte. — § 2 Ægypter. — § 3 Assyrer. — § 4 Hebräer. — § 5 Juden. — § 6 Inder. — § 7 Perser. — § 8 Griechen. — § 9 Römer. — § 10 Paralipomena.

Abt. II. Deutschland.

Reichsgeschichte. § 11 Germanische Vorzeit (bis c. 500 nach Chr.). — § 12 Merowinger. — § 13 Karolinger. — § 14 Ottonen (911-1002). — § 15 Salier (1002-1125). — § 16 Hohenstaufen (1125-1273). — § 17 Habsburger

163. —* Presque toutes les « revues historiques » dont le domaine est l'ensemble de l'histoire universelle ne publient pas seulement des articles de fond, des documents et des comptes rendus développés sur les livres qui leur sont adressés; elles se proposent de tenir leurs abonnés au courant des nouveautés qui

und Luxemburger (1273-1400). — § 18 Fünfzehntes Jahrhundert (1400-1517). — § 19 Reformation und Gegenreformation (1517-1648). — § 20 Das Jahrhundert nach dem Westfälischen Frieden (1648-1740). — § 21 Niedergang des Reichs; Aufkommen Preussens (1740-1815). — § 22 Deutscher Bund und Neues Reich (1815-1888).

Landesgeschichte. § 23 Oesterreich. — § 24ª Schweiz bis 1517. — § 24ᵇ Schweiz seit 1517. — § 25 Bayern. — § 26 Württemberg. — § 27 Baden. — § 28 Elsass-Lothringen. — § 29 Mittelrhein und Hessen. — § 30 Niederrhein. — § 31 Westfalen. — § 32 Braunschweig-Hannover. Oldenburg. — § 33 Brandenburg. — § 34 Sachsen und Thüringen. — § 35 Schlesien. — § 36 Posen. — § 37 Hamburg, Bremen, Lübeck. — § 38 Hanse. — § 39 Schleswig-Holstein, Mecklenburg, Pommern. — § 40 West- und Ostpreussen. Deutscher Orden. — § 41 Liv-, Est- und Kurland.

§ 42 *Verfassung.* — § 43 *Gesamtgeschichte.*

Abt. III. Ausland.

§ 44ª Italien bis 1492. — § 44ᵇ Italien seit 1492. — § 45 Spanien. — § 46ª Frankreich 987-1515. — § 46ª Frankreich 1515-1789. — § 46ᶜ Frankreich seit 1789. — § 47 Belgien. — § 48 Niederlande. — § 49ª England bis 1485. — § 49ᵇ England seit 1485. — § 50ª Dänemark und Norwegen bis 1523. — § 50ᵇ Dänemark seit 1523. — § 51 Norwegen seit 1523. — § 52 Schweden. — § 53 Russland. — § 54 Polen bis 1795. — § 55 Böhmen, — § 56 Südslawen. — § 57 Ungarn. — § 58 Rumänien. — § 59 Byzantinisches Reich. — § 60 Neugriechenland. — § 61 Kreuzzüge. — § 62 Islam. — § 63 Indien. — § 64 China. — § 65 Japan. — § 66 Afrika. — § 67 Nordamerika. — § 68 Mittel- und Südamerika. — § 69 Australien.

Abt. IV. Allgemeines.

§ 70 Allgemeine Weltgeschichte. — § 71 Methodologie und Philosophie der Geschichte. — § 72ª Kirchengeschichte des Altertums. — 72ᵇ Kirchengeschichte des Mittelalters. — Kirchengeschichte der Neuzeit. — § 73 Paläographie. — § 74 Diplomatik. — § 75 Nachträge.

Depuis 1891, ce plan a encore été amélioré. Le § 19 a été coupé en deux : 19ª Reformation u. Gegenreformation (1517-1618); 19ᵇ Dreissigjähriger Krieg. Plusieurs §§ de la section III ont été dédoublés (52ª Schweden; 52ᵇ Finnland). L' « Allgemeine Kulturgeschichte » (§ 70ᵇ) a été distinguée de l' « Allgemeine Weltgeschichte » (§ 70ª), etc.

Toutes les rubriques de ce cadre ne sont pas représentées dans chaque volume des *Jahresberichte* : il y en a qui ne sont traitées que tous les deux ou trois ans.

paraissent, dans tous les pays, au fur et à mesure qu'elles paraissent, sur toutes les parties de la science historique. A cet effet elles réservent une ou plusieurs rubriques spéciales à la bibliographie courante.

La *Revue historique* (Paris, depuis 1876) publie des « Bulletins historiques » où sont signalés et appréciés les travaux récents, sur chacune des parties principales de l'histoire universelle : histoire grecque, histoire romaine, histoire de France, histoire d'Angleterre, histoire d'Italie, etc. Ces « Bulletins », rédigés par des spécialistes, n'ont pas de périodicité régulière, mais à l'aide des « tables » quinquennales de la *Revue*, il est aisé d'embrasser d'un coup d'œil tous les « Bulletins » publiés, depuis l'origine de la *Revue*, sur le même ordre de sujets.

La *Revue des questions historiques* (Paris, depuis 1866) publie des « Courriers » (Courrier du Nord, Courrier belge, Courrier russe, Courrier italien, Courrier espagnol, etc.) qui ont le même caractère que les « Bulletins » de la *Revue historique*. Des tables décennales permettent d'embrasser d'un coup d'œil la liste de tous les Courriers du même pays publiés dans le recueil depuis l'origine.

L'*Historische Zeitschrift* a publié pendant longtemps (depuis 1859) des « revues bibliographiques » estimées qui tenaient lieu de *Jahresberichte*, lorsqu'il n'en existait pas[1]. Ses comptes rendus et ses Chroniques (« Notizen und Nachrichten ») sont encore très intéressants, mais elle ne donne plus de relevés systématiques de Bibliographie courante.

L'*Historisches Jahrbuch* de la « Görres-Gesellschaft » publie, depuis 1886 (t. VII de la collection), dans chaque numéro, sous ce titre : « Novitätenschau », une revue, disposée suivant un ordre méthodique, des livres nouveaux d'histoire, avec des observations critiques. Les principales revues sont dépouillées à part, avec soin, sous la rubrique « Zeitschriftenschau ».

La *Deutsche Zeitschrift für Geschichtswissenschaft* (Freiburg i. B., depuis 1889) publie régulièrement la « Bibliographie » de O. Masslow dont nous avons déjà parlé, et, en outre, sous la

1. J. Petzholdt, *o. c.*, p. 771.

rubrique « Berichte », des revues sur la littérature récente relative à certaines parties de l'histoire : histoire d'Angleterre, de France, de Belgique, de Bohême, etc.

L'*English historical review* (Londres, depuis 1885) publie, dans chaque numéro, une « List of recent historical publications ». Récemment, on y a joint, sous le titre de « Periodical notices », une liste (disposée suivant l'ordre méthodique) des principaux articles parus dans les revues historiques de tous les pays.

164. — Quelques revues d'histoire générale, comme la *Rivista storica italiana*, ont renoncé de propos délibéré à la tâche de tenir leurs lecteurs au courant des principales nouveautés parues dans le domaine de l'histoire universelle. Elles ont spécialisé leur partie bibliographique. C'est ainsi que la *Rivista storica italiana* s'attache à faire connaître seulement les livres et les articles parus, dans tous les pays, sur l'histoire d'Italie (§ 174).

II

HISTOIRE DE L'ANTIQUITÉ. — HISTOIRE DU MOYEN AGE. — RÉPERTOIRES DE TRAVAUX RELATIFS A LA « PHILOLOGIE CLASSIQUE » ET AUX DIVERSES « PHILOLOGIES ».

165. — Les *Jahresberichte der Geschichtswissenschaft* et les répertoires de bibliographie courante annexés à certaines revues d'histoire universelle suffisent largement à la plupart des lecteurs. Si le public avait l'habitude (qu'il n'a guère en France) de s'en servir, il y trouverait assurément les renseignements essentiels. — Toutefois, pour certaines parties de l'histoire, — notamment pour celles qui, depuis que le divorce a été consommé entre la « Philologie » et l' « Histoire », sont cultivées aussi bien par les « philologues » que par les historiens proprement dits, pour ce que l'on est convenu d'appeler « les antiquités » (*Alterthümer*), l'« histoire de la civilisation », etc., — ils sont, en général, inférieurs aux répertoires particuliers qui sont consacrés à la bibliographie courante des travaux relatifs aux diverses « Philologies » : Philologie orientale, Philologie classique, Philologie romane, Philologie germanique, etc.

165 *bis*. — Nous parlerons dans cette section (symétrique à la sect. III du chapitre III, § 119 et s.) : 1° des répertoires spéciaux de récentes publications relatives à l'histoire de l'antiquité, et des répertoires spéciaux de récentes publications relatives à l'histoire générale du moyen âge; 2° des répertoires spéciaux de récentes publications relatives aux diverses « Philologies » (orientales, classique, romane, germanique, slave). — Les répertoires de travaux relatifs aux Philologies orientales, romane, germanique et slave embrassent, à la vérité, toutes les parties des diverses « Philologies », depuis les origines jusqu'à nos jours; ils ne sont donc pas intéressants seulement pour la période de l'antiquité et pour celle du moyen âge. Mais il était difficile de se soustraire à l'analogie qui oblige, en quelque sorte, à les rapprocher des répertoires de Philologie classique.

166. — Histoire ancienne et histoire du moyen age. — Il y a des revues qui s'intéressent exclusivement soit à l'histoire de l'antiquité, soit à l'histoire du moyen âge, soit à telle ou telle section de l'histoire ancienne ou de l'histoire médiévale. La liste en est longue[1]. — Il va de soi que ces revues spéciales prennent soin, en général, de renseigner leurs lecteurs sur ce qui se publie, en dehors d'elles, dans le domaine de leurs études. Mais il ne nous est pas possible d'énumérer ici les publications périodiques qui fournissent, sans système, *quelques* renseignements bibliographiques, quelle que soit d'ailleurs la valeur, parfois très grande, de ces renseignements[2]; nous n'avons à

1. J. Jastrow donne la liste (*Handbuch*, p. 177) des revues spéciales pour l'histoire d'Orient (cf. *Orientalische Bibliographie*, § 167), et (p. 181) celle des revues spéciales pour l'histoire de l'antiquité (cf. L. Valmaggi, *o. c.*, p. 60-9, 285 et s.).

2. Il semble que, lorsqu'il existe des répertoires bibliographiques proprement dits qui sont vraiment satisfaisants, les revues spéciales pourraient se dispenser sans inconvénient de publier, de leur côté, des dépouillements partiels. Les *Jahresberichte* indépendants sont faits justement pour épargner aux revues les grosses besognes de Bibliographie courante.

signaler que celles qui renfermeraient des « bibliographies » complètes. — Or, c'est seulement pour l'histoire primitive de l'humanité qu'existe, en appendice à une revue, une « bibliographie » complète, systématique, aussi complète et aussi systématique que si elle était publiée à part : elle est jointe (avec pagination spéciale), sous ce titre : « Verzeichniss der anthropologischen Literatur », à l'*Archiv für Anthropologie. Zeitschrift für Naturgeschichte und Urgeschichte der Menschen* (t. XXIII, Braunschweig, 1895, gr. in-8), et rédigée, sous la direction de E. Fromm, par divers spécialistes[1]. — Rien de pareil pour l'histoire de l'antiquité classique : disons seulement qu'une nouvelle revue, la *Rivista di storia antica e scienze affini* (Messine, depuis 1895) se propose de publier un « Bollettino trimestrale delle pubblicazioni periodiche di storia antica e scienze affini ». — Quant à la *Bibliothèque de l'École des chartes*, en lisant les comptes rendus et les listes de « livres nouveaux » que publie cette « revue consacrée spécialement à l'étude du moyen âge », on est informé des principales nouveautés qui paraissent dans le domaine de l'histoire générale du moyen âge; mais comme elle ne mentionne que les « livres » nouveaux, sans s'occuper des articles, parus dans les périodiques, qui n'ont pas été tirés à part, il est clair qu'elle n'a pas la prétention de procurer une « Bibliographie » courante proprement dite des travaux relatifs au moyen âge. — *Le Moyen âge* a été fondé, en 1888, à Paris, pour tenir le public au courant de tout ce qui paraît dans les revues du monde entier sur toutes les parties de l'histoire du moyen âge; mais il n'a pas réalisé ce vaste programme, et il y renonce maintenant pour se consacrer à des entreprises plus faciles et mieux conçues (§ 175).

167. — Orient. — Pour la bibliographie annuelle des travaux relatifs aux diverses parties de l'histoire et de la philologie orientales, anciennes et modernes, il faut consulter l'*Orientalische Bibliographie*, fondée par A. Müller en 1887, dont le t. IX (pour 1895) est en cours de publication sous la direction

1. Voici les grandes divisions de ce « Verzeichniss » qui intéressent l'histoire : I. *Urgeschichte u. Archæologie* [Par pays].... III. *Völkerkunde.* (1. Quellenkunde. 2. Ethnologie. 3. Ethnographie.)

de L. Scherman (Berlin, 1896, in-8)[1]. Ce recueil fait suite au *Literaturblatt für orientalische Philologie*, publié par E. Kühn, à Leipzig, de 1883 à 1886, qui, lui-même, était une continuation de la *Bibliotheca orientalis oder eine vollständige Liste der im Jahre erschienenen Bücher über die Sprachen, Religionen, Antiquitäten, Literaturen, Geschichte und Geographie des Ostens*, de C. Friederici (de 1876 à 1883).

168. — Philologie classique. — Pour l'antiquité classique, grecque et romaine, les principaux instruments sont :

Le *Jahresbericht über die Fortschritte der classischen Altertumswissenschaft*, fondé en 1873 par C. Bursian, publié à Berlin sous la direction de I. v. Müller. — Depuis 1876, le *Jahresbericht* de C. Bursian est divisé en trois sections : *Griechische Klassiker*. *Lateinische Klassiker*, *Altertumswissenschaft*. A ces trois sections sont joints deux suppléments ordinaires indépendants : *Bibliotheca philologica classica. Verzeichniss der auf dem Gebiete der classischen Altertumswissenschaft erschienenen Bücher, Zeitschriften, Dissertationen, Programm-Abhandlungen, Aufsätze in Zeitschriften*

1. Voici, d'après le t. IX, les grandes divisions de l'*Orientalische Bibliographie*, qui est un recueil de titres, avec des références, des analyses et des observations très sommaires :

I. *Allgemeines*. 1. Bibliographie, Handschriftenkataloge. Sammlungen u. ä. 2. Zeitschriften, Sammelwerke. Vermischtes. 3. Geschichte d. Wissensch. Persönliches. Biographien u. Nekrologe. 4. Geographie u. Geschichte. 5. Volkskunde, Kunst, Recht. 6. Schriftkunde. Numismatik. 7. Sprachwissenschaft. 8. Litteraturgeschichte. — Recensionen zu I.

II. *Ural-Altaische Völker*. 1. Geographie. Ethnographie u. Geschichte. 2. Sprache u. Litteratur. — Recensionen zu II.

III. *Ostasien und Oceanien*. 1. China. 2. Indo-China. 3. Tibet u. Verwandtes. 4. Korea. 5. Japan. 6. Oceanien. 7. Malaien. 8. Madagascar. — Recensionen zu III.

IV. *Indogermanen*. 1. Allgemeines. 2. Indien. Zigeuner. — Recensionen zu IV, 1-2. — 3. Iran. 4. Armenien u. Kaukasusländer. 5. Kleinasien u. Cypern. — Recensionen zu IV, 3-5.

V. *Semiten*. 1. Allgemeines. 2. Assyrisch-Babylonisches. 3. Syrien u. Mesopotamien. — Recensionen zu V, 1-3. — 4. Palaestina. Israel. Juden. 5. Phönicien mit Nebenländern. — Recensionen zu V, 4-5. — 6. Arabien u. der Islam. — Recensionen zu V, 6.

VI. *Afrika*. 1. Ægypten (Neu-Æg.; Alt-Æg.). 2. Das übrige Nordost-Afrika. 3. Nordwest-Afrika. 4. Das übrige Afrika (Sprache u. Litteratur). — Recensionen zu VI.

und Recensionen[1] (depuis 1874), et *Biographisches Jahrbuch für Altertumskunde* (depuis 1878). De la première série de la collection (1873-81) dépend un volume supplémentaire sur la Mythologie; de la seconde (1881-90) un volume supplémentaire sur les Inscriptions et la Mythologie grecques[2].

La *Bibliotheca philologica oder vierteljährlich systematisch geordnete Uebersicht aller auf den Gebiete der classischen Alterthumswissenschaft, wie der älteren und neueren Sprachwissenschaft in Deutschland und dem Auslande erschienenen Bücher*, fondée en 1848, publiée sous la direction de A. Blau, à

1. Voici, d'après le t. XXII (Berlin, 1896), pour 1895, les grandes divisions de la *Bibliotheca philologica classica* :

I. *Zur Geschichte u. Encyclopädie der classischen Altertumswissenschaft.* 1. Zeitschriften. 2. Academien u. Gesellschaftschriften. 3. Sammelwerke. 4. Encyclopädie u. Methodologie der classischen Philologie. 5. Geschichte der Altertumswissenschaft. 6. Bibliographie u. Bibliothekenkunde.

II. *Griechische u. römische Autoren.* 1. Griechische Autoren. 2. Römische Autoren.

III. *Epigraphik u. Palæographie.* 1. Griechische Inschriften. Orientalische Inschriften. 2. Lateinische Inschriften. 3. Palæographie.

IV. *Sprachwissenschaft.* 1. Allgemeine Sprachwissenschaft. Vergleichende Grammatik der classischen Sprachen. 2. Gr. u. röm. Metrik u. Musik. 3. Gr. Grammatik u. Dialektologie. 4. Lateinische Grammatik u. Dialektologie: Etruskisch. 5. Orientalische Sprachwissenschaft.

V. *Litteraturgeschichte (einschl. der antiken Philosophie).* 1. Allgemeine antike Litteraturgeschichte. 2. Gr. Litteraturgeschichte. 3. Röm. Litteraturgeschichte. 4. Orientalische Litteratur.

VI. *Altertumskunde.* 1. Sammelwerke. 2. Mythologie u. Religionswissenschaft. 3. Alte Geschichte : (a) Allgemeine Geschichte u. Chronologie der alten Welt. Orientalische Geschichte. (b) Griechische Geschichte u. Chronologie. (c) Römische Geschichte u. Chronologie. 4. Ethnologie, Geographie u. Topographie : (a) Alte Geographie im Allgemeinen. (b) Geogr. u. Topogr. von Griechenland u. den östlichen Theilen des römischen Reiches. (c) Geogr. u. Topogr. von Italien u. den westlichen Theilen des römischen Reiches. 5. Altertümer : (a) Allgemeines über orientalische, griechische u. römische Altertümer. (b) Griechische Altertümer. (c) Römische Altertümer. 6. Exacte Wissenschaften, Naturkunde, Medicin, Handel u. Gewerbe im Alterthum. 7. Kunstarchæologie. 8 Numismatik.

Alphabetisches Register.

2. Voy. un index analytique des articles contenus dans le *Jahresbericht* de C. Bursian depuis l'origine jusqu'en 1890, dans le *Manuale storico-bibliografico* de L. Valmaggi, p. 48-58. — Sur les suppléments relatifs à la Mythologie, cf. D. Bassi, *Saggio di bibliografia mitologica* (Torino-Roma, 1896, in-8), p. VII et s.

Gœttingue, chez Vandenhoeck et Ruprecht. Cette publication fait concurrence à la *Bibliotheca philologica classica* de Berlin.

La « Revue des revues et publications d'Académies relatives à l'antiquité classique », supplément (avec pagination spéciale) de la *Revue de philologie, de littérature et d'histoire anciennes*, qui forme un volume par an depuis 1877[1].

169. — Philologie romane. — On a eu du mal à organiser un répertoire bibliographique des récentes publications relatives à l'ensemble de la Philologie romane. Le *Bibliographischer Anzeiger...* d'E. Ebering (Leipzig, depuis 1883) et la *Revue bibliographique et critique des langues et littératures romanes* d'E. Ebering, G. Huet et G. Zannoni (Paris, depuis 1889) étaient partiels et furent éphémères. Le *Kritischer Jahresbericht über die Fortschritte der romanischen Philologie* de K. Vollmöller et R. Otto a rencontré, au début de sa carrière, quelques difficultés[2]. Le tome Ier, pour l'année 1890, a été publié en six fascicules, de 1892 à 1895 (München et Leipzig, in-8). C'est une publication comparable, sinon supérieure encore, au point de vue de l'exécution, aux *Jahresberichte der Geschichtswissenschaft*. Au premier volume ont collaboré 67 érudits (dont 4 Français), qui sont presque tous des spécialistes autorisés[3].

1. Sur d'autres « Jahresberichte » considérables des publications relatives à la Philologie classique, voy. L. Valmaggi, *o. c.*, p. 45 et s.
2. *Romania*, 1894, p. 300.
3. Voy. G. Paris, dans *Romania*, 1895, p. 597-602. — Le cadre du *Kritischer Jahresbericht* ne paraît pas encore définitivement fixé. Voici quelques-unes des rubriques qui figurent dans le premier volume : Lateinische Sprache u. Litteratur. Encyklopädie u. Methodologie der romanischen Philologie. Literaturwissenschaft. Französische Literatur von 1500-1629. Französische Literatur von 1630-1700. XVIII Jahrhundert u. Revolutionszeit. Französische Literatur von 1800-89. Zeitgenössische Französische Literatur. Littérature celtique. Altprovenzalische Literatur. Altfranzösische Literatur. Italienische Literatur von 1400-1540. Letteratura italiana dal 1540 al 1690. Spanische Sprache u. Literatur. Portugiesische Sprache u. Literatur. Rumänische Sprache u. Literatur. Wechselbeziehungen zwischen romanischer und germanischer Literatur. Grenzwissenschaften (Französische Volkskunde. Folklore in Italia. Kulturgeschichte der romanischen Völker. Schrift u. Handschriftenkunde.)

D'autres rubriques étaient annoncées dans le premier fascicule, qui ne figurent pas dans le volume paru : Patristik u. Kirchengeschichte. Spanische

Le *Kritischer Jahresbericht* fait concurrence à la « Bibliographie » publiée, chaque année, sous forme de « Supplementheft » par la *Zeitschrift für romanische Philologie* de A. Gröber. Le dernier fascicule paru de cette Bibliographie sommaire, dont l'auteur renvoie aux comptes rendus critiques, sans exprimer d'avis personnel, est intitulé : 1892. *Supplementheft XVI. Bibliographie* 1891 (Halle, 1895, in-8).

170. — Philologie germanique. — Pour les récentes publications relatives à la Philologie germanique, et notamment à l'histoire de la langue, de la littérature et des mœurs des peuples germaniques, consulter le *Jahresbericht über die Erscheinungen auf dem Gebiete der germanischen Philologie*, publié à Leipzig, depuis 1879, par la « Gesellschaft für deutsche Philologie » de Berlin[1]. — La revue *Germania*, qui publiait une « Bibliographische Uebersicht der Erscheinungen auf dem Gebiete der germanischen Philologie », est morte en 1892.

Pour l'histoire de la civilisation et de la littérature anglaises, consulter l'*Uebersicht über die im Jahre... auf dem Gebiete der englischen Philologie erschienenen Bücher, Schriften und Aufsätze*, analogue à la « Bibliographie » de la *Zeitschrift für romanische Philologie*, que publie (à part depuis l'année dernière) la revue *Anglia*, fondée en 1877. — Pour les publications relatives à la Philologie scandinave, consulter les relevés bibliographiques de l'*Arkiv för nordisk filologi*.

Kirchengeschichte (!). Geschichte der Philosophie in den romanischen Ländern. Geschichte der bildenden Künste. Musikgeschichte, etc.

Il est indispensable que le cadre de cette publication, jusqu'ici flottant et peut-être trop vaste, soit précisé et régularisé dans le t. II, qui doit être double et s'appliquer à trois années (1891-93).

1. Voici, d'après le t. XVI (Leipzig, 1895, in-8), relatif aux travaux de 1894, le plan de chaque volume annuel du *Jahresbericht über die Erscheinungen auf dem Gebiete der germanischen Philologie* :

I. Allgemeine lexicographie. II. Namenkunde. III. Allgemeine u. vergleichende grammatik, metrik. IV. Neuhochdeutsch. V. Deutsche mundartenforschung. VI. Litteraturgeschichte. VII. Altertumskunde. VIII. Kulturgeschichte. IX. Recht. X. Mythologie u. Volkskunde. XI. Gotisch. XII Skandinavische sprachen. XIII. Althochdeutsch. XIV. Mittelhochdeutsch. XV. Das 16. Jahrhundert. XVI. Englisch. XVII. Niederdeutsch. XVIII. Friesisch. XIX. Niederländisch. XX. Latein. XXI. Geschichte der germanischen philologie.

171. — Philologie slave. — Pour les récentes publications relatives à la Philologie slave, consulter Fr. Pastrnek, *Bibliographische Uebersicht über die slavische Philologie*, 1876-91 (« Supplement-Band » de l'*Archiv für slavische Philologie*, Berlin, 1892, in-8), et, pour la production courante, l'*Archiv für slavische Philologie*.

III

HISTOIRE RÉGIONALE (NATIONALE ET LOCALE)

172. — Où chercher la liste des récents travaux sur l'histoire de tel ou tel pays, sur l'histoire de France, par exemple? Les *Jahresberichte der Geschichtswissenschaft*, les revues d'histoire universelle qui contiennent des rapports périodiques sur les travaux relatifs à l'histoire de France dispensent-ils de chercher ailleurs? Assurément non. Les *Jahresberichte* sont sommaires et tous les rédacteurs de ce recueil ne sont pas dignes d'une confiance illimitée. Les rapports, « Bulletins » ou « Courriers », publiés dans les revues, sont dépourvus de tables, et les investigations n'y sont pas commodes. Il serait donc très désirable, en principe, que des répertoires annuels, complets, fussent composés, dans chaque pays, des récents travaux relatifs à l'histoire nationale.

Quelques tentatives ont été faites dans cette direction; toutes n'ont pas été heureuses.

173. — En **France**, par exemple, le Ministère de l'Instruction publique a entrepris naguère la publication d'un *Répertoire des travaux historiques, contenant l'analyse des publications faites en France et à l'étranger sur l'histoire, les monuments et la langue de la France* (Paris, Impr. nat., 1885-1888, in-8), dont 3 volumes ont paru, pour les années 1881 à 1883. Chaque volume, imprimé avec luxe, compte plus de douze cents pages (car les ouvrages signalés y sont l'objet de comptes rendus critiques), et est muni d'un index très détaillé. Ce *Répertoire*, qui coûtait fort cher, n'a pas été bien accueilli[1], et il ne sera pas

1. Voy. *Revue historique*, XVI, p. 387, et XVIII, p. 406. — Cette entre-

continué. Il a été remplacé, mais pour la période du moyen âge seulement, par l'initiative privée : A. Vidier a publié en 1895 le premier fascicule annuel d'un *Répertoire méthodique du moyen âge français* [pour l'année 1894]. *Histoire. Littérature. Beaux-Arts.* (Paris, 1895, in-8. Extr. du *Moyen âge.*) Ce répertoire méthodique, dont l'auteur a l'intention de perfectionner le cadre et l'exécution, n'est pas analytique, mais, à propos de chaque ouvrage, sont indiqués les principaux comptes rendus qui en ont été publiés. — Pour l'histoire de France en général, les « Bibliographies » choisies qui paraissent dans l'*Annuaire-Bulletin de la Société de l'histoire de France* ne sont pas à dédaigner.

174. — Pour l'histoire de l'**Allemagne**, les publications concurrentes, précitées (§ 161-162), de J. Jastrow et de O. Masslow satisfont à tous les besoins. Rappelons que celle de O. Masslow, qui a été indiquée plus haut parmi les répertoires de bibliographie courante pour l'histoire universelle, fut longtemps intitulée : *Bibliographie zur deutschen Geschichte*. L'histoire allemande y tient toujours, comme dans les *Jahresberichte der Geschichtswissenschaft*, la première place.

Pour l'histoire d'**Angleterre** au moyen âge, la *Deutsche Zeitschrift für Geschichtswissenschaft* a publié pendant plusieurs années (depuis 1889) d'admirables bibliographies critiques, véritables modèles du genre, dues à F. Liebermann.

Pour l'histoire des **États-Unis**, *The American historical review*, fondée en octobre 1895, ne paraît pas avoir l'intention, quant à présent, de donner une bibliographie courante systématique. — H. B. Adams, de Johns Hopkins University, Baltimore, a publié un fascicule de comptes rendus sur la littérature récente relative à l'histoire des États-Unis (*Seminary notes on recent historical literature*, Baltimore, 1890, in-8) ; mais l'entreprise

prise ne laissa pas cependant d'exciter l'admiration de quelques bibliographes étrangers. Ainsi s'exprima G. H. Baker (*Political Science Quarterly*, 1886, p. 347) : « It is an exemple of how much is done in Europa for historical and political sciences. Possibly a national historical organization might contribute more to science by thus making accessible to students the vast number of studies now published yearly, than by increasing their number by a few each year ».

n'a pas été continuée. — Cf. *Deutsche Zeitschrift für Geschichtswissenschaft*, I (1889), p. 485.

Pour l'histoire d'**Italie**, la *Rivista storica italiana* (depuis 1884) publie deux fois par an un « Elenco di libri recenti di storia italiana », et, deux fois par an aussi, un « Spoglio di periodici nazionali ed esteri », qui est analytique et fait avec soin. Pour l'histoire de l'Italie pendant le moyen âge, il existe deux répertoires spéciaux, celui que C. Cipolla publie tous les ans sous ce titre : *Pubblicazioni sulla storia medioevale italiana*, dans le *Nuovo Archivio veneto*, depuis 1890 ; et la bibliographie sexennale, plus sèche et moins bonne, de C. Merkel (*Documenti di storia medioevale italiana. Bibliografia degli anni* 1885-1891), dans le *Bullettino dell' Istituto storico italiano* (Roma, 1892, in-8).

Dans la *Dansk historisk Tidskrift* se trouve, depuis 1875, un compte rendu périodique des nouvelles publications relatives à l'histoire du **Danemark**. — C. Silfverstolpe a publié une revue des travaux récents sur l'histoire de **Suède**, de 1875 à 1879, dans l'*Historiskt Bibliotek*, et de 1880 à 1889, dans la *Svensk Historisk Tidskrift*. Cette dernière revue publie régulièrement, depuis 1890, la bibliographie des nouvelles publications relatives à l'histoire de Suède.

Pour l'histoire de la **Suisse**, l'*Anzeiger für schweizerische Geschichte* donne depuis 1886 une « Liste des publications sur l'histoire de la Suisse » (« Historische Literatur die Schweiz betreffend »)[1].

175. — Ce qui est vrai pour l'histoire nationale l'est égale-

1. Pour l'histoire de l'**Orient latin**, les *Archives de la Société de l'Orient latin* ont publié pendant quelques années (« Bibliographie de l'Orient latin », 1878-80, Paris, 1881, in-8 ; 1881-83, Paris, 1885, in-8) d'excellents relevés bibliographiques. M. Ch. Kohler en a exécuté d'analogues, pour les années 1884 à 1893, qui sont encore inédits. A partir de 1893, consulter la partie bibliographique de la *Revue de l'Orient latin*. — Pour l'**histoire byzantine**, consulter les « Bibliographische Notizen » de la *Byzantinische Zeitschrift* (Munich, depuis 1892), dont voici les grandes divisions : 1. Litteratur. 2. Sprache, Metrik u. Musik. 3. Theologie. 4. Aeussere u. innere Geschichte, Geographie u. Topographie. 5. Kunstgeschichte, Numismatik u. Epigraphik. — Pour l'histoire du **peuple juif**, consulter la partie bibliographique de la *Revue des études juives* (Paris, depuis 1880).

ment pour l'histoire provinciale, départementale, municipale. Qui s'intéresse à l'histoire des localités du département de l'Eure n'ira pas chercher dans les *Jahresberichte der Geschichtswissenschaft*, ni même dans les répertoires spéciaux à l'histoire de France; il préférera, s'il en existe, consulter un répertoire spécial à l'histoire de Normandie : en fait, celui que publie le *Bulletin de la Société de l'histoire de Normandie*. A ce répertoire spécial à l'histoire de Normandie, il préférera encore, s'il en existe, une bibliographie annuelle des publications relatives au département de l'Eure : en fait, la *Bibliographie historique du département de l'Eure* que M. L. Régnier imprime, chaque année, dans le *Recueil des travaux de la Société libre d'agriculture... de l'Eure*, et à part. — Or, ce que M. L. Régnier fait pour le département de l'Eure, H. Beaudouin et A. L. Letacq le font pour le département de l'Orne (dans le *Bulletin de la Société historique et archéologique de l'Orne*), H. Witte et E. Marckwald pour l'Alsace, P. Albert pour le pays de Bade (dans la *Zeitschrift für die Geschichte des Oberrheins*), H. Ermisch pour la Saxe (dans le *Neues Archiv für sächsische Geschichte*), A. Feltzer et O. Leibius pour le Würtemberg (dans les *Württembergische Vierteljahrshefte für Landesgeschichte*), J. Massó Torrents pour la Catalogne (dans son *Anuari bibliográfich catalá*), A. Bertoldi pour la Vénétie (dans l'*Archivio Veneto*), A. Pölchau pour la Livonie (*Die livländische Geschichtsliteratur im Jahre....* Riga, depuis 1885), etc., etc. — Citons encore l'excellente *Altpreussische Bibliographie für...*, supplément annuel de l'*Altpreussische Monatsschrift*. — Il existe de pareilles bibliographies courantes d'histoire locale pour plusieurs centaines de villes, de circonscriptions ou de régions plus ou moins vastes de l'ancien et du nouveau monde.

176. — Aucun travail de Bibliographie historique n'est peut-être plus urgent que celui qui consisterait à dresser une liste critique des bibliographies périodiques d'histoire locale qui existent ou qui ont existé. Œuvres d'érudits locaux, pour la plupart médiocrement outillés, la plupart de ces bibliographies périodiques d'histoire locale sont imparfaites. Œuvres de personnes qui ont la vocation des travaux bibliographiques, elles sont, en général, interrompues, quand ces personnes se fatiguent ou disparaissent : il est rare que des associations organisées *secundum artem* en assurent la survie (cf. § 158). Il faudrait que le public studieux sût, non seulement s'il existe, pour une région quelconque, une bibliographie périodique de l'histoire locale, morte ou vivante, précaire ou non, mais encore, quand il y en a une, quelle en est la valeur. Sur tous ces points, il est très difficile, aujourd'hui, d'être informé.

J. Jastrow a imprimé, dans son *Handbuch zu Litteraturberichten*, la liste (arrêtée en 1891) des journaux et des revues qui s'occupent de l'histoire d'Allemagne (p. 185), d'Italie (p. 193), d'Espagne et de Portugal (p. 194), de France (p. 195), de Belgique (p. 202), des Pays-Bas (p. 203), d'Angleterre (p. 204), de Scandinavie (p. 205), des pays slaves (p. 206), de Hongrie (p. 206), de Roumanie (p. 207), d'Amérique (p. 207). Comme la plupart des bibliographies d'histoire locale se publient en appendice à des revues d'histoire locale, on peut consulter cette liste ; mais elle n'est pas d'un grand secours, car, incomplète d'ailleurs, elle ne distingue point les revues d'histoire locale qui sont pourvues de répertoires bibliographiques annuels de celles qui n'en ont pas[1]. — En tête des bibliographies périodiques d'histoire universelle (§ 162) et d'histoire nationale (§ 174), devrait figurer, à notre avis, la liste critique des bibliographies périodiques d'histoire locale qui existent dans chaque pays[2].

1. Voy. une liste des « bibliographies cantonales annuelles » qui existent en Suisse dans *Bibliographische Vorarbeiten der landeskundlichen Litteratur der Schweiz* (Bern, 1894, in-8), p. IX.

2. Rappelons que O. Masslow et G. Sommerfeldt ont donné, dans leur *Bibliographie* annuelle de l'histoire générale, l'exemple de signaler régulièrement tous les *Literaturberichte* publiés dans les recueils de Bibliographie courante, et dans les revues, sur les détails de l'histoire (ci-dessus, p. 144, note) ; et cette excellente pratique est adoptée dans la plupart des recueils dont il nous reste à parler.

IV.

BRANCHES SPÉCIALES ET SCIENCES AUXILIAIRES DE L'HISTOIRE

177. — Nous traiterons ici des bibliographies périodiques de livres relatifs aux branches spéciales et aux sciences auxiliaires de l'histoire suivant l'ordre précédemment adopté pour l'étude des bibliographies rétrospectives du même genre.

Histoire religieuse[1].

178. — Les *Jahresberichte der Geschichtswissenschaft* réservent chaque année une place à la bibliographie des livres relatifs à l'histoire ecclésiastique (cf. ci-dessus, p. 146, note). Mais les répertoires périodiques de travaux théologiques contiennent aussi d'utiles renseignements sur les nouveautés intéressantes pour l'histoire de l'Église.

Les répertoires périodiques de livres de Théologie sont très nombreux. E. Bratke, dans son *Wegweiser* (§ 145), en a donné la liste (p. 164), ainsi que celle des « Litteraturblätter » spéciaux pour la Théologie et pour l'Histoire ecclésiastique (p. 197). — Le plus considérable des « comptes rendus annuels », détaillés, de Bibliographie théologique, dont la section historique fait concurrence à la section « Kirchengeschichte » des *Jahresberichte* de J. Jastrow, c'est le *Theologischer Jahresbericht* de R. A. Lipsius, aujourd'hui publié par H. Holtzmann (Freiburg i. Br. et Braunschweig, depuis 1882, in-8)[2].

La plupart des revues de Théologie qui traitent d'histoire

1. Pour l'histoire des religions de l'antiquité, voy. ci-dessus, § 168.

2. Voici les grandes divisions de ce répertoire analytique : I. *Exegetische Theologie*. II. *Historische Theologie* (1. Kirchengeschichte bis zum Nicänum. 2. Kirchengeschichte vom Nicänum bis zum Mittelalter. 3. Kirchengeschichte des Mittelalters, mit Ausschluss der byzantinischen Literatur. 4. Kirchengeschichte von 1517-1648. 5. Kirchengeschichte seit 1648 und Allgemeines. 6. Interconfessionnelles. 7. Religionsgeschichte). III. *Systematische Theologie*. IV. *Praktische Theologie u. Kirchliche Kunst*.

ecclésiastique publient périodiquement des rapports sur le progrès des études relatives à l'histoire ecclésiastique. On en trouvera la liste (arrêtée en 1891) dans le *Handbuch zu Litteraturberichten* de J. Jastrow, p. 210-211.

Histoire littéraire.

179. — Les récentes études sur l'histoire des littératures de l'antiquité et des temps modernes sont enregistrées dans les répertoires consacrés à la bibliographie courante des travaux relatifs à la Philologie classique et aux diverses Philologies. Cf. plus haut, § 167-171. — Le seul recueil que son titre désigne comme exclusivement consacré à la bibliographie courante de l'histoire littéraire, ce sont les *Jahresberichte für neuere deutsche Litteraturgeschichte*, recueil fondé en 1892, aujourd'hui publié, à Stuttgart, par J. Elias et M. Osborn. C'est, en réalité, un répertoire des travaux relatifs à la « Philologie » allemande, au sens le plus large de l'expression, depuis la fin du moyen âge jusqu'à nos jours. Il suffit de transcrire le plan de la publication, tel qu'il a été fixé à partir du t. IV (1895), — qui s'applique aux ouvrages parus en 1893, — pour montrer que l' « histoire littéraire » proprement dite n'est pas la seule discipline qu'intéressent les *Jahresberichte für neuere deutsche Litteraturgeschichte*[1]. — L'exécution de ce recueil, qui n'a

1. I. *Allgemeiner Theil.* 1. Litteraturgeschichte. 2. Geschichte der deutschen Philologie. 3. Schrift- und Buchwesen. 4. Kulturgeschichte. 5. Volkskunde. 6. Die Litteratur in der Schule. 7. Geschichte des Unterrichts- und Erziehungswesens. 8. Geschichte der neuhochdeutschen Schriftsprache. 9. Geschichte der Metrik. 10. Stoffgeschichte. 11. Kunstgeschichte. 12. Poetik und ihre Geschichte. 13. Musikgeschichte.

II. *Von der Mitte des 15. bis zum Anfang des 17. Jahrhunderts.* 1. Allgemeines. 2. Lyrik. 3. Epos. 4. Drama. 5. Didaktik. 6. Luther und die Reformation. 7. Humanisten und Neulateiner.

III. *Vom Anfang des 17. bis zur Mitte des 18. Jahrhunderts.* 1. Allgemeines. 2. Lyrik. 3. Epos. 4. Drama. 5. Didaktik.

IV. *Von der Mitte des 18. Jahrhunderts bis zur Gegenwart.* 1. Allgemeines : a) Litteraturgeschichte, b) Politische Geschichte, c) Memoiren und Briefwechsel, d) Die deutsche Litteratur und das Ausland. 2. Lyrik. 3. Epos. 4. Drama und Theatergeschichte. 5. Didaktik. 6. Lessing. 7. Herder. 8. Gœthe. 9. Schiller. 10. Romantik. 11. Das junge Deutschland.

malheureusement d'analogue dans aucun autre pays, est tout à fait remarquable[1].

Histoire de l'art.

180. — Les principales des revues consacrées aux Beaux-Arts et à l'histoire des Beaux-Arts, dont on trouvera la liste dans le *Katalog der Bibliothek der k. Akademie der Künste zu Berlin* (§ 148), p. 7 et *passim*, publient périodiquement la liste des travaux récents sur l'histoire de l'art.

Pour l'histoire de l'art antique, chaque numéro de l' « Archäologischer Anzeiger », annexe du *Jahrbuch des k. deutschen archäologischen Instituts* (Berlin, depuis 1886, in-4), contient une « Bibliographie » très ample, la plus considérable en son genre.

Chaque volume semestriel de la *Gazette des Beaux-Arts* se termine par une « Bibliographie des ouvrages parus en France et à l'étranger sur les Beaux-Arts et la curiosité ». — Mais pour la bibliographie courante de l'art et de l'histoire de l'art en général, il faut recourir surtout à la « Bibliographie » méthodique, rédigée par F. Laban, qui paraît, deux fois par an, dans le *Repertorium für Kunstwissenschaft*. Ce n'est qu'une simple liste de titres, mais très abondante et très sûre[2].

1. Il est exécuté par la méthode coopérative, et dans aucun autre recueil du même genre le principe si fécond de la division du travail n'a été poussé aussi loin. — La *Revue d'histoire littéraire de la France* (fondée à Paris en 1893), et le *Giornale storico della letteratura italiana* (Torino-Roma, t. XVI, 1896), sont des recueils utiles pour la bibliographie courante de l'histoire de la littérature française et de la littérature italienne; mais leurs bulletins bibliographiques n'ont pas, tant s'en faut, l'ampleur des *Jahresberichte* de Stuttgart.

2. Le cadre de la « Bibliographie » du *Repertorium für Kunstwissenschaft* (fondé en 1876) a été plusieurs fois modifié. En voici les rubriques actuelles : 1. Theorie u. Technik, Æsthetik. 2. Kunstgeschichte. 3. Architektur. 4. Sculptur. 5. Malerei. 6. Graphische Künste. 7 Kunstgewerbe. 8. Topographie. 9. Sammlungen. 10. Ausstellungen, Versammlungen. 11. Versteigerungen. 12. Nekrologe. 13. Besprechungen. — Au « Kunsthistorischer Congress » de Cologne, en 1894, B. Händcke « regte eine Erweite-

Histoire des sciences.

181. — Parmi les *Jahresberichte* qui existent pour les sciences proprement dites, quelques-uns seulement réservent une place au compte rendu des travaux relatifs à l'histoire de la science. Nous ne citerons que ceux-là. Ce sont : pour la Chimie, le *Jahresbericht über die Fortschritte der Chemie und verwandter Theile anderer Wissenschaften* ; — pour les Mathématiques, le *Jahrbuch über die Fortschritte der Mathematik*; — pour la Médecine, le *Jahresbericht über die Leistungen und Fortschritte in der gesammten Medicin*. — Le *Jahrbuch der Naturwissenschaften* de M. Wildermann, compte rendu des « principaux progrès accomplis en Physique, Chimie, Technologie, Mécanique, Géographie, Anthropologie », etc., etc., n'est pas un instrument de travail scientifique; il est sans importance à notre point de vue.

Histoire du Droit public et privé et de la Science sociale.

182. — Les bibliographies périodiques d'ouvrages de Droit sont indiquées par E. Dramard, dans sa *Bibliographie de la bibliographie générale du droit français et étranger*, déjà citée (n. 180-197), arrêtée en 1893.

Les travaux relatifs à l'histoire du Droit et de la science so-

rung der bibliographischen Notizen des *H. f. K.* an ». (*Deutsche Zeitschrift für Geschichtswissenschaft*, XI, p. 376.)

Pour les arts industriels, comparer à la rubrique « Kunstgewerbe » de la « Bibliographie » du *Repertorium für Kunstwissenschaft*, la « Bibliographie des Kunstgewerbes », encore plus détaillée, jointe à chaque numéro des *Mitteilungen des k. k. œsterr. Museums für Kunst und Industrie* (Wien, depuis 1885, in-8), dont voici les grandes divisions : 1. Technik u. Allgemeines. Æsthetik. Kunstgewerblicher Unterricht. 2. Architektur. Sculptur. 3. Malerei. Lackmalerei. Glasmalerei. Mosaik. 4. Textile Kunst. Costüme. Leder- u. Buchbinder-Arbeiten. 5. Schrift. Druck. Graphische Künste. 6. Glas. Ceramik. 7. Arbeiten aus Holz. Mobilien. 8. Eisenarbeiten. Waffen. Uhren. Bronzen, etc. 9. Email. Goldschmiedekunst. 10. Heraldik. Sphragistik. Numismatik. Gemmenkunde. 11. Ausstellungen. Topographie. Museographie.

ciale sont signalés, en principe, au fur et à mesure qu'ils paraissent, dans l'*Allgemeine Bibliographie der Staats- und Rechtswissenschaften* d'O. Mühlbrecht[1], dans les *Juristische Novitäten* de Th. Lissner[2], et dans la *Bibliographia sociologica* de l'Office international de Bibliographie de Bruxelles[3], qui sont de simples listes de titres, sans caractère scientifique.

182 *bis*. — De préférence à ces publications, on consultera les listes, méthodiquement disposées et dressées avec soin, de livres et d'articles nouveaux relatifs à la science du Droit (y compris l'histoire du Droit), qui sont jointes à certaines revues. Citons le « Bulletin bibliographique » de J. Tardif et G. Appert, annexe (avec pagination spéciale) de la *Nouvelle revue historique de droit français et étranger* (Paris, depuis 1877); et la « Bibliographie », plus spéciale, de la *Zeitschrift für Litteratur und Geschichte der Staatswissenschaften* (Leipzig, depuis 1893).

Le *Centralblatt für Rechtswissenschaft* a commencé en 1895 la publication d'un « Ergänzungsband » intitulé : *Juristischer Litteraturbericht*, 1884 *bis* 1894, publié par A. v. Kirchenheim (Leipzig, in-8), qui contient des tableaux méthodiques de la « littérature » des diverses branches du Droit, faits par des spécialistes. Les sections *Römisches Recht* et *Rechtsphilosophie*, *Vergleichende Rechtswissenschaft*, *Deutsche Rechtsgeschichte u. Geschichte der Rechtswissenschaft* se vendent séparément.

Histoire diplomatique.

183. — La *Revue d'histoire diplomatique* publie, tous les trimestres, depuis 1887, une « Bibliographie » des livres et des

1. *Allgemeine Bibliographie der Staats- u. Rechtswissenschaften. Uebersicht der auf diesen Gebieten im deutschen und ausländischen Buchhandel neu erschienenen Litteratur*. Berlin, depuis 1869, in-8.

2. *Juristische Novitäten. Internationale Revue über alle Erscheinungen der Rechts- und Staatswissenschaften*. Leipzig, depuis 1895, in-8.

3. *Office international de Bibliographie. Bibliographia sociologica. Sommaire méthodique des traités et revues de Sociologie et de Droit*, publié sous la direction de H. La Fontaine et P. Otlet. (Bruxelles, depuis 1895 sous sa forme actuelle, in-8).

articles nouveaux qui intéressent l'histoire diplomatique. Pendant longtemps, cette « Bibliographie » a été faite sans soin.

Histoire militaire.

184. — Les travaux récents sur l'histoire militaire sont signalés, en principe, dans les *Jahresberichte über die Veränderungen und Fortschritte im Militärwesen*, publiés sous la direction de H. v. Löbell (Berlin, depuis 1874, in-8).

Histoire de la philosophie.

185. — Les travaux récents sur l'histoire de la Philosophie sont énumérés et analysés en détail dans le *Jahresbericht über sämmtliche Erscheinungen auf dem Gebiete der Geschichte der Philosophie*, publié en appendice à l'*Archiv für Geschichte der Philosophie* de L. Stein (Berlin, depuis 1887, in-8) ; et sous la rubrique *Novitätenschau, eine Bibliographie der philosophischen Erscheinungen des Jahres...*, dans le *Philosophisches Jahrbuch* de la « Görres-Gesellschaft » (Fulda, depuis 1888, in-8)[1].

Histoire de la pédagogie.

186. — Les travaux récents sur l'histoire de l'enseignement, sur la théorie et sur la pratique de l'enseignement historique[2], sont signalés et critiqués chaque année dans les *Jahresberichte über das höhere Schulwesen* de C. Rethwisch, dont le 9e volume, qui rend compte des travaux parus en 1894, a été publié à Berlin en 1895 (in-8).

1. Depuis 1895, la *Revue néo-scolastique* (Louvain) publie tous les trois mois un « Sommaire idéologique des ouvrages et des revues de philosophie ». C'est la *Bibliographia philosophica* de l'Institut international de Bibliographie de Bruxelles (§ 25, note).

2. Comparez, pour les travaux relatifs à l'enseignement et à la méthodologie des sciences historiques parus de 1888 à 1893, la « Bibliographie » de G. Beckmann, dans *Festgabe zur Versammlung deutscher Historiker in München, Ostern* 1893. Freiburg i. B. et Leipzig, 1893, in-8. (Appendice au t. X de la *Deutsche Zeitschrift für Geschichtswissenschaft*.)

Sciences auxiliaires de l'histoire.

187. — Quelques-unes des sciences auxiliaires de l'histoire (Épigraphie, Paléographie, Diplomatique, etc.) sont au nombre des matières dont le *Jahresbericht* de C. Bursian et les *Jahresberichte der Geschichtswissenschaft* procurent la Bibliographie courante[1]. — Parmi les autres, la Numismatique et la Géographie seules possèdent des répertoires spéciaux de bibliographie courante.

Les seules revues qui publient des bibliographies systématiques pour la **Numismatique** sont la *Revue numismatique* et la *Rivista italiana di numismatica*. Dans chacun des fascicules trimestriels de cette dernière publication, on trouve un bon « Bulletin » des livres et des articles relatifs à la Numismatique parus dans tous les pays.

Pour la bibliographie courante des travaux relatifs à la **Géographie** historique et à l'histoire de la Géographie, il existe plusieurs répertoires. Une section est réservée à l' « Historische Geographie » dans la *Bibliotheca geographica* publiée, sous la direction de O. Baschin, par la « Gesellschaft für Erdkunde » de Berlin; le t. Ier (in-8) de cette publication, qui fait suite à la « Bibliographie » annuelle (disparue en 1890) de la *Zeitschrift der Gesellschaft für Erdkunde*, contient l'énumération des travaux de 1891-92. — Dans le t. XVIII (Gotha, 1895, in-8) du *Geographisches Jahrbuch*, on a fait une place, pour la pre-

1. Cf. une revue décennale des travaux relatifs à la Paléographie et à la Diplomatique dans *Congrès bibliographique international*, 1878, p. 607-627. — Pour la Paléographie, voir aussi la section « Schrift- und Handschriftenkunde », dans le *Kritischer Jahresbericht über die Fortschritte der romanischen Philologie*, et la section « Schrift- und Buchwesen » dans les *Jahresberichte für neuere deutsche Litteraturgeschichte*. — Il existe quelques répertoires spéciaux pour la bibliographie courante (critique) des publications épigraphiques (tels que l'*Année épigraphique. Revue des publications épigraphiques relatives à l'antiquité romaine*, de R. Cagnat, Paris, depuis 1888, in-8. Extr. de la *Revue archéologique*); ils sont indiqués dans les manuels de E. Hübner et de L. Valmaggi (§ 120), et dans les *Jahresberichte* généraux pour la Philologie classique (§ 168).

mière fois depuis la création de ce célèbre répertoire de Bibliographie critique, à la « Litteratur zur Geschichte der Erdkunde » (p. 1-60). — Enfin on trouve les renseignements essentiels dans le « Litteraturbericht » (muni d'une pagination séparée depuis 1884) des *Mitteilungen* de A. Petermann, ainsi que dans la « Bibliographie » annuelle des *Annales de Géographie* (Paris, depuis 1891, in-8.)

ADDITIONS ET CORRECTIONS

P. 35. — Le t. IX du Répertoire quinquennal de la maison Hinrichs (*Fünfjahrs-Katalog*), pour les années 1891-95 est annoncé pour le mois de mai 1896. Comme le t. VIII (1886-90), il sera accompagné d'une table méthodique.

P. 157, l. 3. — A partir de son n° de janvier-avril 1896, la *Rivista storica italiana* a changé de caractère : elle est désormais consacrée tout entière à la bibliographie courante de l'histoire d'Italie. Chaque numéro (tous les deux mois) contient : « 1. Recensioni. — 2. Spoglio dei periodici. — 3. Elenco dei libri. — 4. Notizie. » Voici le cadre de classement : « 1. Storia generale (Cronologia, cataloghi, archivi, bibliografia, paleografia, etc.). — 2. Storia preromana e romana. — 3. Alto medio evo. — 4. Basso medio evo. — 5. Tempi moderni fino al 1789. — 6. Periodo della rivoluzione francese. — 7. Risorgimento. »

P 165, l. 5. — Ajoutez : Pour la Physique, *Die Fortschritte der Physik im Jahre*... (« Allgemeine Physik. Geschichtliches... »).

CONCLUSION

188. — Peut-être n'est-il pas inutile de résumer, en terminant, quelques-unes des observations générales que suggère l'étude de la Bibliographie historique.

189. — Quels sont les travaux à consulter sur n'importe quelle question? voilà le problème de la Bibliographie générale. Quels sont les sources et les travaux à consulter sur n'importe quelle question d'histoire? voilà le problème de la Bibliographie historique.

Les instruments de Bibliographie générale et de Bibliographie historique, destinés à fournir ou à faciliter la solution de ces problèmes, qui existent actuellement, sont, nous l'avons vu, très nombreux et de types très variés. Mais ils appartiennent tous à une des trois grandes familles de répertoires que l'on distingue à première vue : les répertoires commerciaux (*trade-bibliographies*), publiés pour les besoins du commerce des livres; les répertoires dressés par les bibliothécaires pour les besoins domestiques des bibliothèques, publiques ou privées; enfin les répertoires composés, avec des intentions scientifiques, en vue de renseigner le public studieux.

190. — Les deux premières familles sont représentées par plusieurs milliers de répertoires (cf. p. 7, n. 1), dont quelques-uns sont de premier ordre. — Nous avons cité les catalogues imprimés des grandes bibliothèques générales, comme la Bibliothèque du Musée britannique, qui peuvent servir et qui servent effectivement de répertoires de Bibliographie universelle (§ 15), et ceux des bibliothèques spéciales qui servent de « bibliographies » spéciales (§ 141, 148). — Nous avons parlé des Journaux de la Librairie publiés par des libraires et par des associations de libraires; nous avons constaté les services que des maisons comme les maisons Hinrichs, Weigel, Sampson Low, Leypoldt, etc., ont rendus et rendent, par leurs publications bibliographiques, à la Bibliographie. Les collections nationales de catalogues officinaux, le *Gesammt-Verlags Katalog* de A. Russell, le *Reference Catalogue* de J. Whitaker, etc., sont consultés chaque jour, nous l'avons dit, à défaut de répertoires scientifiques. Il serait facile d'écrire, en pendant à la brochure de O. Mühlbrecht, *Die Bibliographie im Dienste des Buchhandels*, un mémoire intitulé : *Der Buchhandel im Dienste der Bibliographie*[1]. — Catalogues de bibliothèques et catalogues de fonds de boutique, tous ces répertoires ont d'ailleurs un caractère commun : ce sont de simples listes de titres, plus ou moins considérables, plus ou moins bien classées, mais sans prétentions scientifiques, et dépourvues de renseignements sur la valeur intrinsèque des ouvrages qui s'y trouvent indiqués.

191. — Les répertoires de la troisième famille, composés en vue de renseigner le public studieux, se répartissent en deux groupes : les bibliographies *critiques*, et celles qui, comme les *trade-bibliographies* et les catalogues de bibliothèques (§ 190), ne sont pas critiques.

192. — La supériorité des bibliographies critiques sur celles qui ne le sont pas est évidente, et nous nous garderons d'insister. Il est clair que les bibliographies non critiques — les simples listes de titres plus ou moins commodément ou rationnellement rangés — sont des répertoires grossiers. Elles ont des inconvénients graves. Par exemple, en faisant connaître à un lecteur l'existence, sur un sujet qui l'intéresse, de vingt ouvrages dont les titres sont similaires, sans le prévenir, si c'est le cas,

1. Il n'est pas jusqu'aux simples librairies de livres d'occasion dont certains catalogues ne forment d'utiles répertoires bibliographiques. J. Petzholdt a pris soin d'indiquer, dans sa *Bibliotheca bibliographica*, les catalogues de ce genre qui sont considérables et rédigés avec soin. Nous en avons nous-même signalé plus haut quelques-uns (Quaritch, Hœpli, Neubner, R. Weigel, etc.). Plusieurs revues d'érudition publient régulièrement la liste des *Antiquarische Kataloge* qui intéressent leur spécialité. Cf. E. Bratke, *o. c.*, p. 208 et s.

que dix-huit de ces ouvrages n'ont, ou n'ont plus, aucune espèce de valeur, les répertoires non critiques condamnent ce lecteur, soit à choisir au hasard, soit à rechercher et à lire dix-huit ouvrages inutiles. Tout le monde a été induit, par des répertoires de cette espèce, à faire la chasse à des plaquettes rares, aux titres alléchants, qui se sont trouvées, à l'user, insignifiantes, si bien que c'eût été une économie de force et de temps de les avoir ignorées tout à fait. D'autre part, les auteurs donnent souvent à leurs livres, à leurs articles ou à leurs mémoires des titres obscurs, incomplets ou fantaisistes[1] : classer les livres, les articles et les mémoires, sans les lire, d'après les titres de ces livres, de ces articles et de ces mémoires, c'est s'exposer à commettre des méprises ; or, les compilateurs de bibliographies non critiques n'ont pas, en général, l'habitude de lire les livres qu'ils répertorient : de là, dans leurs répertoires, des lacunes et des erreurs qui, pour être presque inévitables, n'en sont pas moins, quelquefois, très choquantes.

Ce n'est pas à dire assurément que les répertoires non critiques soient à dédaigner : la *Bibliographie des bibliographies* de M. L. Vallée, le *Répertoire des sources historiques du moyen âge* de M. U. Chevalier, qui sont des instruments indispensables, sont des instruments de ce type. — Ce n'est même pas à dire que les répertoires non critiques soient faciles à faire : le métier du bibliographe qui collige purement et simplement des titres ne paraît pas, au premier abord, extrêmement relevé ; il est sans joies et sans profits intellectuels pour qui l'exerce ; mais, comme tant d'autres métiers mécaniques, qui sont dans le même cas, il exige un long apprentissage et certaines qualités d'esprit : beaucoup d'activité, d'industrie, de patience et d'attention. Ce serait une erreur de croire que le premier venu, armé d'une plume et de fiches, de ciseaux et d'un pinceau à colle, puisse s'improviser bibliographe, même

1. L' « Association française pour l'avancement des sciences » a débattu, dans son Congrès tenu à Bordeaux, en août 1895, la question suivante : « Étudier les règles qu'il conviendrait d'appliquer pour les titres des travaux scientifiques, de manière à rendre plus faciles les recherches bibliographiques. — Cf. F. Madan, *On method in Bibliography*, dans les *Transactions of the Bibliographical Society*, I, p. 91 et suivantes.

s'il ne s'agit que de transcrire ou de découper des titres de livres que l'on a sous la main et de les distribuer dans les cases d'une classification préalablement établie : les bons *indexers* sont au moins aussi rares que les bons comptables[1]. Mais, la plupart du temps, il ne s'agit pas seulement de transcrire et de distribuer : il s'agit, en outre, de créer, chose difficile, les cadres d'une classification, et, chose plus difficile encore, de réunir quantité de matériaux dispersés. Notez que l'on exige des bibliographes qui entreprennent des répertoires dans le genre de ceux de MM. Vallée et Chevalier qu'ils forment des collections « complètes ». Les omissions, les inexactitudes matérielles (dont ils commettent nécessairement un nombre d'autant plus grand que leurs entreprises sont plus vastes et que leurs travaux ont été plus pénibles) leur sont reprochées avec autant de sévérité que les vices de classification. Le public, toujours reconnaissant à qui lui fournit des instruments bibliographiques, même imparfaits, prend, il est vrai, en considération les services qu'ils rendent; mais il faut qu'ils s'attendent à être jugés sans indulgence par les spécialistes. — Non certes, le métier de collectionneur de titres, qui est un métier utile, n'est ni facile, ni agréable.

Reconnaissons toutefois que les bibliographes vraiment dignes de ce nom sont ceux qui ne se contentent pas d'effectuer des besognes matérielles, et qui ont l'habitude de lire des livres autre chose que la première page[2].

193. — Mais il y a plus d'une espèce de « bibliographies critiques ».

Sur la limite des bibliographies non critiques et des bibliographies critiques se trouvent les bibliographies choisies (*select bibliographies*), dont les auteurs ne se prononcent pas, à la vérité, sur la valeur des ouvrages qu'ils indiquent, mais n'en indiquent que d'utiles. Leur procédé de critique, sommaire et

1. Voy. Henry B. Wheatley, *What is an index? A few notes on indexes and indexers*, London, 1879, in-8.

2. « Non si deve convertire la bibliografia in un' arte meccanica di trascrivere frontespizi e di ordinare schede, nè basta stendere un elenco di libri per dargli il nome di bibliografia.... » (G. Fumagalli, dans la *Rivista delle biblioteche e degli archivi*, VI, p. 130).

subjectif, consiste à passer sous silence les ouvrages dont ils n'ont pas bonne opinion. Veulent-ils établir des degrés entre ceux qu'ils citent? Ils font précéder d'un astérisque, ou de plusieurs astérisques, les titres des bons et des très bons ouvrages, pour les distinguer des ordinaires. On a tout dit sur ce que cette manière de faire a d'arbitraire, d'impertinent et de périlleux. — C'est à cette catégorie qu'appartiennent, avec le célèbre *Manuel du libraire*, les innombrables répertoires de Bibliographie universelle dont les *Best books* de W. Swan Sonnenschein sont un intéressant spécimen (§ 15), et tous les répertoires de Bibliographie historique qui ont été composés sur le modèle de la *Quellenkunde der deutschen Geschichte* de Dahlmann-Waitz (§ 125 et s.) — Les *select bibliographies*, très recherchées par les étudiants et par les *general readers*, par le « grand public », constituent, quand elles sont bien faites, des instruments de travail très commodes. Mais comme il est malaisé de les réussir! Il y faut dépenser, sans qu'il y paraisse, beaucoup de science, de patience et de précautions; et, quoi qu'on ait fait, les gens du métier, qui professent, en général, un vif sentiment de méfiance, sinon de dédain, pour les bibliographies de cette espèce, y trouvent toujours à redire[1]. C'est surtout dans les pays anglo-saxons, en Angleterre et en Amérique, où la Bibliographie se flatte d'être « pratique », que l'on fabrique à la douzaine de ces *select bibliographies*[2]; dans le nombre, nous l'avons vu, il y en a de fort médiocres.

1. La méfiance des érudits à l'égard des répertoires de Bibliographie choisie s'explique aisément. D'abord l'expérience leur a montré que la plupart des *select bibliographies* sont faites à la légère, par des personnes incompétentes. En second lieu, ils demandent instinctivement à ces répertoires (qui leur sont, à eux, inutiles, mais qui sont très utiles aux ignorants), ce que de pareils instruments de travail ne sauraient avoir la prétention de donner : il va de soi, en effet, que la meilleure des *select bibliographies* ne suppléera jamais à l'érudition bibliographique originale, incommunicable, que procurent aux érudits, sur certains points, des lectures spéciales et prolongées. Les répertoires bibliographiques, — répertoires de *titres*, — seront toujours des instruments de référence grossiers, en comparaison de la mémoire d'un homme qui s'est assimilé, pendant des années, le *contenu* d'une littérature spéciale.

2. Voy. J. D. Brown, *A plea for select lists of books on important subjects*, dans *The Library*, nov. 1895.

Les bibliographies critiques proprement dites (qui, d'ailleurs, sont parfois, en même temps, des bibliographies choisies) sont celles où le bibliographe donne, à propos de chaque ouvrage dont il indique le titre, soit une analyse critique, soit la liste des comptes rendus détaillés et sérieux qui ont été publiés à son sujet. Rien n'empêche d'employer, et, en fait, on emploie souvent les deux méthodes simultanément. — E. Hübner dans son *Grundriss*, O. Masslow et G. Sommerfeldt, dans leur « Bibliographie » de la *Deutsche Zeitschrift für Geschichtswissenschaft* (§ 161), indiquent, en même temps que chaque ouvrage, son dossier de comptes rendus ; J. Petzholdt, dans sa *Bibliotheca bibliographica*, analyse et critique sommairement les ouvrages qu'il énumère ; les deux méthodes sont employées à la fois dans la plupart des grands *Jahresberichte*.

Il va de soi que pour procéder comme le font O. Masslow et G. Sommerfeldt, il suffit d'avoir les qualités requises des collectionneurs de titres dont nous avons parlé tout à l'heure (§ 192) : en effet, collectionner et classer purement et simplement des titres, ou bien collectionner et classer des titres et, sous chaque titre, des références à des comptes rendus, c'est, au point de vue de la nature, sinon de la quantité, des opérations à effectuer, tout un. — Quand le bibliographe est, en même temps, critique, il faut qu'il ait étudié personnellement tous les ouvrages dont il parle et qu'il ait les connaissances nécessaires pour les apprécier ; d'où il suit que les répertoires critiques de l'espèce la plus relevée doivent être faits, non par des manœuvres, mais par des savants.

194. — Répertoires de Bibliographie critique et répertoires de Bibliographie non critique se sont prodigieusement multipliés, de nos jours. Si peu attrayants, en effet, que paraissent les travaux bibliographiques, ils conviennent à beaucoup d'esprits et on se les dispute. — Essayons de distinguer quelques-unes des tendances générales qu'accuse l'énorme littérature bibliographique de ce temps-ci.

Les plus grands travaux bibliographiques, critiques et non critiques, étaient exécutés naguère par des bibliographes isolés qui les faisaient de leurs propres mains, en utilisant tout au plus la collaboration de leurs élèves et de leurs amis. Ni division du travail, ni coopération. C'étaient les mêmes hommes qui traçaient les plans (ils faisaient souvent des plans très vastes), qui rassemblaient les matériaux et qui les disposaient. — De nos jours, le temps de ces prouesses individuelles est passé. M. U. Chevalier sera sans doute un des derniers bibliographes qui aient élevé seuls, ou à peu près seuls, des monuments considérables. C'est que l'on préfère aujourd'hui les bibliographies critiques (nécessairement limitées à des sujets très particuliers) aux bibliographies non critiques, et c'est que l'on exige aujourd'hui, même des auteurs de bibliographies non critiques, une précision parfaite, une étendue d'informations, qu'il n'est possible d'avoir qu'en se cantonnant dans des spécialités étroites. Le temps est venu où les bibliographes isolés ne sont plus en état de produire que des monographies, et où il faut avoir recours, pour les grandes œuvres d'ensemble, dont l'élaboration dépasse les ressources de n'importe quel particulier et qu'il serait dommage, cependant, de laisser en souffrance, à la méthode coopérative. — Spécialiser les recherches, coordonner les efforts, tels sont les deux traits corrélatifs de l'évolution qui se dessine.

Il en est désormais de la Bibliographie comme de l'industrie moderne. L'individu réduit à ses propres forces, quelle que soit son énergie, ne saurait rivaliser avec des sociétés organisées. Seules, des sociétés organisées, durables, riches, qui disposent d'un corps de collaborateurs habiles, disciplinés, encadrés par des hommes capables d'assigner à chacun sa besogne et de vérifier le travail de chacun, sont en mesure de conduire et de mener à bonne fin les vastes entreprises de Bibliographie rétrospective et périodique que réclament, depuis longtemps, le public et les savants, et que le développement formidable de l'activité scientifique et littéraire dans tous les pays du monde rend, chaque jour, plus urgentes. — Nous assistons, en effet, depuis quelques années, à des tentatives intéressantes de coordination des travaux bibliographiques. — Des Sociétés telles que la *Smithsonian Institution*, la *Royal Society* de Londres, l'*American Library Association*, ont accordé leur patronage à des œuvres bibliographiques; c'est sous les auspices ou avec le concours de grandes Sociétés savantes que se publient dès aujourd'hui la plupart des meilleurs répertoires périodiques de Bibliographie scientifique : c'est, par exemple, sous les auspices ou avec le concours de la « Deutsche morgenländische Gesellschaft », de l' « Historische Gesellschaft » et de la « Gesellschaft für deutsche Philologie » de Berlin que se publient l'*Orientalische Bibliographie*, les *Jahresberichte der Geschichtswissenschaft*, le *Jahresbericht über die Erscheinungen auf dem Gebiete der germanischen Philologie*. — D'autre part, des associations « internationales » de Bibliographie scientifique se sont créées ou sont en voie de formation : la *Royal Society* de Londres fait présentement appel à la coopération internationale pour la continuation de son *Catalogue of scientific papers* (§ 115), qu'elle se déclare impuissante à procurer seule désormais ; le « Congrès international des sciences mathématiques », tenu à Paris en juillet 1889, a organisé la bibliographie courante des sciences mathématiques ; un « Bureau bibliographique international », dont le siège est à Zürich, a commencé à s'occuper de la bibliographie courante de la Zoologie et de l'Anatomie comparée. Le jour viendra peut-être où, comme on l'a dit[1], des « Bureaux internationaux, rattachés aux Universités, aux Académies et aux autres grandes institutions scientifiques », élaboreront, pour chacune des branches des connaissances humaines, des répertoires bibliographiques aussi complets que possible. Il n'est pas jusqu'à des projets récents, plus ou moins chimériques (§ 24), qui ne présagent l'extension future de la coopération internationale. — Ce n'est pas tout : non seulement des Sociétés privées encouragent, surtout en Allemagne et aux États-Unis, les entreprises bibliographiques, principalement les entreprises de bibliographie courante, non seulement on a commencé à faire appel à la coopération internationale pour assurer des services bibliographiques d'intérêt général, mais on invoque déjà, dans plusieurs pays, l'intervention de l'État, la seule personne morale qui paraisse assez puissante pour grouper et rétribuer le personnel nécessaire à la fabrication de grandes Bibliographies nationales

1. Voy. A. G. S. Josephson, *International Subject Bibliographies*, dans *The Library Journal*, 1894, p. 226.

et d'histoire littéraire nationale, tant rétrospectives que périodiques[1]. Enfin quelques personnes envisagent déjà l'éventualité d'une « union » des États civilisés en vue d'effectuer à frais communs certaines opérations bibliographiques[2].

195. — Quoi qu'il en soit de l'organisation future des services bibliographiques, la littérature bibliographique, telle qu'elle est aujourd'hui, est encore insuffisante, quoique très abondante. Nous avons eu l'occasion de constater quelques *desiderata* et quelques doubles emplois; il serait facile d'en énumérer beaucoup d'autres. Mais il est une lacune particulièrement grave. Pour se rendre compte de ce qui a été fait jusqu'ici, en Bibliographie, et de ce qui reste à faire; pour savoir, d'autre part, comment utiliser les « bibliographies » qui existent, deux instruments, véritables clefs de la littérature bibliographique, sont nécessaires : 1° une bonne « Bibliographie des bibliographies »; 2° un Guide ou Manuel théorique et pratique de Bibliographie.

Or, soit à cause de leur date, soit pour d'autres motifs, les « Bibliographies des bibliographies » dont on se sert actuellement (Livre Ier, ch. I) ne sont pas satisfaisantes. — A notre avis, on n'en fera jamais de bonne tant que l'on n'aura pas composé, dans chaque pays, une « Bibliographie des bibliographies » locale, descriptive, analytique et critique, analogue à la section « Bibliografia » de la *Bibliotheca bibliografica italica* d'Ottino et Fumagalli. Mais, réciproquement, la « Bibliographie des bibliographies » générale se fera d'elle-même lorsque l'on disposera d'une bibliothèque complète de « Bibliographies des bibliographies » nationales, faites dans chaque pays, pour chaque pays. Il n'y a rien de plus urgent à faire actuellement que des « Bibliographies nationales » de toute espèce (§ 97, 141, 176).

Quant au Guide ou Manuel théorique et pratique de Bibliographie, destiné à coordonner et à répandre des notions générales,

1. Voy. les articles publiés par M. Fr. Campbell dans *The Library*, de 1893 à 1896.

2. Cf. ci-dessus, p. 27-8, et *Revue internationale des Archives, des Bibliothèques et des Musées*, I, Bibliothèques. p 113 et s

appuyées de renseignements concrets, dont l'utilité n'est pas contestable, il n'en existe pas encore. Le présent ouvrage n'est pas autre chose qu'une esquisse de ce que devrait être un Guide de cette espèce, limité à la Bibliographie des sciences historiques.

INDEX

[Les chiffres renvoient aux pages.]

Abréviations : Cat. = catalogue; — bibl. = bibliographie; — pér. = périodique.

Abraham (F.), 145.
Academies (Extr. du *Gen. Cat. of the Br. Mus.*), 19.
Académique (Bibliographie), 28, 33; (en Allemagne), 38; (en Angleterre), 42; (en France), 51; (dans les pays scandinaves), 54.
Academy (The), 16, 17, 42.
Ackermann (C.), 113.
Adams (C. K.), 99.
— (H. B.), 156.
Afrique (Cat. des ouvr. rel. à l'hist. de l' — à la Bibliothèque nat. de Paris), 102; (Bibl. pér. de trav. rel. à l'hist. d'), 146, 151.
Agenais (Bibl. de l'hist. litt. de l'), 81.
Airy (O.), 115.
Albert (P.), 158.
Alessandro (F. d'), 121.
Algérie (Bibl. de trav. rel. à l'), 124.
Allemagne (Bibl. nat.), 34; (Cat. des mss des bibliothèques d'), 64; (Sources originales de l'hist. d'), 89; (Bibl. de trav. rel. à l'hist. d'), 111; (Bibl. de trav. rel. à l'hist. généalogique de l'), 138; (Bibl. pér. de trav. rel. à l'hist. de l'), 144-5, 156.
Allen (C. F.), 122.
— (W. F.), 115.
Allgemeine Bibliographie (de Brockhaus), 15.
Allgemeine Bibliographie für Deutschland (de Hinrichs), 37.
Allgemeine Bibliographie der Staats- u. Rechtswissenschaften, 164.
Allibone (S. A.), 80.
Almeloveen (T. J. ab), 140.
Alsace (Bibl. pér. de trav. rel. à l'hist. d'), 146, 158.
Altamira (R.), 67.
Altpreussische Monatsschrift, 158.
American Catalogue, 45.
American historical Association, 96.
American historical review, 156.
American Library Association, 15, 46-7, 175.
Amérique du Nord, du Centre et du Sud (Bibl. rétr. et pér. de trav. rel. à l'hist. de l'), 117, 146. Voy. États-Unis.
Ames (J. G.), 75.
Anderson (J. P.), 126.
Andersson (A.), *Sveriges Bibl.*, 54; Table de la *Bibl. hist.* de C. G. Warmholtz, 122.
Andrieu (J.), 81.
Angleterre, Écosse et Irlande (Bibl. nat.), 40; (Bibl. de trav. rel. à l'hist. d'), 114; (Bibl. nat. d'hist. locale), 126; (Bibl. pér. de trav. rel. à l'hist. d'), 146; (à l'hist. d' — au moyen âge), 156. Voy. Grande-Bretagne.
Anglia, 154.
Añibarro y River (M.), 81.
Annales de Géographie, 167.
Annuaire-Bull. de la Soc. de l'hist. de France, 156.
Annuaire des Bibliothèques et des Archives, 18.
Annual American Catalogue, 47.
Annual literary Index, 47.
Anonymes (Dictionnaires d' — et de pseudonymes), 33; (allem.), 37; (angl.), 41; (États-Unis), 46; (franç.), 49, 50; (ital.), 52; (néerl.), 53; (scandin.), 54.
Antiquarische Kataloge, 170.
Antiquités (*Alterthümer*), (Bibl. pér. des trav. rel. aux — de l'hist. ancienne), 144-5, 152.
Antonio (N.), 79.
Anzeiger f. schweizerische Geschichte, 157.
Apollon (Bibl. d'), 105.
Appert (G.), 164.
Appleton (A. L.), 45.
Appleton's Cyclopædia, 83.
Arabes (Bibl. des chroniqueurs), 86; (Bibl. des trav. rel. aux), 124; (Bibl. pér. des trav. rel. à l'hist. des), 151.

Aragon (Dict. des écrivains d'), 81.
Arber (E.), 40.
Archæological review, 95.
Archives (Cat. des cat. d'), 62.
Archives de l'Orient latin, 157.
Archiv für Anthropologie, 150.
Archiv f. Geschichte der Philosophie, 165.
Archiv f. slavische Philologie, 155.
Archivio stor. ital., 95.
Aristote (Cat. d'ouvr. rel. à), 19, 20.
Arkiv för nordisk filologi, 154.
Arménie (Bibl. pér. de trav. rel. à l'hist. d'), 151.
Arndt (W.), 157.
Arnold (T. J.), 80.
Arrenberg (R.), 55.
Art (Bibl. de trav. rel. à l'hist. de l'), 152 et s.; (Bibl. pér. de trav. rel. à l'hist. de l' — ancien), 152, 162; (chrétien), 160; (byzantin), 157; (allemand), 161; (français du moyen âge), 156; (des arts industriels), 162, 163.
Asie (Cat. des ouvr. rel. à l'hist. d' — à la Bibliothèque nat. de Paris), 102.
Asie Mineure (Bibl. pér. de trav. rel. à l'hist. de l') 151.
Assyrie (Bibl. pér. des trav. rel. à l'hist. d'), 145, 151.
Athenæum, 16, 17, 25, 42.
Athènes (Bibliothèque d'), 51.
Aufrecht (T.), 81.
Aulard (F. A.), 120.
Australie (Bibl. de l'), 124; (Bibl. pér. des trav. rel. à l'hist. d'), 146.
Autriche-Hongrie (Bibl. nat.), 45; (Cat. des mss des bibliothèques d'), 64; (Bibl. des trav. rel. à l'hist. d'), 115; (Bibl. pér. d'), 146.

Bacha (E.), 157.
Bade (Bibl. pér. des trav. rel. à l'hist. du pays de), 146, 158.
Baden (G. L.), 122.
Baker (G. H.), 155, 156.
Bale (J.), 79.
Bancroft (H. H.), 117.
Barbier (A. A.), 50.
— (O.), 50.
Barbosa Machado (D.), 80.
Baschin (O.), 166.
Basque (Bibl. de la litt. en), 82.
Bassi (D.), 105, 152.
Bavière (Bibl. pér. des trav. rel. à l'hist. de), 146.
Beaudouin (H.), 158.
Beckmann (G.), 165.
Beer (R.), 64.
Belgique (Bibl. nat.), 44; (Bibl. des trav. rel. à l'hist. de), 116; (Bibl. pér. des trav. rel. à l'hist. de), 146. Voy. Pays-Bas.
Belletristische Litteratur, 86.
Below (G. v.), 145.
Bengesco (G.), 95.
Benjacob (I. A.), 82.
Bent (W.), 40.
Bergmans (P.), 9.
Berlin (Bibl. roy. de), 21, 22; (Bibl. de l'Univ. de), 25; (Bibl. de l'ac. des Arts de), 152.
Berner (E.), 145.
Bernheim (E.), V, 67.
Bertocci (D. G.), 52, 95.
Bertoldi (A.), 158.
Bestujev-Rjumin (K.), 125.
Bible (Cat. d'ouvr. rel. à la), 19.
Bibliographie (Définition de la), VII; (organisation de la), 174 et s.
— historique (Bibl. pér. des trav. rel. à la), 144.
Bibliographies locales, 127.
— nationales, 28 et s., 78.
— universelles, 10 et s.
Bibliographies des bibliographies, 4-9, 177.
Bibliografia italiana, 52.
— *romana*, 81.
Bibliografitcheskiia Zapiski, 56.
Bibliographia bibliographica, 9.
Bibliographia philosophica, 165.
Bibliographia sociologica, 164.
Bibliographie de la France, 50.
Bibliographie u. litt. Chr. d. Schweiz, 56.
Bibliographisches Bureau, 27.
Βιβλιογραφικὸν Δελτίον, 51.
Bibliotheca geographica, 166.
Bibliotheca hagiographica græca, 87.
Bibliotheca historico-geographica, et — *historica*, 145.
Bibliothéconomie, VI, 6, 19.
« Bibliothèque » (Définition du mot), 76.
Bibliothèque de l'École des chartes, 20, 150.
Bibliothèque nationale de Paris, 7, 20, 21, 24, 28, 65, 95, 101 et s.
Bibliothèques (Cat. des cat. de), 18, 65.
Bibliothèques générales, 17, 168.
Bibliothèques spéciales, 127, 152.
Bibliothèques universitaires de France (acquisitions des), 22.
Bilboquets, 50.
Billard (P.) 50.
Biographies nationales et locales, 85.
Biographies universelles, 75.
Birmingham (Bibliothèque de), 7, 25, 115.
Bishop (E.), 72.
Blanchet (J. A.), 158.
Blason (Bibl. des trav. rel. au), 158.

Blass (F.), 63.
Blau (A.), 64.
Boase (G. C.). 81.
Bodel Nijenhuis (J. T.), 121, 126.
Bodléienne (Bibliothèque), 24.
Bœckh (A.). 105.
Bœrsma (H. L.), 133.
Bohême (Bibl. pér. des trav. rel. à l'hist. de), 146.
Bokatschef (N.), 56.
Boletin de la Libreria, 45.
Bolton (C. K.), 127.
— (H. C.), 154.
Bonghi (R.). 121.
Bonvalot (E.), 71.
Book-prices current, 15.
Bookworm (*The*). 20.
Bornmüller (F.), 75.
Boston, (Bibliothèques de), 7, 17, 101, 126, 159.
Botten-Hansen (P.), 122.
Bouillet (N.), 163.
Bourquelot (F.), 48.
Bowker (R. R.), 45.
Branca (G.), 99.
Brandebourg (Bibl. pér. des trav. rel. à l'hist. du), 146.
Brandstetter (J. L.), 123.
Bratke (E.), V, 26, 310, 160.
Brême (Bibl. pér. des trav. rel. à l'hist. de), 146.
Bréquigny (de), 71.
Brésil (Bibl. nat.), 56; (Bibl. des trav. rel. à l'hist. du), 124.
Brinkman (C. L.), 53.
Britannique (Cat. de la Bibliothèque du Musée), 7, 18, 21-3, 40.
Brown (J. D.), 173.
Brunet (J. C.), 12, 98.
— (G.), 12, 47, 49, 50.
Bruun (C. V.), 54.
Büchermarkt (*Der*), 16.
Bühler (G.), 107.
Bulletin bibliographique international, 16.
Bulletin critique, 141.
Bulletin de la Soc. de l'hist. de Normandie, 158.
Bulletin de la Soc. hist. et arch. de l'Orne, 158.
Bulletin de la Soc. liégeoise de Bibl., 9.
Bulletin of the publ. Libr. of Boston, 159.
Bullettino dell' Istituto storico italiano, 157.
Bullettino delle opere... acquistate dalle Biblioteche... d'Italia, 22.
Bulletins mensuels de la Bibliothèque nat. de Paris, 21.
Bure (G. F. de). 12.
Burger (K.). 11.
Burgos (Dict. des écriv. de la prov. de), 81.
Burkhardt (C. A. H.), 63.
Bursian (C.), 151.
Byzantine (Bibl. pér. de trav. rel. à l'hist.), 146, 157.
Byzantinische Zeitschrift, 157.

Cagnat (R.). 166.
Cailleau, 12.
Caix (A. de — de Saint-Aymour), 143.
Campbell (F.). 42, 94, 177.
— (F. A. G.). 53.
Cantor (M.), 154.
Cartulaires français (Bibl. des), 71.
Catalogue (Bibl. pér. des trav. rel. à la), 158.
Catalogue complet de tous les ouvrages imprimés, 23, 28.
Catalogue des dissertations et écrits académiques... reçus par la Bibliothèque nat., 28.
Catalogue des thèses et écrits académiques (France), 51.
Catalogue of scientific papers, 94, 176.
Catalogues de bibliothèques générales, 17 et s.; — spéciales, 101.
Catalogues d'actes, 70.
Catalogues collectifs, 21 et s.
Catalogues officinaux, 17; (Allemagne), 36; (Angleterre), 41; (Belgique), 44; (France), 49; (Italie), 52.
Cave (G.), 85.
Ceillier (R.), 85.
Celtique (Bibl. pér. des trav. rel. à l'hist. de la litt.), 153.
Centralblatt für Bibliothekswesen, 8, 11, 13, 23, 27, 62, et *passim*.
Centralblatt für Rechtswissenschaft, 164.
Cerroti (F.), 121.
Champfleury, 154.
Chansonniers français (Bibl. des), 87.
Chantepie (de), X.
Charles Ier (Cat. d'ouvr. rel. à), 19.
Chartrains (Bibliothèque des écrivains), 81.
Chauvin (V.), 124.
Chéron (P.), 48.
Chevalier (U.), *Répertoire des sources hist. du m. â.*, 6, 77, 107 et s., 175; *Repertorium hymnologicum*, 88; *Bibl. locales*, 127.
Chicago (Exposition de), 15, 57.
Chimie (Bibl. de trav. rel. à l'hist. de la), 154; Bibl. pér. d^o), 165.
Chine (Bibl. de trav. rel. à la), 124; (Bibl. pér. d^o), 146, 151.
Chronologie (Bibl. pér. de trav. rel. à la), 144.
Chypre (Bibl. pér. de trav. rel. à l'hist. de), 151.
Cicéron (Cat. d'ouvr. rel. à), 19.
Cipolla (C.), 157.
Civilisation (Bibl. pér. de trav. rel. à l'hist. de la)' 144, 146; (en Orient), 151; (dans l'antiquité classique), 152; (chez les peuples romans), 155;

(chez les peuples germaniques), 154; (en Allemagne), 161.
Coleridge (Cat. d'ouvr. rel. à), 19.
Colomb (Cat. d'ouvr. rel. à Chr.), 19.
Conférence du Livre tenue à Anvers, 51.
Congrès bibliographiques, tenus à Paris, 8.
Copinger (W. A.), 11.
Cordier (H.), 124.
Corée (Bibl. pér. de trav. rel. à la), 151.
Cornouailles (Bibl. de l'hist. litt. de), 81.
Coromilas (D. A.), 51.
Cosentini (F.), 156.
Costa (E. H.), 155.
Coudere (C.), 50.
Courlande (Bibl. de trav. rel. à la), 122; (Bibl. pér. d°), 146.
Courrier de la Presse, 27.
Courrier du Livre, 51.
Courtney (W. P.), 81.
Critique encyclopédique internationale, 16.
Croisades (Doc. rel. aux), 68; (Bibl. pér. de trav. rel. à l'hist. des), 146.
Cumont (G.), 159.
Cushing (W.), 46.

Dahlmann (F. C.), 111.
Dahlmann-Waitz, 111 et s., 158.
Danemark (Bibl. nat.), 55; (Bibl. de trav. rel. à l'hist. du), 122; (Bibl. pér. d°). 146, 157.
Dante (Cat. d'ouvr. rel. à), 20.
Dantès (A.), 74.
Daremberg (C.), 106.
Darling (J.), 14.
Dauze (P.), 15.
De Backer (Les PP.), 84.
De Foë (Cat. d'ouvr. rel. à), 20.
De Jong (J.), 55.
Delisle (L.), 20, 65, 70, 84.
Denis (F.), 14.
— (M.), 11.
Dépôt légal, 50.
De Potter (F.), *Vlaamsche Bibl.*, 44; *Bibl. de l'hist. de Belg.*, 116.
Deschamps (P.). 12.
Desnoyers (J.), 66.
Deutsche Litteraturzeitung, 16.
Deutsche Zeitschrift f. Geschichtswissenschaft, 144, 147.
Dictionary system, 19.
Dios (J. de — de la Rada y Delgado), 159.
Diplomatique (Bibl. de trav. rel. à la), 137, 144, 146.
Diplomatique (Bibl. pér. de trav. rel. à l'hist.), 164.
Dobbert (E.), 152.
Documents officiels et parlementaires (Bibl. des), 72.
Dominicains (Bibl. de l'hist. litt. de l'ordre des), 84.
Dowling (G. B.), 67.
Dramard (E.), 8, 52, 155, 165.
Draudius (G.), 13.
Dresde (Bibliothèque de), 15.
Droit (Bibl. de trav. rel. à l'hist. du), 154 et s.; (Bibl. pér. d°), 165 et s.; (travaux bibl. sur les sources de l'hist. du), 89; (Bibl. pér. des trav. rel. à l'hist. du — germanique), 154.
Dryden (Cat. d'ouvr. rel. à), 20.
Duclos, 12.
Duffus-Hardy (sir T.), 89.
Dureau (A.), 145.
Durrie (D. S.), 158.
Du Verdier, 48, 80.

Ebering (E.), 155.
Ebert (A.), 78.
— (F. A.), 13.
Échard (J.), 84.
École des Beaux-Arts, à Paris (Bibliothèque de l'), 132.
Église (Bibl. de l'hist. de l'), 130; (Bibl. pér. d°), 146, 160.
Égypte (Bibl. des trav. rel. à l'), 124; (Bibl. pér. des trav. rel. à l'hist. de l'), 145, 151.
Elias (J.), 161.
Ellies du Pin (L.), 85.
Encyclopédies, 26.
Engel (A.), 159.
Engelmann (W.), 76.
English historical review, 148.
Enseignement (Bibl. pér. des trav. rel. à l'hist. de l'), 161, 165.
Enseignement de l'histoire (Bibl. pér. des trav. rel. à la théorie et à la pratique de l'), 165.
Enslin (T. C. F.), 92.
Épigraphie (Bibl. pér. des trav. rel. à l'— classique), 152; (romaine), 166; (byzantine), 157.
Ermisch (H.), 158.
Ersch (J. S.), *Repertorium*, 95; *Litt. der Gesch.*, 99.
Eschyle (Cat. d'ouvr. rel. à), 19.
Ésope (Cat. d'ouvr. rel. à), 19.
Espagne (Bibl. nat.), 44; (Cat. des cat. des mss d'), 64; (Bibl. d'hist litt.), 79; (Cat. des livres relatifs à l'hist. d'— à la Bibliothèque nat. de Paris), 102; (Bibl. des trav. rel. à l'hist. d'), 117; (Bibl. pér. des trav. rel. à l'hist. d'), 146; (Bibl. pér. des trav. rel. à l'hist. de la litt. de l'), 153; (de l'Église d'Espagne), 154.
Esthonie (Bibl. des trav. rel. à l'hist. d'), 122; (Bibl. pér. d°), 146.
Estreicher (C.), 55.
État (Intervention de l'— dans les services bibliographiques), 42, 176.
États-Unis (Bibl. nat.), 45; (Bibl. des trav. rel. à l'hist. des), 117; (Bibl. nat. d'hist. locale), 126; (Collections spéciales dans

les bibliothèques des), 127 : (Bibl. pér. des trav. rel. à l'hist. des), 156. Voy. Amérique.
Éthiopie (Bibl. des trav. rel. à l'), 124.
Étrusque (Bibl. pér. des trav. rel. à l'hist. de l'), 152.
Eure (Bibl. pér. des trav. rel. à l'hist. locale du dép. de l'), 158.

Fabricius (F.), 54.
— (J. A.), 76-7.
Fécamp (A.), 22.
Fetzer (A.), 158.
Fevret de Fontette, 118.
Figanière (J. C. de), 125.
Finkel (L.), 122.
Finlande (Bibl. nat.), 54 : (Bibl. académique de la), 55 ; (Bibl. pér. des trav. rel. à l'hist. de), 146.
Fisher (J. A.), 151.
Fletcher (W. I.), 46.
Florence (Bibliothèque Laurentienne, à), 65.
Fock (G.), *Bibl. Monatsber.*, 59 ; *Bibl. hist.*, 100.
Folklore (Bibl. pér. des trav. rel. au), 150, 151, 153, 154, 161.
Foppens (J. F.), 80.
Ford (P. L.), 45.
Fortescue (G. K.), 21.
Foy (de), 71.
France (Bibl. nat.), 47 ; (Bibl. d'hist. litt.), 79 : (Cat. des ouvr. rel. à l'hist. de — à la Bibliothèque nat. de Paris), 102 ; (Bibl. des trav. rel. à l'hist. de), 117 ; (Bibl. nat. d'hist. locale), 126 ; (Bibl. pér. de trav. rel. à l'hist. de), 146, 155-6.
Francfort (Bibl. des trav. rel. à), 113.
Franciscains (Bibl. de l'hist. litt. de l'ordre des), 84.
Francotte (H.), 116.
Franklin (A.), 66, 119.
Frederiks (F. G.), 80.
Freund (W.), 106.
Friederici (C.), 151.
Fromm (E.), *Syst. Verz. der Hauptw.*, 92 ; *Verz. der anthr. Litt.*, 150.
Fruin (R.), 121.
Fumagalli (G.), *Insegn. bibl.*, VII ; *Bibliotheca bibliogr. ital.*, X, 7, 18, 121, 128, etc. ; *I migliori libri*, 52 : *Bibl. etiopica*, 124 ; art. de la *Rivista delle biblioteche*, 80, 172.

Galli (R.), 65.
Gallois (Bibl. de la littérature en), 82.
Gardiner (R. S.), 114.
Garnier (E. A.), 93.
Gatfield (G.), 158.
Gaules (Bibl. des), 119.
Gazette des Beaux-Arts, 162.
Geiger (W.), 106.
Généalogie (Bibl. de trav. rel. à la), 158 ; (Bibl. pér. de trav. rel. à la), 114.
Gennadi (Gr.), 55.
Géographie (Bibl. de trav. rel. à la — historique et à l'histoire de la), 166 : (à la — de l'antiquité classique), 152 ; (byzantine), 157.
Geographisches Jahrbuch, 166.
Georg (C.), 56.
Georgi (T.), 13.
Georgisch (P.), 71.
Germania, 154.
Gessner (C.), 74.
Gieseler (J. C. L.), 151.
Giornale stor. d. letter. italiana, 162.
Girault de Saint-Fargeau (A.), 126.
Giry (A.), 63, 70, 157.
Gnecchi (F. et E.), 159.
Gœthe (Cat. d'ouvr. rel. à), 20 ; (Bibl. pér. des trav. rel. à), 162.
Gœttingue (Bibliothèque de l'Univ. de), 18.
Goldmann (A.), 64.
Gomme (G. L.), 126.
Gottlieb (T.), 62, 72.
Græsel (A.), 19.
Græsse (J. G. T.), *Trésor*, 13 ; *Lehrbuch ein. allg. Litt. Gesch.*, 75.
Graf (J. H.), 7, 18.
Grand (E. D.), art. « Bibliographie », 3, 35 ; art. « Biographie », 83 ; *Leçon d'ouverture*, 137.
Grande-Bretagne (Bibl. nat.), 40 ; (Bibl. d'hist. litt. nat.), 79 ; (Cat. des mss rel. à l'hist. de la), 89 ; (Cat. des ouvr. rel. à l'hist. de la — à la Bibliothèque nat. de Paris), 102 ; (Bibliothèque héraldique de la), 158. Voy. Angleterre.
Grassauer (F.), 6.
Gratet-Duplessis (G.), 133.
Grèce (Bibl. nat.), 51 ; (Bibl. de la litt. en grec moderne), 82 ; (Bibl. pér. des trav. rel. à l'hist. ancienne et moderne de la), 145-6, 152.
Griffin (A. P. C.), 96, 126.
Griswold (W. M.), 58, 96.
Gröber (A.), *Grundr. d. roman. Phil.*, 107 ; *Zeitschrift*, 154.
Grohmann (W.), 152.
Gross (C.), Sources de l'hist. d'Angleterre, 90 ; *Classified list...*, 126.
Grotefend (H.), 113.
Gubernatis (A. de), 75.
Guigard (J.), 158.
Guild (R. A.), 6.
Gundlach (O.), 158.
Gurney (E. H.), 115.

Haendcke (B.), 162.
Haeser (H.), 154.
Haferkorn (H. E.), 133.
Hagenbach (K. R.), 151.
Hain (L.), 11.
Halkett (S.), 41.
Halvorsen (J. B.), 54.
Hambourg (Bibl. pér. de trav. rel. à l'hist. de), 146.

Handwörterbuch der Staatswissenschaften, 136.
Hanse (Bibl. pér. de trav. rel. à l'hist. de la), 146.
Hanovre (Bibl. pér. de trav. rel. à l'hist. de), 146.
Harnack (A.), 77.
Harrassowitz (O.), 57.
Harrison (F.), 100.
— (R.), 128.
Harrisse (H.), 117.
Hartmann (A.), 121.
Harvard Univ. Bull., 9, 126.
Hatin (E.), 50.
Hauck (A.), 151.
Hauréau (B.), *Hist. litt. du Maine*, 81; Catalogue d'*incipit*, 88.
Haym (N. F.), 51.
Hebräische Bibliographie, 82.
Hébreu (Bibl. de la litt. en), 82.
Heilly (G. d'), 50.
Heinsius (W.), 54.
Heinze (M.), 136.
Héraldique (Bibl. pér. des trav. rel. à l'), 144, 165.
Herder (Bibl. pér. des trav. rel. à), 161.
Hermann (J.), 145.
Herr (L.), X.
Herzog (J. J.), 151.
Hesse (Bibl. pér. des tr. rel. à l'hist. de la), 146.
Heyd (W. v.), 115.
Heyse (C. W.), 54.
Hidalgo (D.), 44.
Hildebrand (E.), 67.
— (H.), 122.
Hinrichs (Publ. bibl. de la maison), 57-8, 168.
Histoire ancienne (Introduction à l'), 89.
Histoire générale (Cat. des ouvr. rel. à l' — à la Bibliothèque nat. de Paris), 102; (Répertoires de trav. rel. à l'), 97 et s., 143 et s.
Histoire litt. de la France, 79.
Histoire littéraire nationale (Définition de l'expression), 29, 78.
Historische Zeitschrift, 147.
Historisches Jahrbuch, 147.
Historiskt Bibliotek, 157.
Hœpli (U.), 121.
Hoffmann (S. F. W.), 76.
Holtzmann (H.), 160.
Homère (Cat. d'ouvr. rel. à), 20.
Hongrie. Voy. Autriche.
Hooykaas (J. C.), 121.
Hoppe (H.), 57.
Horace (Cat. d'ouvr. rel. à), 20.
Hübner (E.), 104, 115.
Huet (G.), 155.

Ibrahim-Hilmy, 121.
Ikonnikov (V. S.), 18, 65, 64.
Incipit (Catalogues d'), 87.
Incunables (Répertoires d'), 10.
Inde (Bibl. pér. de trav. rel. à l' — et à l'hist. de l'), 145, 146, 151.
Indes néerlandaises (Répertoires d'articles rel. aux), 121.
Index to general Literature, 46.
Index to periodical Literature, 46.
Indo-Chine (Bibl. pér. des trav. rel. à l'), 151.
Ingold (A.), 84.
Institut international de Bibliographie, à Bruxelles, 8, 9, 27.
Inventaires (Répertoires bibl. d'anciens), 72.
Iran (Bibl. pér. de trav. rel. à l'), 151.
Islam (Bibl. pér. de trav. rel. à l'), 146, 151.
Italie (Acq. des bibliothèques d'), 22; (Bibl. nat.), 51; (Cat. des cat. des mss d'), 64; (Bibl. d'hist. litt. nat.), 80; (Bibl. d'hist. litt. locale), 81; (Cat. des ouvr. rel. à l'hist. d' — à la Bibliothèque nat. de Paris), 102; (Bibl. des trav. rel. à l'hist. d'), 120; (Bibl. nat. d'hist. locale), 126; (Bibl. des bibl. de faits historiques et des bio-bibl. rel. à l'hist. d'), 130; (Bibl. pér. de trav. rel. à l'hist. d'), 146, 157, 168; (Bibl. pér. de trav. rel. à l'hist. de la litt. ital.), 155.

Jackson (J.), *Liste prov. de bibl. géogr.*, 8; *Bibl. prov. de France*, 128.
Jaffé (P.), 72.
Jahrbuch der Naturwissenschaften, 165.
Jahrbuch des k. d. arch. Instituts, 162.
Jahrbuch über die Fortschritte d. Mathematik, 165.
Jahresberichte der Geschichtswissenschaft, 145 et s.
Jahresberichte für neuere deutsche Litteraturgeschichte, 161, 166.
Jahresberichte über das höhere Schulwesen, 165.
Jahresberichte über die Erscheinungen auf dem Gebiete der germ. Phil., 154.
Jahresberichte über die Fortschritte der Chemie, 165.
Jahresberichte über die Fortschritte der classischen Altertumswissenschaft, 151.
Jahresberichte über die Leistungen u. Fortschr. in der gesamten Medicin, 165.
Jahresberichte über die Veränderungen u. Fortschr. im Militärwesen, 165.
Jahresverzeichnis der an d. deustch. Schulan-

stalten ersch. Schriften, 39.
Jahresverzeichnis der an d. deutsch. Univ. ersch. Schriften, 39.
Jannet (P.), 49.
Janssen (L. J. F.), 121.
Japon (Bibl. des trav. rel. au), 124; (Bibl. pér. d°), 151; (Bibl. pér. des trav. rel. à l'hist. du), 146.
Jastrow (J.), 142, 145, 159, 161.
Jésuites (Cat. d'ouvr. rel. aux), 20; (Bibl. rel. à l'hist. litt. de l'ordre des), 84.
Jésus-Christ (Ouvr. rel. à — au Musée britannique), 20.
Jocher (A.), 55.
Jöcher (C. G.), 74.
Jordell (D.), 49.
Josephson (A. G. S.), 55, 176.
Journal-Revue, 38.
Juifs (Bibl. pér. des trav. rel. aux — et à l'hist. des), 145, 151, 157. Voy. Hébreu.
Junge (F.), 111.
Juristische Novitäten, 164.

Kalkstein (v.), 27.
Kareev (N.), 99.
Kayser (C. G.), 35, 92.
Kelly (C.), 45.
Kertheny (K. M.), 45.
Kirchenheim (A. v.), 164.
Kirchhoff (A.), 35.
Klemming (G.), 54.
Kletke (K.), 90.
Klüpfel (K.), 37.
Klussmann (R.), *Syst. Verzeich.*, 39; *Encykl. u. Method.*, 105.
Knuttel (W. P. C.), 151.
Kohler (C.), 157.
Koner (W.), 94.
Kraus (F. X.), 151.
Krebs (J. P.), 67.
Krek (G.), 107.
Kritischer Jahresbericht über die Fortschr. d. rom. Phil., 153.
Krones (F.), 115.
Krüger (P.), 89.
Krumbacher (K.), 78.
Kühn (E.), *Grundr. d. iran. Phil.*, 106; *Literaturbl. f. orient. Phil.*, 151.
Kukula (R.), *Minerva*, 18; *Bibl. Jahrb.*, 39.
Kurtz (J. H.), 151.

Laban (F.), 162.
La Croix du Maine, 47, 80.
La Fontaine (H.), 164.
Labaye (L.), 116.
Laing (J.), 41.
Lamouroux (G.), 18.
Landeskundliche Litteratur, 111.
Lane (W. C.), *Index of refer. lists*, 9; *Note on the special collections...*, 127.
Langlois (C. V.), 65.
Larned (J. N.), 100.
Lasteyrie (R. de), 95.
Latassa, 81.
Lavisse (E.), 104.
Lefèvre-Pontalis (E.), 51.
Legrand (E.), 82.
Leibius (O.), 158.
Leitzmann (J. J.), 157.
Leland (J.), 79.
Lelong (Le P. J.), 118.
Lemonnier (H.), X, 155.
Lenglet du Fresnoy (N.), 99.
Lessing (Bibl. pér. des trav. rel. à), 161.
Leroux (A.), 90.
Letacq (A. L.), 158.
Leypoldt (Publ. bibl. de la maison F.), 45 et s.
Library Journal (*The*), 8.
Lichtenberger (F.), 151.
Liebermann (F.), 156.
Limousin (Sources de l'hist. du), 90.
Linnströmm (H.), 54.
Lippe (C. D.), 82.
Lipsius (J. G.), 157,
— (R. A.), 160.
Lissner (T.), 164.
List of the bibl. works in the Br. Mus., 7.
List of official and parliamentary publications..., 75.
Literarisches Centralblatt, 16.
Literary news, 47.
Literaturblatt f. orientalische Philologie, 151.
Littérature (Définition du mot), 61.
Littérature (Bibl. pér. des trav. rel. à l'hist. des —s orientales), 151-2; (des —s classiques), 152; (de la —s byzantine), 157; (des —s romanes), 152-3; (des —s germaniques), 154, 161; (des —s slaves), 155.
Livonie (Bibl. des trav. rel. à l'hist. de la), 122; Bibl. pér. d°), 146, 158.
Löbell (H. v.), 165.
London bibliographical Institute, 27.
Lorenz (O.), 30, 48.
— (Ottokar), 89.
Louandre (C.), 48.
Lowndes (W. T.), 40.
Lozzi (C.), 120.
Lübeck (Bibl. pér. des trav. rel. à l'hist. de), 146.
Luchaire (A.), 150.
Ludewig (H. G.), 126.
Lundstedt (B.), X, 54.
Luther (Cat. d'ouvr. rel. à), 20; (Bibl. pér. des trav. rel. à), 161.
Luzac, 57.

Madagascar (Bibl. pér. des trav. rel. à), 151.
Madan (F.), 127, 171.
Maine (Bibl. de l'hist. litt. du), 81.
Maittaire (M.), 11.
Malais (Bibl. pér. des trav. rel. aux), 151.
Maltzahn (W. v.), 34.
Manno (A.), 121.
Manzoni (L.) 126,
Marckwald (E.), 158.
Martonne (de), 14.
Masslow (O.), 145, 159.
Massó Torrents (J.), 158.
Mathématiques (Bibl. des

trav. relat. à l'hist. des), 154; (Bibl. pér. d°), 165.
Maury (A.), 48.
Mazarinades (Bibl. des), 87.
Mazzatinti (G.), 63.
Mazzuchelli (G.), 80.
Mecklembourg (Bibl. pér. des trav. rel. à l'hist. du), 146.
Médecine (Bibl. des trav. rel. à l'hist. de la), 154; (Bibl. pér. d°), 152, 165.
Meier (G.), 64.
Mejov (V.), *Sist. Kat.*, 55; « Bibl. hist. russe ». *Bibl. Sibér.*, 125.
Mély (F. de), 72.
Melzi (G.), 52.
Mémoires de Trévoux, 25.
Mémorial de la Librairie française, 50.
Menéndez y Pelayo (M.), 79, 117, 128.
Merkel (C.), 157.
Merlet (L.), 81.
Messkataloge, 15.
Méthodologie des sciences historiques (Bibl. pér. des trav. rel. à la), 144, 146, 165.
Meusel (J. G.), 98.
Meyer (E.), 145.
— (P.), 86.
Michaud (J.), 75.
Michelet (J.), 100.
Militaire (Bibl. de trav. rel. à l'hist.), 156; (Bibl. pér. d°), 165.
Milsand (P.), 127.
Milton (Cat. d'ouvr. rel. à), 20.
Minerva, 18.
Mitteilungen aus d. hist. Litt., 141.
Mitteilungen de A. Petermann, 167.
Mitteilungen der Verlagsb. B. G. Teubner, 140.
Mitteilungen des k. k. œst. Mus. f. Kunst u. Ind., 163.
Mœller (J.), 99.
— (W.), 131.
Molinier (A.), *Obituaires fr.*, 70; « Manuel d'historiographie fr. », 90.
Monod (G.), 115, 120, 129, 158-9.
Montelius (O.), 122.
Monthly Oriental list, 57.
Moreau (C.), 87.
Mortet (C.), X.
— (V.), VII, X, 22.
Moule (T.), 158.
Moyen âge (Bibl. pér. des trav. rel. à l'hist. gén. du), 144, 150.
Moyen âge (Le), 150.
Mühlbrecht (O.), *Die Bibl. im Dienste des Buchhandels*, 55, 170; *Wegweiser*, 155; *Allg. Bibl.*, 164.
Mühldener (W.), 145.
Mülinen (E. F. v.), 125.
Müller (A.), 150.
— (I. v.), *Handbuch*, 106; *Jahresber.*, 151.
— (J.), 58.
Mullinger (J. B.), 114.
Muñoz y Romero (T.), 117, 126.
Murillo (M.), 45.
Musées (Cat. des cat. de), 64.
Muséographie, 64.
Musique (Bibl. pér. des trav. rel. à l'hist. de la — allemande), 161; (romane), 154; (byzantine), 157.
Mylius (J. C.), 55.
Mythologie (Bibl. pér. des trav. rel. à la — classique), 152; (germanique), 154.

Naguievski (D.), 93.
Namur (P.), 157.
Napoléon (Cat. d'ouvr. rel. à), 20.
Narducci (E.), 52.
Nederlandsche Bibliographie, 55.
Neubner, 85.
Neues Archiv f. sächsische Gesch., 158.
Niceron (le P.), 74.
Nicolai (R.), 77.
Nijhoff (M.), 55.
Nordisk Boghandlertidende, 54.
Normandie (Bibl. pér. des travaux. rel. à l'hist. de), 158.
Norsk Bogfortegnelse, 54.
Norvège (Bibl. nat.), 54; (Bibl. des trav. rel. à l'hist. de), 122; (Bibl. pér. des trav. rel. à l'hist. de), 146.
Nouvelle Biographie générale, 75, 85.
Nouvelle revue hist. de droit fr. et étranger, 164.
Numismatique (Bibl. des trav. rel. à la), 105, 157-8; (Bibl. pér. des trav. rel. à la), 144, 165, 166; (à la — orientale), 151; (grecque et romaine), 152; (byzantine), 157.
Nuovo Archivio Veneto, 157.

Océanie (Bibl. pér. des trav. rel. à l'hist. de l'), 151. Voy. Australie.
Œsterley (H.), 68 et s.
Œsterr. Buchhandler-Correspondenz, 45.
Œsterr. Katalog-Verzeichnis, 45.
Œttinger (E. M.), *Biogr. bibl. univ.*, 85; *Archives historiques*, 99.
Office international de Bibliographie, 27, 51.
Official Yearbook of the scient. and learn. Soc. of Great Britain, 45.
Oldenbourg (Bibl. pér. des trav. rel. à l'hist. de l'), 146.
Oratoire (Bibl. de l'hist. litt. de l'), 84.
Ordre teutonique (Bibl. pér. des trav. rel. à l'hist. de l'), 146.
Orelli (A. v.), 156.
Orientalische Bibliographie, 150.
Orient latin (Bibl. pér. des

trav. rel. à l'hist. de l'), 157.
Orne (Bibl. pér. des trav. rel. à l'hist. locale du dép. de l'), 158.
Osborn (M.), 161.
Osmont (J. B. L.), 12.
Ost (L.), 56.
Otlet (P.), 164.
Ottino (G.). Voy. Fumagalli (G.).
Otto (R.), 155.
Oudin (C.), 85.
Oural-Altaï (Bibl. pér. des trav. rel. à l'hist. des peuples de l'), 151.

Paléographie (Bibl. pér. des trav. rel. à la), 144, 146, 166; (à la — orientale), 151; (classique), 152; (des peuples romans), 153; (allemande), 161.
Palmer's Index, 42.
Panzer (G. W.), *Ann. typogr.*, 11; *Ann. d. deutsch. Litt.*, 34.
Paris (G.), 153.
Passano (G. B.), 52.
Pastnek (F.), 56, 155.
Paul (H.), 107.
Pauly (A.), 106.
Pays-Bas (Bibl. nat.), 55; (Bibl. d'hist. litt. nat.), 80; (Bibl. des trav. rel. à l'hist. des), 121; (Bibl. nat. d'hist. locale), 126; (Bibl. des trav. rel. à l'hist. ecclésiastique des), 131; (Bibl. pér. des trav. rel. à l'hist. des), 146.
Pawlowski (G.), 8, 31, 33, 48, 55, 67.
Pédagogie. Voy. Enseignement.
Penck (A.), 111.
Periodical publications (Extr. du *Gen. Cat. of the Br. Mus.*), 19, 24.
Périodiques (Listes et Index analytiques de), 24 et s.; (des — anglo-américains), 42, 46; (liste des — italiens), 52; (index analytiques des — historiques), 95 et s.
Perkins (F. B.), 126.
Perlbach (M.), 55, 122.
Perse (Bibl. des trav. rel. à la), 124; (Bibl. pér. des trav. rel. à l'hist. de la — ancienne), 145. Voy. Iran.
Petrik (G.), 45.
Pettersen (H.), 54.
Petzholdt (J.), 5, 29, 86, 170, et *passim*.
Phénicie (Bibl. pér. des trav. rel. à l'hist. de la), 151.
Phillips (L. B.), 85.
Philologie (classique), 105, 151; (germanique), 107, 154; (orientale), 106, 150; (romane), 107, 153; (slave), 107, 155.
Philosophie de l'histoire (Bibl. pér. des trav. rel. à la), 144, 146.
Philosophie (Bibl. des trav. rel. à l'hist. de la), 136; (Bibl. pér. dº), 152, 154, 165.
Philosophisches Jahrbuch, 165.
Physique (Bibl. pér. des trav. rel. à l'hist. de la), 168.
Picot (G.), 20.
Piémont (Bibl. du), 121.
Pinçon (P.), 14.
Pirenne (H.), 116, 159.
Placcius (V.), 35.
Playfayr (R. L.), 124.
Plitt (G. L.), 131.
Pölchau (A.), 158.
Pohler (J.), 136.
Poirée (E.), 18.
Pologne (Bibl. nat.), 55; (Bibl. des trav. rel. à l'hist. de), 122; (Bibl. pér. —), 146.
Polybiblion, 15, 17, 62.
Poméranie (Bibl. pér. des trav. rel. à l'hist. de), 146.
Poole (W. F.), VII, 46.
Poore (B. P.), 72.
Porter (G. W.), 7.
Portugal (Bibl. nat.), 56; (Bibl. d'hist. litt. nat.), 80; (Cat. des ouvr. rel. à l'hist. du — à la Bibliothèque nat. de Paris), 102; (Bibl. des trav. rel. à l'hist. de), 125; (Bibl. pér. des trav. rel. à l'hist. de la litt. du), 155.
Posnanie (Bibl. pér. des trav. rel. à l'hist. de la), 146.
Potthast (A.), *Regesta*, 72; *Bibl. hist. med. ævi*, 85.
Preuss (E.), 76.
Promis (V.), 121.
Prou (M.), X. 157.
Provençale (Bibl. pér. de l'hist. de la litt.), 153.
Prusse (Sources de l'hist. de), 90; (Bibl. pér. des trav. rel. à l'hist. de), 146, 158.
Przewodnik bibliograficzny, 55.
Pseudonymes. Voy. Anonymes.
Ptolémée (Cat. d'ouvr. rel. à), 20.
Publisher's Circular (*The*), 42.
Publisher's Weekly (*The*), 46.

Quaritch (B.), 17.
Quérard (J. M.), 30, 48-9.
Quétif (J.), 84.

Rambaud (A.), 104.
Raynaud (G.), 87.
Recueil des trav. de la Soc. libre... de l'Eure, 158.
Référence (Bibl. de livres de), 23.
Régnier (L.), 158.
Reinach (S.), Sur la muséographie, 64; *Man. de Phil. class.*, 106.
Répertoire des travaux historiques, 155.
Repertorium f. Kunstwissenschaft, 162.
Rethwisch (C.), 165.

Reumont (A. v.), 93.
Reuss (J. D.), 25.
Revue bibl. des langues et litt. romanes, 155.
Revue critique d'hist. et de litt., 25, 141.
Revue de l'Orient latin. 157.
Revue des Deux Mondes, 25.
Revue des études juives, 157.
Revue des questions historiques, 55, 147.
Revue d'histoire diplomatique, 164.
Revue d'histoire litt. de la France, 162.
Revue historique, 147, 155.
Revue intern. des Arch., des Bibl. et des Musées, 8, 62, 64.
Revue néo-scolastique. 165.
Revue numismatique, 166.
Revues (liste des — publiées en Allemagne), 57; (liste des — qui s'occupent d'histoire), 101, 144, 149, 159; (liste des — qui s'occupent d'hist. ecclésiastique), 161; (d'histoire de l'art), 162.
Richardson (E. L.), 77.
Rieu (W. N. du), 121.
Rio de Janeiro (Bibliothèque de), 124.
Rivista di storia antica, 150.
Rivista italiana di numismatica, 166.
Rivista storica italiana, 148, 157, 168.
Robert (U.), « États des cat. de mss », 64; *Inv. des cartul.*, 71.
Rochester (Bibliothèque de), 23.
Romania, 155.
Romans historiques (Bibl. des), 159.
Rome (Bibliothèque de la Chambre des députés, à), 25.
Rome (Bibl. des trav. rel. à — dans l'antiquité et depuis), 121; (Bibl. pér. des trav. rel. à l'hist. romaine), 145, 152. Voy. Italie et Philologie classique.
Roorbach (O. A.), 45.
Roumanie (Bibl. francoroumaine), 93; (Bibl. pér. des trav. rel. à l'hist. de la), 146; (à l'hist. de la litt. de la), 155.
Royal Society of London, 94, 176.
Rowlands (W.), 82.
Ruelle (C. E.), 119.
Russell (A.), 56.
Russie (Bibl. nat.), 55; (Cat. des ouvr. rel. à la — à la Bibliothèque nat. de Paris), 95; (Bibl. des trav. rel. à l'hist. de), 125; (Bibl. pér. d°), 146.
Russischer bibl. Anzeiger, 56.
Rye (W.), 65.

Sabin (J.), *A Bibl. of bibl.* 6; *Bibl. americana*, 117.
Saglio (E.), 105.
Sainte-Geneviève (Bibliothèque), 18, 21.
Saint-Pétersbourg (Bibliothèque de l'Univ. imp.), 21; (Soc. hist. de l'Univ. de), 99.
Sampson Low (Publ. bibl. de la maison), 40, 42.
Sanscrit (Bibl. de la litt. en), 81.
Sathas (K. N.), 82.
Savoie (Bibl. hist. des États de la maison de), 121.
Sax (C.), 74.
Saxe (Sources de l'hist. de), 90; (Bibl. pér. des trav. rel. à l'hist. de), 146, 158.
Sbaraglia (G. G.), 84.
Schäfer (A.), 89.
Scherman (L.), 151.
Schiemann (T.), 123.
Schiller (Bibl. pér. des trav. rel. à), 161.
Schlagwort-Katalog, 36.
Schleswig-Holstein (Bibl. pér. des trav. rel. à l'hist. du), 146.
Schmidt (J. A. F.), 6.
— v. Tavera (C.), 115.
Schulte (J. F. v.), 89.
Schultze (W.), 90.
Schwab (G.), 37.
— (M.), 124.
Schweizer (F. L. A), 76.
Schwenke (P.), 18.
Seignobos (C.), X, 120.
Select bibliographies, 172-3.
Serrure (R.), 159.
Short (J. T.), 105.
Sibérie (Bibl. des trav. rel. à la), 125.
Sidney (Bibliothèque de), 124.
Sienne (Bibliothèque de), 51.
Silésie (Bibl. pér. des trav. rel. à l'hist. de la), 146.
Silfverstolpe (C.), 157.
Silva (J. F. da), 56.
Simner (G. R. L. v.), 125.
Sittl (K.), 64.
Slaves du Sud (Bibl. pér. des trav. rel. à l'hist. des), 146.
Smith (W.), 151.
Société bibliographique (de Paris), 8, 15.
Sociétés savantes (Bibl. des publ. des), 25; (Bibl. des publ. des — qui s'occupent d'histoire), 94 et s.
Sommerfeldt (G.), 144, 159.
Sommervogel (C.), 84.
Sonnenschein (W. Swan), 14.
Sopikov (B.), 55.
Soudan (Bibl. des trav. rel. au), 124.
Sources (Définition du mot), 60.
South Kensington Museum (Publications du), 152.
Sphragistique (Bibl. pér. des trav. rel. à la), 144, 165.
Statistisches Jahrbuch d. höh. Schulen, 39.

Stein (H.), « Manuel de Bibliogr. », 5; Rapport décennal sur les trav. bibl., 8, 16; *Arch. de l'hist. de Fr.*, 63; *Inv. gén. des tables...*, 96.
Stein (L.), 165.
Steindorff (E.), 111.
Steinschneider (M.), 82.
Struve (B. G.), 98.
Suède (Acq. des bibliothèques de), 22; (Bibl. nat.), 53; (Bibl. des trav. rel. à l'hist. de), 122; (Bibl. pér. d°), 146, 157.
Suisse (Bibl. nat.), 56; (Historiographie de la), 90; (Bibl. des trav. rel. à l'hist. de), 123; (Bibl. pér. d°), 146, 157; (liste des bibl. cantonales annuelles), 159.
Svensk Bok-Katalog, 54.
Svensk historisk Tidskrift, 157.
Svenskt Bok-Lexicon, 54.
Syrie (Bibl. pér. des trav. rel. à la), 151.
Szabò (K.), 45.
Szinneyi (J.), 116.

Tables des revues, 25.
Tanner (T.), 79.
Tardif (A.), 89.
— (J.), 164.
Tedder (H. R.), 42, 114-5.
Teissier (A.), 6.
Teuffel (W. S.), 77.
Thelert (G.), 55.
Théologie byzantine (Bibl. pér. des trav. rel. à la), 157.
Theologischer Jahresbericht, 160.
Thibet (Bibl. pér. des trav. rel. au), 151.
Thüringe (Bibl. pér. des trav. rel. à l'hist. de la), 146.
Times (*The*), 42.
Tiraboschi (G.), 80.
Titres inexacts et fantaisistes, 171.
Tonelli (F.), 6.
Trade-bibliographies, 170.
Transactions of the Bibliographical Society, 11, 171.
Transactions of the Royal Historical Society, 145.
Trithème, 84.
Troyes (Bibliothèque de), 127.
Trübner (K.), 18.
— (N.), 45.
Trübner's Record, 57.
Tsiganes (Bibl. pér. des trav. rel. aux), 151.
Tuetey (A.), 71.

Ueberweg (F.), 136.
Universal Catalogue of books on Art, 152.
Upsal (Bibl. de l'Université d'), 21.
« Urgeschichte » (Bibl. pér. de trav. rel. à l'), 145, 150.
Uriel (G.), 81.

Vahl (J.), 54.
Vallée (L.), 5.
Valmaggi (L.), 105, 152.
Van Abkoude (J.), 55.
Van Bruyssel (E.), 96.
Vanden Berghe (R.), 80.
Vanden Branden (F. J.), 80.
Vander Hæghen (F.), *Cat. gén. des Bibl.*, 25; *Bibl. belg.*, 80.
Vander Meulen (R.), 55.
Van Doorninck (J. J.), 55.
Van Someren (J. F.), 154.
Vapereau (G.), 75.
Varnhagen (H.), 38.
Vénétie (Bibl. pér. des trav. rel. à l'hist. de la), 158.
Vidier (A.), 86; *Rép. méth. du m. â. fr.*, 156.
Vierteljahrskatalog (Hinrichs), 58.
Villari (P.), 96.
Vincent de Beauvais (Éd. incun. de), 9.
Vinet (E.), 137.
Vinogradov (P.), 99.
Vinson (J.), 82.
Virgile (Cat. d'ouvr. rel. à), 20; (Éd. incun. de), 9.
Vollmöller (K.), 153.
Vretos (A. Papadopoulo-), 82.

Wace (H.), 131.
Wachsmuth (C.), 89.
Wadding (L.), 84.
Waitz (G.), 111.
Walcker (K.), 105.
Walther (P. A. F.), 95.
Warmholtz (C. G.), 122.
Watt (R.), 15, 40.
Wattenbach (W.), Répertoire d'incipit, 88; *Deutschlands Geschichtsquellen*, 89, 90.
Wauters (A.), 72.
Weber (C. G.), 112, 126.
Weber (G.), 105.
Weigel (R.), 152.
Weigel (T. O.), 92.
Weise (A.), 115.
Weller (E.), *Repert. typogr.*, 54; *Lexicon pseudonym.*, 57.
Wenckstern (F. v.), 124.
Westphalie (Bibl. pér. des trav. rel. à l'hist. de), 146.
Wheatley (H. B.), *What is an Index?*, 26, 172; *Engl. bibl.*, 41.
Whitaker (J.), *Reference Catalogue*, 41, 176; *The Bookseller*, 42.
Whitney (J. Lyman), 7.
Wierzbowski (T.), 55.
Wigan (Bibliothèque de), 7.
Wildermann (M.), 163.
Winkelmann (E.), 122.
Winsor (J.), 117.
Wissowa (A.), 106.
Witte (H.), 158.
Wöchentliches Verzeichnis (Hinrichs), 37.
Wolf (J. C.), 82.
Wolf's Histor. Vademecum, 101.
Würtemberg (Bibl. de l'hist. de), 113; (Bibl. pér. des trav. rel. à l'hist. de), 146, 158.
Württ. Vierteljahrshelfte, 158.

Wüstenfeld (F.), 86.
Wyss (G. v.), 90.
Zannoni (G.), 155.
Zapf (G. W.), 99.
Zeitschrift der Gesellsch. f. Erdkunde, 166.
Zeitschr. f. d. Gesch. d. Oberrheins, 158.
Zeitschr. f. hebräische Bibliographie, 82.
Zeitschr. f. Litt. u. Gesch. d. Staatswissenschaften, 164.
Zeitschr. f. romanische Philologie, 154.
Zenker (J. T.), 76.
Zuchold (E. A.), 143.

TABLE DES MATIÈRES

LIVRE I

Éléments de Bibliographie générale

CHAPITRE I. — BIBLIOGRAPHIES DES BIBLIOGRAPHIES. 4

CHAPITRE II. — RÉPERTOIRES DE BIBLIOGRAPHIE UNIVERSELLE. 10

§ 1. Répertoires de livres imprimés de telle à telle date (Répertoires d'incunables) 10

§ 2. Répertoires de livres « singuliers » et de livres « utiles ». 12

§ 3. Catalogues de bibliothèques. 17

Répertoires généraux de publications périodiques. 24

Encyclopédies 26

« Offices » de Bibliographie universelle . . . 27

CHAPITRE III. — RÉPERTOIRES DE BIBLIOGRAPHIE NATIONALE. 29

Allemagne, 34. — Angleterre, Écosse et Irlande, 40. — Autriche-Hongrie, 43. — Belgique, 44. — Espagne, 44. — États-Unis de l'Amérique du Nord, 45. — France, 47. — Grèce, 51. — Italie, 51. — Pays-Bas, 53. — Pays scandinaves, 54. — Pays slaves, 55. — Portugal, 56. — Suisse, 56. — Autres pays, 57.

LIVRE II

Bibliographie historique

CHAPITRE I. — BIBLIOGRAPHIE DES SOURCES ORIGINALES. 61

§ 1. Répertoires de catalogues. 61

§ 2. Répertoires bibliographiques de documents inédits et imprimés. 65

Documents d'archives. 68

Répertoires de documents tant inédits qu'imprimés, 69. — Répertoires de documents imprimés, 71.

Documents littéraires. 73

Bibliographies d'histoire littéraire universelle, 74. — Bibliographies d'histoire littéraire relatives à l'ensemble des littératures de l'Orient, de l'antiquité et du moyen âge, 76. — Bibliographies d'histoire littéraire régionale (nationale et locale), 78. — Bibliographies d'histoire littéraire corporative, 84. — Bibliographies de documents littéraires, par spécialités, 85.

§ 3. Travaux bibliographiques sur l'histoire des sources originales. 88

CHAPITRE II. — BIBLIOGRAPHIES NATIONALES DE BIBLIOGRAPHIE HISTORIQUE. 90

§ 1. Répertoires de livres. 92

§ 2. Répertoires de publications périodiques. . . . 93

CHAPITRE III. — RÉPERTOIRES DE BIBLIOGRAPHIE HISTORIQUE (BIBLIOGRAPHIE RÉTROSPECTIVE). 9:

§ 1. Répertoires d'histoire universelle. . . . . .

§ 2. Répertoires de travaux relatifs à une grande période de l'histoire (antiquité, moyen âge).

§ 3. Répertoires d'histoire régionale (nationale et locale). . . . .

Répertoires d'histoire nationale. — Allemagne, 111. — Angleterre, Écosse et Irlande, 114. — Autriche-Hongrie, 115. — Belgique, 116. — Espagne, 117. — États-Unis et autres pays d'Amérique, 117. — France, 117. — Italie, 120. — Pays-Bas, 121. — Pays scandinaves, 122. — Pays slaves, 122. — Portugal, 123. — Suisse, 123. — Autres pays, 124.

Répertoires d'histoire locale. — Bibliographies nationales d'histoire locale, 126. — Bibliographies d'histoire provinciale, départementale, municipale, etc., 126.

§ 4. Répertoires particuliers à des branches spéciales et aux Sciences auxiliaires de l'histoire. . . . 130

Histoire religieuse, 130. — Histoire littéraire, 132. — Histoire de l'art, 132. — Histoire des sciences, 134. — Histoire du Droit public et privé et de la Science sociale, 134. — Histoire militaire, 136. — Histoire de la Philosophie, 136. — Sciences auxiliaires de l'histoire, 137.

CHAPITRE IV. — RÉPERTOIRES DE BIBLIOGRAPHIE HISTORIQUE (BIBLIOGRAPHIE PÉRIODIQUE) 140

§ 1. Histoire universelle 143

§ 2. Histoire de l'antiquité, histoire du moyen âge. Répertoires de travaux relatifs à la Philologie classique et aux diverses Philologies. 148

Histoire ancienne et du moyen âge, 149. — Orient, 150. — Philologie classique, 151. — Philologie romane, 153. — Philologie germanique, 154. — Philologie slave, 155.

§ 3. Histoire régionale (nationale et locale). . . . 155

4. Branches spéciales et Sciences auxiliaires de l'histoire 160

Histoire religieuse, 160. — Histoire littéraire, 161. — Histoire de l'art, 162. — Histoire des sciences, 163. — Histoire du Droit public et privé et de la Science sociale, 163. — Histoire diplomatique, 164. — Histoire militaire, 165. — Histoire de la Philosophie, 165. — Histoire de la Pédagogie, 165. — Sciences auxiliaires de l'histoire, 166.

ADDITIONS ET CORRECTIONS 168

CONCLUSION 169

INDEX 179

TABLE DES MATIÈRES 191

32513. — PARIS, IMPRIMERIE LAHURE
9, rue de Fleurus, 9

6 avril

www.ingramcontent.com/pod-product-compliance
Ingram Content Group UK Ltd.
Pitfield, Milton Keynes, MK11 3LW, UK
UKHW031046260726
13965UKWH00006B/677